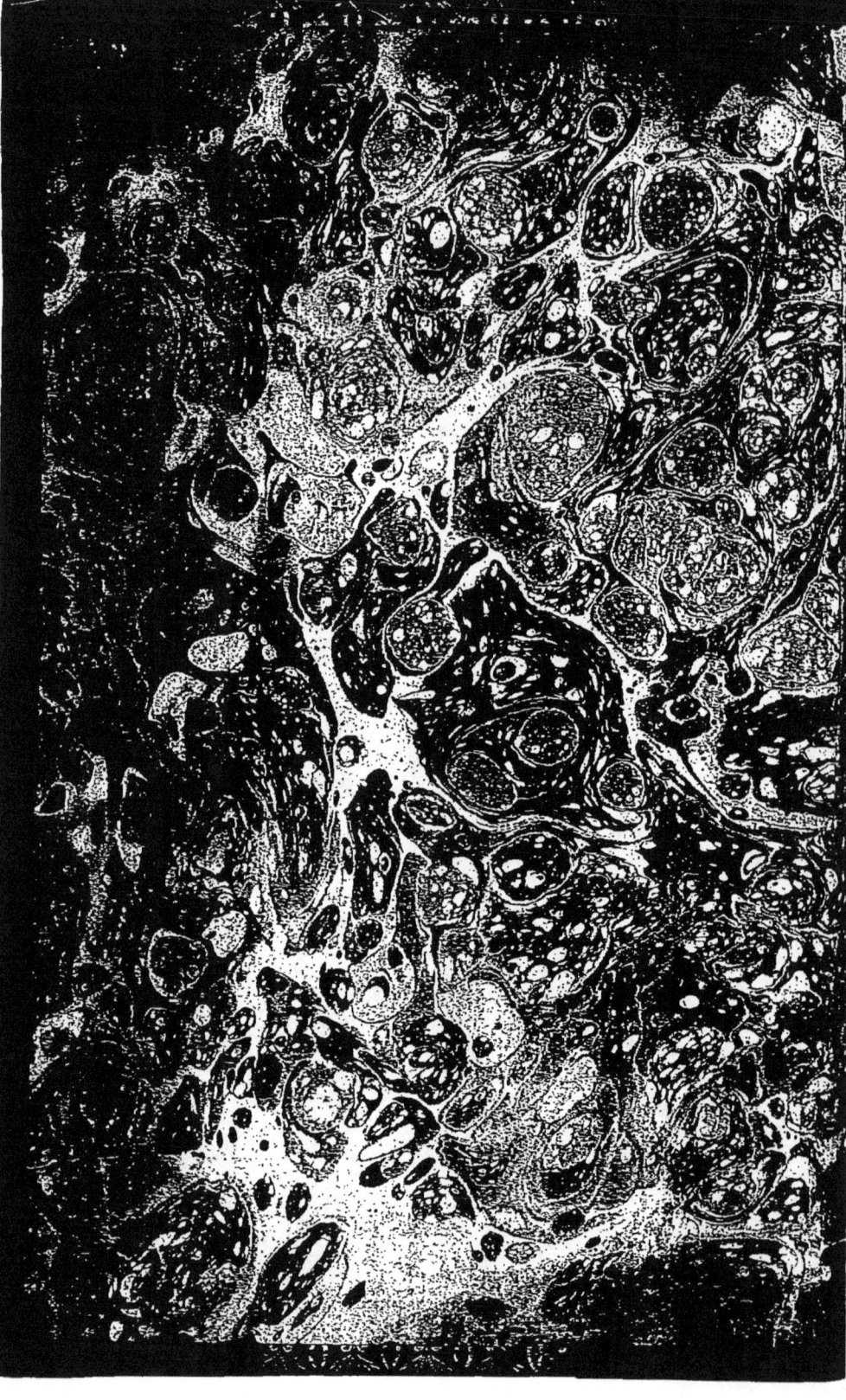

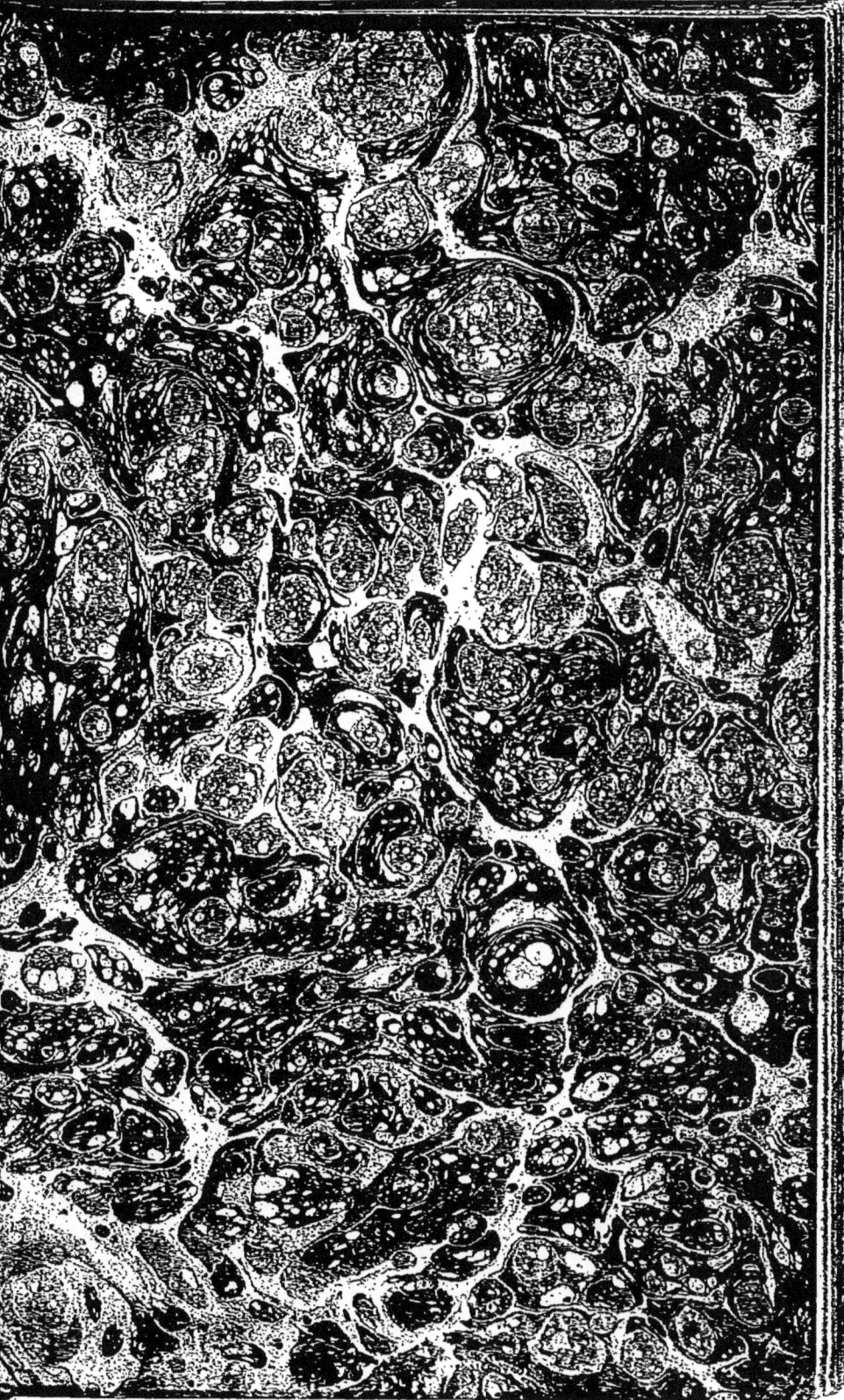

R. 2992.
B. b. 11.

Ⓒ

à conserver

22266

ANNALES

DE L'ÉDUCATION,

RÉDIGÉES PAR F. GUIZOT.

TOME TROISIÈME.

PARIS,
LE NORMANT, IMPRIMEUR-LIBRAIRE,
RUE DE SEINE, N°. 8, PRÈS LE PONT DES ARTS.
1812.

ANNALES DE L'ÉDUCATION.

DES IDÉES DE RABELAIS,

EN FAIT D'ÉDUCATION.

(IIe Article.)

Nous avons vu dans l'article précédent quelle étoit l'étendue et la libéralité de l'éducation que recevoit, à Paris, Pantagruel; et cependant, ce seroit une chose de peu de valeur que cette éducation, si son unique résultat étoit de faire savoir au jeune homme ce qu'on a pris soin de lui apprendre. Inspirer à l'esprit le goût de tout ce qui peut l'élever ou l'agrandir ; lui donner le besoin de la vérité, et le placer sur la route où on la trouve; l'enflammer du noble desir d'aller toujours en avant, et accoutumer en même temps le caractère à se faire un devoir d'aller toujours droit : voilà quels sont les fruits vraiment importans et heureux de l'impulsion et des leçons que reçoit la jeunesse. Quand une fois cette impulsion lui a été communiquée, l'homme s'avance dans la vie en en faisant servir tous les instans au perfectionnement de son être : les années, les jours ne lui arrivent jamais sans lui apporter quelque idée qui l'élève, quelque expérience qui l'améliore, et ceux qui sont passés existent encore pour lui, car

ce qui les a remplis demeure; il sent avec délices qu'il s'enrichit toujours sans cesse d'être toujours le même. La clarté du jour ne paroît pas plus belle aux yeux de celui qui la revoit après l'avoir perdue, que cette lumière de la vérité, toujours plus grande et plus pure, ne paroît ravissante à l'esprit qui, ne se laissant guider que par elle, marche constamment vers le foyer d'où elle émane. Mes lecteurs seront surpris peut-être de m'entendre énoncer ces graves idées, à propos de Rabelais; je ne l'ai pas moins été moi-même d'en trouver l'occasion dans son livre. Tel est, cependant, si je ne me trompe, le pouvoir de la raison; à quelques folies, à quelques inconvenances qu'elle soit associée, elle s'en dégage dès qu'on la cherche, et se présente seule avec toute sa simplicité. Rabelais lui-même, quand il a voulu s'arrêter sur les idées que je viens de rappeler, quand il a voulu parler des conseils d'un père à son fils, a cessé d'être indécent et bouffon pour devenir simple, sérieux, touchant même. Quoi de plus digne et de plus aimable, en effet, que les sentimens de Gargantua écrivant à son fils? « Non doncques, sans juste et équitable
» cause, je rends grâces à Dieu, mon conserva-
» teur, de ce qu'il m'ha donné povoir veoir mon
» anticquité chanüe refleurir en ta jeunesse; car,
» quand par le plaisir de luy qui tout regist et
» modère, mon âme laissera cette habitation hu-
» maine, je ne me réputeray totalement mourir,
» ains passer d'ung lieu en aultre, attendu que en

» toy et par toy je demeure en mon imaige visible
» en ce monde, vivant, voyant et conversant
» entre gents d'honneur et mes amis, comme je
» soulois. » N'est-ce pas là un des plus beaux
motifs que l'on puisse présenter à un jeune homme
pour l'engager à se distinguer, à bien vivre, à
honorer ainsi cette *image* de son père, qu'il est
destiné à conserver dans le monde? et les conseils
de ce père ne doivent-ils pas lui inspirer autant de
reconnoissance que de zèle, lorsqu'il ajoute en les
lui donnant: « Je ne dy cela par deffiance que
» j'aye de ta vertu, laquelle m'ha esté ja par cy-
» devant esprouvée, mais pour plus fort te encou-
» raiger à profficter de bien en mieulx. Et ce que
» présentement t'escris n'est tant à fin qu'en ce
» train vertueux tu vives, que de ainsi vivre et
» avoir vescu tu te resjouisses et te resffraichisses
» en couraige pareil pour l'advenir. »

Mais quels sont donc, demandera-t-on, ces conseils que précèdent des sentimens si affectueux et
si vrais? Pour les faire bien connoître je voudrois
pouvoir citer en entier la lettre de Gargantua; on
seroit frappé de l'esprit qui l'a dictée, de l'élévation d'idées qui y règne et qu'il cherche à inspirer
à Pantagruel; on y verroit un père charmé de ce
qu'une heureuse destinée a fait naître son fils dans
un tems plus éclairé, plus propre à favoriser le
développement des facultés de l'homme que n'étoit
le tems où il naquit lui-même; on l'entendroit
exhorter ce fils à profiter de toutes les ressources
qui sont entre ses mains, à prendre part aux

lumières de son siècle, à honorer les lettres dans ceux qui les cultivent, et à ne pas associer au sot orgueil de la richesse et du rang le stupide orgueil de l'ignorance. « Quand j'estudiois, lui dit-il, le
» tems n'estoit tant idoine (1) ne commode ès
» lettres comme est de présent, et n'avois copie (2)
» de tels précepteurs, comme tu as eu. Le tems
» estoit encore ténébreux et sentant l'infélicité et
» calamité des Goths, qui avoient mis à destruc-
» tion toute bonne littérature. Mais par la bonté
» divine, la lumière et dignité ha été de mon
» eage rendue ès lettres..... Maintenant toutes
» disciplines sont restituées, les langues instaurées,
» grecque (sans laquelle c'est honte qu'une per-
» sonne se die sçavant), hébraïque, chaldaïcque,
» latine. Les impressions tant élégantes et correctes
» en usance qui ont été inventées de mon eage
» par inspiration divine, comme à contrefil l'ar-
» tillerie par suggestion diabolique. Tout le monde
» est plein de gents sçavants, de précepteurs très
» doctes, de librairies (3) très amples..... et ne se
» fauldra plus doresnavant trouver en place, ny en
» compaignie qui ne sera bien expoly en l'officine
» de Minerve..... Parquoy, mon fils, je t'admo-
» neste que employes ta jeunesse à bien profficter
» en estude et en vertus..... J'entends et veulx
» que tu apprennes les langues parfaictement; pre-

---

(1) *Idoine*, propre à.
(2) *Copie*, abondance, *copia*.
(3) *Librairie*, bibliothèque : en anglais, *a library*.

» mièrement la grecque, comme le veult Quintilian,
» secondement la latine, et puis l'hébraïcque pour
» les Sainctes Lettres, et la chaldaïcque et ara-
» bique pareillement, et que tu formes ton style,
» quant à la grecque, à l'imitation de Platon :
» quant à la latine, de Cicéron. Qu'il n'y ayt
» histoire que tu ne tiennes en mémoire présente....
» Du droict civil, je veux que tu saiches par cueur
» les beaulx textes et me les conferès avecque phi-
» losophie..... Puis soigneusement revisite les livres
» des médecins grecs, arabes et latins..... somme,
» que je te voye ung abyme de science.... etc. etc. »

Et pourquoi Gargantua veut-il que son fils fasse toutes ces études, acquière toute cette instruction? a-t-il le projet d'en faire un savant, un homme de lettres? de le vouer à l'un de ces états pour lesquels on convient que la science est indispensable? Non; il sait que Pantagruel est destiné par sa naissance à suivre une carrière, où selon les idées communes, on peut se passer de savoir; mais il sait aussi que dans toutes les carrières, le savoir, les idées libérales sont la plus belle richesse de celui qui les possède, et il recommande à son fils d'employer à les acquérir les années de sa jeunesse; « car doresnavant que tu deviens homme et te
» fais grand, lui dit-il, il te fauldra issir de cette
» tranquillité et repos d'estude, et apprendre la
» chevalerie et les armes pour deffendre ma maison
» et nos amis secourir en toutes leurs affaires
» contre les assaults des malfaisans. »

C'est donc pour consacrer à une vie active tout

ce qu'il aura acquis de talens, de connoissances et de supériorité, que Pantagruel se livre avec tant d'ardeur à l'étude : les recommandations de son père lui paroissent si sages et si douces, que « ces
» lettres receues et veues, il print nouveau cou-
» raige et fut enflambé à profficter plus que jamais;
» ensorte que le voyant estudier et profficter,
» eussiez dit que tel estoit son esperit entre les
» livres, comme est le feu parmy les brandes (1),
» tant il l'avoit infatigable et strident (2). »

Jamais, au milieu de ses travaux, il n'oublioit que la vertu doit être le premier but, la condition essentielle des efforts de l'homme. « Science sans
» conscience n'est que ruyne de l'âme, lui avoit
» écrit son père : il te convient servir, aimer et
» craindre Dieu, ensorte que jamais n'en sois
» désemparé par péché. Aye suspects les abus du
» monde; ne mets ton cueur à vanité, car cette
» vie est transitoire, mais la parole de Dieu de-
» moure éternellement..... Révère tes précepteurs,
» fuy les compaignies des gens esquels tu ne veulx
» poinct ressembler....; et quand tu congnoîtras
» que auras tout le sçavoir de par delà acquis,
» retourne vers moy affin que je te voye et donne
» ma bénédiction devant que mourir. »

De si excellents conseils, un amour paternel si tendre, une éducation si bien dirigée, ne sauroient

---

(1) *Les brandes*, pour *les bruyères desséchées*.

(2) *Strident*, pétillant, et par induction, *actif, dévorant*.

demeurer inutiles. Rabelais a montré dans le développement du caractère de Pantagruel quels en devaient être les fruits. Ce caractère est plus remarquable qu'on ne seroit d'abord tenté de le croire; il demeure constamment le même : à côté de l'immoralité de Panurge et de la grossièreté de frère Jean, on voit toujours Pantagruel plein de raison, de sagesse, de facilité et de bonté. Discute-t-il? il abuse quelquefois étrangement de l'érudition et d'une dialectique subtile; mais c'est presque toujours pour en revenir à des maximes simples, droites, à ce bon sens qui a toute la vérité de la philosophie s'il n'en a pas la profondeur. A-t-il à agir? il se montre partout ferme et calme. Lorsque pendant ses voyages il essuie en mer cette horrible tempête, décrite par Rabelais d'une manière si vive et si pittoresque; tandis que Panurge s'abandonne au désespoir de la peur; tandis que frère Jean et tous les matelots luttent contre les vents et contre les vagues, jurent, s'emportent, Pantagruel, tranquille et pieux, reste debout sur le pont du navire, tenant fortement le grand mât pour l'empêcher de se rompre; et quand, au plus fort de l'orage, tous les nautoniers se croient perdus, il ne laisse échapper que ces mots : « Le Dieu servateur nous soit en aide ! » et ce calme contraste singulièrement avec l'agitation, le désordre, la terreur, qui règnent parmi ses compagnons. L'affection même qu'il porte à Panurge ne l'empêche pas de reconnoître l'irrégularité de sa vie et le libertinage de ses idées. Panurge veut-il

justifier ses prodigalités et son inconduite en prenant le parti de ceux qui empruntent de l'argent, sans savoir s'ils pourront le rendre? Pantagruel lui impose silence en disant : « C'est toujours grande
» vergongne en touts lieux d'ung chacun emprun-
» ter, plustost que travailler et guagner. Lors,
» seulement, debvroit-on, selon mon jugement,
» prester quand la personne travaillant n'a peu,
» par son labeur faire guain, ou quand elle est
» soubdainement tombée en perte inopinée de ses
» biens. » Qu'on suive ce caractère dans tout l'ouvrage, on verra que sans fracas, sans ostentation, sans intention morale peut-être, Rabelais l'a peint tel qu'il devoit être après l'éducation qu'il avoit reçue, c'est-à-dire, toujours bon et toujours raisonnable, toujours curieux d'étendre ses connoissances et de conserver ses vertus, cherchant partout la vérité, examinant et tolérant toutes les opinions sans laisser ébranler ses principes, restant toujours enfin digne, simple et ferme au milieu des mœurs déréglées, des indécentes brutalités et de l'immoralité licencieuse de ceux qui l'entourent.

J'en veux faire remarquer un trait particulier, d'autant plus intéressant pour nous, qu'il se lie de plus près aux résultats de l'éducation que nous venons d'exposer : c'est le respect de Pantagruel pour son père. Jamais écrivain, je crois, n'a donné à l'amour filial et à l'autorité paternelle plus de force, de gravité et d'étendue que n'a fait Rabelais. De son tems commençoit à naître cette funeste guerre civile qui, pénétrant jusque dans l'intérieur

des familles, brisoit les liens les plus sacrés et rendoit ennemis ceux à qui la nature avoit commandé de s'aimer et de se soutenir mutuellement. Quelques années plus tard, Montaigne pouvoit dire, en parlant des enfans : « Si ce sont bestes furieuses,
» comme notre siècle en produit par milliers, il
» les faut hayr et fuyr pour telles. » Et c'est au moment où fermentoient tant d'agitations, où naissoit cette désorganisation sociale, que Rabelais a peint un père élevant son fils avec la bonté la plus facile, le désintéressement le plus parfait; et ce fils, pénétré pour son père de l'affection la plus tendre, du respect le plus profond, de la reconnoissance la plus vive. Ce respect est tel, que, lorsque Gargantua exprime à son fils le désir qu'il a de le voir se marier, « père très débonnaire, lui
» répond Pantagruel, encore n'y avois-je pensé :
» de tout ce négoce je me déportois (1) sus votre
» bonne volonté et paternel commandement. Plu-
» tost prie Dieu estre à vos pieds veu roide mort
» en votre plaisir, que sans vostre plaisir estre veu
» vif marié. » Pantagruel s'éloigne-t-il pour voyager? à peine est-il parti, que son père, ému d'une tendre inquiétude, lui écrit : « Fils très chier,
» l'affection que naturellement porte le père à son
» fils bien aymé, est en mon endroict tant accreue,
» par l'esgard et révérence des graces particulières
» en toi par élection divine posées, que depuis ton
» partement, m'ha non une fois tollu tout aultre

---

(1) *Se déporter*, s'en remettre.

» pensement ; me délaissant au cueur cette unicque
» et soingneuse paour que vostre embarquement
» ait été de quelque meshaing (1) ou fascherie
» accompaigné ; comme tu seez qu'à la bonne
» et sincère amour est crainte perpétuellement
» annexée. » Et Pantagruel, vivement touché de
cet amour, lui répond aussitôt : « Père très débon-
» naire, puisque vous m'avez prévenu par le béné-
» fice de vos gratieuses lettres, force m'est, ce que
» par le passé m'estoit volontaire, premièrement
» louer le benoist servateur, lequel, par sa divine
» bonté, vous conserve en ce long teneur de santé
» parfaite ; secondement vous remercier sempiter-
» nellement de ceste fervente et invétérée affection
» qu'à moi portez votre très humble fils..... de mes
» esprits n'en sera jamais la mémoire abolie, etc. »
Et il ne perd pas une occasion de donner à son
père des marques de sa reconnoissance. La vérité
et la tenacité de ce sentiment sont d'autant plus
remarquables, que le principal personnage du
roman, Panurge, est, comme on sait, un mauvais
sujet qui se moque de tous les liens, de toutes les
affections, de toutes les idées morales, et qui se
sert souvent, pour les ébranler, de toute la subtilité
de son esprit.

Pantagruel, dans ses voyages, ne cesse jamais
non seulement de penser à son père, mais encore
de suivre et de mettre à profit ses conseils. Pendant
son séjour à Paris, il alloit souvent visiter « les

---

(1) *Meshaing*, chagrin, mésaventure.

» compaignies des gents lettrés ou de gents qui
» eussent veu pays étranges. » Dès qu'il est
en course lui-même, il observe les usages, les
mœurs, les raretés des pays qu'il parcourt. « Je ne
» fauldray, écrit-il à Gargantua, à réduire en
» commentaires et éphémérides tout le discours de
» notre naviguaige, affin qu'à nostre retour vous
» en ayez lecture véridicque. » Il achète les animaux rares, les objets curieux qu'il rencontre.
« Les nouveautés d'animaulx, de plantes, d'oi-
» seaulx, pierreries, que trouver pourray et recou-
» vrer en toute nostre pérégrination, toutes je vous
» porteray. » Et c'est ainsi qu'au milieu d'une
infinité de fables, d'extravagances, percent et se
maintiennent constamment cet esprit de recherche,
ce goût d'instruction que son père avoit cherché à
lui inspirer, et dont Panurge le louoit en lui disant :
« Je vous ay long-tems cogneu amateur de péré-
» grinité et désirant tousjours veoir et tousjours
» apprendre. » Il semble que Rabelais, en plaçant
les voyages à la suite des études de Pantagruel,
précisément à l'époque où les jeunes gens peuvent
voyager avec fruit, ait voulu indiquer par là que
tel devoit être le complément de toute éducation
dirigée dans des vues saines, grandes et libérales.

Qu'on ne m'accuse pas d'avoir trouvé dans son
livre ce qui n'y est point, et de lui avoir prêté des
intentions qu'il n'a pas eues. Je n'ai rien dit qui ne
fût appuyé sur des citations, et je n'ai pas fait
toutes celles que j'aurois pu faire. Quant aux
intentions, je suis loin de croire qu'il ait voulu

tracer un plan d'éducation complet et régulier. En rapprochant ses idées, je leur ai donné nécessairement plus de suite et de liaison qu'elles n'en ont dans son ouvrage. Il ne prévoyoit pas, sans doute, à quel vaste ensemble de principes, de connoissances et de faits, un siècle plus éclairé que le sien les rattacheroit un jour. Mais telle est, comme je l'ai déjà dit, la force de la raison, que celui qui la consulte et la croit, quelle que soit l'époque à laquelle il écrit, trouve la vérité dans tous les détails où il la cherche, et que des hommes venus plus tard, à une époque plus heureuse, la reconnoissent et lui rendent hommage en dépit des erreurs qu'il y a jointes, des folies auxquelles il l'a associée, des graves inconvenances même dont il n'a pas su ou voulu la dégager. C'est cette raison, ce bon sens que Rabelais a porté dans ses idées sur l'éducation comme sur plusieurs autres sujets que j'ai voulu faire ressortir, pour montrer à quelles vérités il a pu arriver ainsi, dans un siècle qui les méconnoissoit, et dans un livre où l'on ne s'attend guère à les rencontrer.

F. G.

JOURNAL

ADRESSÉ PAR UNE FEMME A SON MARI, SUR L'ÉDUCATION DE SES DEUX FILLES.

Numéro XIII.

Votre sœur, qui est dans un moment d'engouement pour sa fille, me disoit l'autre jour, mon ami, devant elle et devant Sophie, que Zéphirine avoit de la *grandeur d'ame*. Je vis Sophie, à ce mot qu'elle ne connoissoit pas, prendre sa mine attentive et réfléchie; et, deux minutes après, sa tante, s'étant éloignée un moment, elle quitta le jeu qu'elle avoit commencé avec Zéphirine pour venir me demander tout bas ce que c'étoit que la grandeur d'ame. Je remis à le lui expliquer lorsque nous aurions plus de temps; mais sa tante, qui l'avoit entendue, lui dit : « Quoi, Sophie, à ton âge tu ne sais pas cela ? » — « Non, répondis-je en la renvoyant au jeu, je leur apprends le moins que je puis, le nom des vertus qu'elles ne connoissent pas, de peur qu'elles ne l'appliquent mal. » — « Mais, dit votre sœur, comment leur faire connoître les vertus sans leur en parler? — « Je tâche, repris-je, de leur faire connoître les vertus mêmes long-temps avant de leur en dire le nom, afin que leur imagination s'attache, non pas aux noms, mais aux choses. » Nous disputâmes un peu. Votre sœur soutint qu'elle étoit enchantée que Zéphirine sût ce que c'étoit que la grandeur d'ame, parce que cela lui donneroit envie d'en avoir; pour moi, quand Sophie revint me demander sa définition, je tâchai de la lui faire si simple, de la composer tellement de devoirs qu'elle connoissoit déjà, qu'elle crut que la grandeur d'ame étoit une vertu qui arrivoit tout naturellement avec l'âge, la taille, la raison, et pour laquelle on n'avoit pas plus de sacrifices à s'imposer; que pour être *bien sage*.

Il en est résulté que, Dieu merci, Sophie ne s'avise pas de penser qu'on doive admirer sa grandeur d'ame, ni par conséquent de supposer que ce puisse être un moyen pour se faire admirer des autres. Ainsi, elle ne songera pas à en avoir. A la vérité, la première fois que sa sœur lui donnera une tape, si elle ne la lui rend pas, elle pourra bien lui dire que c'est par grandeur d'ame; mais comme elle n'attachera à cette qualité que précisément autant d'honneur qu'elle en attache au mérite de ne pas rendre une tape, son imagination ne s'enflammera pas plus pour l'un que pour l'autre; et je ne crois pas que la définition de la grandeur d'ame arrête un de ces mouvemens d'impatience que je voudrois qu'elle sacrifiât à de bons sentimens, mais non pas au nom qu'on leur peut donner.

Ces noms, mon ami, sont comme ceux qu'ont portés les grands hommes : on tient à les porter; ceux qui ne les ont pas tâchent quelquefois de les usurper; c'est la sorte de ressemblance qu'on veut communément avoir avec eux : si de ces grands hommes on avoit perdu les noms, et qu'on ne se rappelât que leurs actions, ceux qui voudroient leur ressembler en quelque chose ne chercheroient qu'à faire de même qu'eux. Je tâcherai, si je puis, que mes enfans ne connoissent les noms des vertus, ou du moins le prix qu'on y attache, que lorsqu'elles seront bien pénétrées des bons sentimens dont ces vertus se composent. Je veux qu'elles se soient si bien familiarisées avec elles *par le menu*, comme dit Montaigne, qu'elles ne puissent pas s'y tromper, et s'abuser elles-mêmes sur leur propre mérite en l'exagérant pour les autres, à la faveur de quelques grands mots. Une fois qu'elles se seront bien liées d'amitié avec telle ou telle vertu, je ne craindrai point qu'elles la cultivent en public par vanité. Je ne dis pas qu'après cela il ne puisse leur arriver d'être un peu fières d'une si bonne connoissance ; mais cela est pardonnable si on ne fait que l'en aimer mieux, et si l'orgueil qu'on tire de sa possession n'est que celui de se sentir plus riche qu'un autre, ce qui oblige à plus de dépense. Il ne faut pas trop nous en vouloir à nous-mêmes si cette sorte d'orgueil se réveille quelquefois après une bonne action, si la joie et l'exaltation qu'elle nous a laissées se transforment quelquefois en opinion de nous-mêmes, et si même alors nous sentons un secret desir de faire partager cette opinion aux autres. Ce sentiment ne gâte point l'action ; car si elle a été inspirée par un véritable mouvement de cœur, il ne se présente que lorsque le mouvement qui l'a déterminée a cessé d'agir faute d'aliment. Sophie, l'autre jour, voyant sa sœur pleurer de ce qu'elle avoit laissé tomber dans le feu un chiffon auquel elle tenoit beaucoup, courut lui chercher le plus beau des siens, un morceau de satin qu'elle avoit réservé pour en faire une robe à sa poupée. Elle ne pensa pas en ce moment si on le sauroit ou non, et ne se cacha pas plus qu'elle ne se montra;

Non copri sue bellezze e non l'espose.

Un sentiment seul l'occupoit; mais lorsqu'il fut satisfait, un autre en prit la place. Sophie désiroit que je remarquasse ce qu'elle avoit fait de bien; elle cherchoit à me le rappeler, et, à la première contrariété, elle appela Louise une ingrate. Cependant, deux jours après se retrouva une autre occasion de générosité, et Sophie retrouva le même sentiment aussi pur que la première fois, et s'y livra de même sans songer davantage à ce qu'on en diroit, ni à la reconnoissance, ni à l'ingratitude de Louise. Je le répète, cet amour-propre ne gâte rien, car il ne touche à rien de bon; il ne prend que la place vide, et ne remplit que le temps qu'on n'a pas su occuper: c'est le bagage de l'armée qui peut embarrasser les marches ordinaires, mais qu'oublient bien vite ceux qui courent à la bataille; il faut prendre garde seulement qu'il n'occupe pas d'avance la place où elle doit se livrer, le champ réservé pour de nobles évolutions.

Avant l'Amour, l'amour-propre étoit né.

Il l'étoit avant la plupart des sentimens : c'est des

facultés morales de l'enfant la plus prompte à se développer, parce que c'est la première qui lui soit nécessaire. Il a besoin de notre approbation pour apprendre à se conduire, comme de nos lisières pour apprendre à marcher : il faut donc qu'il sache en jouir. Mais on ne doit lui donner de lisières que lorsque ses jambes sont assez fortes pour porter son corps; autrement, elles pourroient bien se contourner, et l'obliger à se servir toute sa vie, sinon de lisières, au moins de béquilles. De même s'il nous voit approuver une action avant que le sentiment qui doit l'y porter naturellement soit né en lui, ce sentiment pourra demeurer foible et faux, et il n'agira que pour obtenir l'approbation. Dites à un enfant qu'il est bien de donner et de se montrer libéral, il donnera pour être appelé libéral; et si ce plaisir est le seul qu'il ait éprouvé en donnant, ce sera, pendant long-temps du moins, le seul qu'il attache à l'idée de donner; le motif comme la récompense de la libéralité sera pour lui dans les éloges qu'elle procure. Mais quand l'enfant qui aura donné par un mouvement de son cœur jouiroit ensuite avec amour-propre de l'approbation que lui attire sa libéralité, il n'en conservera pas moins le souvenir du plaisir qu'elle lui a causé; et ce sera pour le goûter de nouveau qu'il recommencera, quitte ensuite à être bien aise de s'en voir louer. Pourvu qu'un bon sentiment soit le principe de l'action, il ne faut pas s'inquiéter beaucoup si l'amour-propre vient quelquefois à la suite. « La répétition des mêmes actes, » dit M. Dugald Stewart, affoiblit les impressions

» passives ; mais elle fortifie en nous les principes
» d'action. » Un enfant, après avoir joui quelquefois du plaisir d'amour-propre qui suit une
bonne action, sent s'affoiblir ce plaisir, tandis
qu'au contraire le sentiment qui a produit cette
action se fortifie et devient une habitude. Sophie
n'a déjà plus envie qu'on la loue de donner à sa
sœur la plus grosse part, et ne sauroit plus faire
autrement. Mais si l'amour-propre, au lieu de suivre
simplement son action les premières fois qu'elle l'a
faite, l'avoit précédée, en avoit été la cause, une
fois blasé, il auroit bientôt laissé Sophie reprendre
la grosse part.

Laissons suivre à l'esprit des enfans sa marche
naturelle ; l'amour-propre ne viendra jamais qu'à
la suite du développement d'un nouveau sentiment, d'une nouvelle faculté ; car on ne peut
avoir le desir d'être loué d'un mérite que l'on ne
connoît pas. C'est nous presque toujours qui l'avertissons avant le temps par des exemples indiscrets
qui présentent aux enfans comme objets d'éloge
des vertus dont ils ne se sont pas avisés : c'est là
l'inconvénient de cette foule d'ouvrages destinés
à les entretenir d'actions héroïques dont il nous
seroit impossible de prévoir l'effet sur eux, s'ils
produisoient réellement quelqu'effet ; car nous
ne pouvons démêler quel sentiment elles vont
réveiller en eux.

Ces vertus que nous leur présentons, sont le résultat de divers penchans, de diverses qualités, qui ont
dû être cultivées séparément, pour se combiner en-

suite selon les occasions auxquelles on les applique; presqu'aucune de ces vertus n'a été produite par la nature telle que nous la composons pour l'usage de la société : si je veux, par exemple, arriver à composer la grandeur d'ame qui s'élève également au-dessus des injures, des revers et de la prospérité, ne suis-je pas obligée de cultiver le jugement qui nous fait connoître la véritable valeur des choses, la raison qui empêche les passions de troubler le jugement, la force de caractère qui conserve à la raison tout son empire, et ne la sacrifie ni à la volonté ni à l'opinion des autres; la douceur qui lui donne cette égalité sans laquelle elle a sans cesse à combattre contre l'humeur et succombe quelquefois; le courage qui méprise les petites peines, la noblesse de sentiment qui dédaigne les petits avantages, etc. etc. ? Ce ne sont là que des élémens de ce qu'on appelle la grandeur d'ame, élémens dont aucun ne peut manquer sans qu'elle ne soit incomplète et ne se trouve en défaut, dès que cette qualité manquante deviendra nécessaire. Ainsi une femme douce, bonne, incapable de faire, de vouloir le mal, pardonnera de cruelles injures; élevée en crédit, elle servira ses ennemis, ou soulagera le malheur de celui qui l'aura offensée : on lui croira de la grandeur d'ame jusqu'à ce que, tombée elle-même dans l'infortune, elle s'y montre sans courage et sans noblesse. Un homme ferme et fort, au contraire, soutiendra le malheur avec une constance et une dignité admirables, et le combattant sans s'abaisser, le surmontera enfin et maîtrisera la fortune; mais ce sera pour démentir par sa hauteur, par l'acharnement et la petitesse de ses ressentimens, l'idée qu'on avoit pu prendre de la grandeur de son âme.

Comment donc donner à un enfant, par une action, l'idée d'une vertu qui ne se peut faire connoître que par un grand nombre d'actions différentes; et comment savoir à quel sentiment développé dans son cœur va s'adresser l'exemple que nous lui proposons? Louise, dans l'un des moins mauvais de ces livres qu'on donne aux enfans, a trouvé l'histoire de cette Lacédémonienne qui, apprenant de son esclave la mort de ses trois fils, s'écria : « *Vil esclave, est-ce cela que je t'ai demandé?* » Après s'être fait expliquer le mot *vil*, Louise, à qui on apprend qu'il faut être polie, a trouvé très étrange que l'on donnât pour modèle de vertu une personne qui parloit d'une manière si *malhonnête* à ce pauvre esclave. Mais sans chercher des faits si étrangers à toutes leurs habitudes, lorsque vous croyez le mieux vous être mis à leur portée, l'embarras inquiet avec lequel vous écoute l'enfant que vous cherchez à instruire par un exemple, vous montre clairement qu'il ne sait comment se l'appliquer et en tirer parti. Si son attention n'est pas bientôt distraite d'une chose qu'il ne comprend pas, ses questions vous prouveront que la circonstance dont vous avez voulu le frapper est précisément celle qu'il n'a point remarquée, et que le sentiment que vous avez cru pouvoir lui faire tirer du fait que vous lui rapportez, n'est point du tout celui qu'il étoit capable d'en recevoir. Les enfans jugent tout autrement que nous, et quelquefois mieux que nous, parce que, ne connoissant rien, ils ont moins d'objets de séduction. J'ai entendu raconter devant une petite fille l'histoire d'une pauvre femme que la misère avoit conduite à se jeter du haut d'un cinquième étage. Pour lui faire mieux comprendre l'action et le malheur de cette infortunée, on lui dit qu'elle étoit sortie pour recevoir quelqu'argent qui lui avoit manqué, et que l'idée de ses enfans l'avoit désespérée au point de la faire renoncer à la vie. « *Mais ses enfans!* » dit la petite fille, qui avoit écouté avec beaucoup d'attention. Elle avoit très bien compris que la douleur de cette malheureuse venoit de ce que ses enfans mouroient de faim, et ne concevoit pas qu'elle crût remédier à leur situation en se jetant par la fenêtre. La connoissance que nous avons des mouvemens désordonnés de l'ame, et la compassion qu'ils nous inspirent, avoient pour un moment écarté de l'esprit de la personne qui racontoit l'histoire cette réflexion naturelle à laquelle l'ignorance de l'enfant l'avoit laissé arriver sans obstacles.

Mais cette même ignorance, qui les fait quelquefois juger sainement de certaines actions, les égare souvent sur les vertus au-dessus de leur portée, et sur lesquelles par conséquent il faut éviter d'éveiller en eux aucun sentiment personnel. Je vois peu d'inconvénient sans doute à ce que deux petits garçons qui auront lu l'Iliade s'échauffent l'un pour les Grecs, l'autre pour les Troyens; l'un pour le courage d'Achille, l'autre pour la vertu d'Hector; pourvu toutefois qu'ils ne rapportent à eux-mêmes, à leur propre conduite que les exemples journaliers dont on aura soin de les entourer, ces exemples qui, au lieu de nous montrer les vertus toutes faites, nous apprennent comment on les fait; encore faut-il qu'ils les apprennent, s'il se peut, sans savoir ce que c'est, et où elles conduisent; qu'ils les reçoivent dans leur forme la plus simple, comme ils se gravent dans la mémoire la figure des lettres qui doivent leur servir ensuite à former des syllabes, des mots et puis des phrases. Quand j'engagerai Sophie à supporter sans humeur un petit mal qui lui aura été fait involontairement, quand je tâcherai de lui inspirer cet honneur de courage qui nous fait rougir de trop de sensibilité aux petits maux, quand je chercherai à éveiller dans son cœur le sentiment de bonté qui évite d'affliger les autres des peines qu'ils nous ont causées, je desire qu'elle ne se doute pas que je prépare en elle quelques uns des élémens dont se compose la grandeur d'ame. Elle pourra bien s'en douter quand elle éprouvera un sentiment ayant quelque rapport avec celui qui a dicté les grandes actions dont elle a entendu parler. L'autre jour elle avoit tenu à sa sœur une promesse qui lui avoit coûté un sacrifice difficile; elle me dit: « *Maman, c'est comme cela qu'a fait Régulus.* » Elle n'en étoit pas plus fière; car l'action de Régulus ne la frappoit en ce moment que par le rapport qu'elle avoit avec la sienne. Elle s'est peut-être attachée depuis à l'idée d'imiter Régulus, non pas dans les formes extérieures de son action, mais dans le sentiment qui l'a dictée. C'est au contraire aux formes extérieures que s'attache l'imagination de l'enfant, frappé de l'éclat d'une action dont il n'a pas encore reçu le principe. Il n'y a pas de petit garçon un peu vif qui, après avoir entendu citer un trait de courage et de dévouement, ne desire de tout son cœur de voir le feu à la maison pour avoir le plaisir de sauver son père et sa mère; mais il ne croira pas nécessaire pour cela de s'armer de courage contre un verre de lampe trop échauffé, et le jettera à terre s'il le tient, plutôt que de se brûler les doigts. Peut-être trouvera-t-il que cela n'en vaut pas la peine, et qu'il faut réserver la brûlure pour une meilleure occasion. Je n'ai jamais tant de peine à obtenir de Sophie qu'elle prenne son ouvrage que le jour où elle se propose de devenir bien habile pour me broder mes fichus et me faire mes robes. En vain je lui représenté qu'il faut pour cela commencer par savoir faire un ourlet, elle ne peut se résoudre à descendre de ses brillans projets à une réalité si vulgaire. C'est quelquefois à force de nous occuper du but que l'imagination nous dégoûte si bien du chemin, qu'elle nous ôte le courage de continuer pour arriver.

Ne présentons pas aux enfans ce but trop éloigné : le travail de demain semble toujours aisé ; mais pour nous déterminer à celui d'aujourd'hui, il faut qu'il soit indispensable. Il y a bien peu de gens qui, sans se l'avouer, ne se persuadent que le temps finira par faire leur besogne, et presque tous ressemblent à Louise qui, lorsque, pour la déterminer à prendre sa leçon, je lui représentois qu'il falloit bien savoir lire, me répondoit, pour s'en dispenser : « *Mais, maman, je le saurai quand je serai grande.* » Il faut éviter de laisser croire à l'enfant que c'est seulement quand il sera *grand* qu'il sera appelé à pratiquer les vertus auxquelles on l'exerce ; et, pour cela, il faut le préparer aux vertus d'homme en l'exerçant aux vertus d'enfant : autrement, les yeux constamment fixés sur le but qu'on lui montre de loin, il se sent poursuivi par le malaise inquiet d'une situation qui n'a rien de fixe. Le dégoût abat ses forces, et il n'est jamais ce qu'il peut être dans un état où il ne doit que passer. Tout être a, dans chaque période de son existence, dans chaque moment de sa vie un but, une fin actuellement présens, qu'il peut, à chaque instant, espérer d'atteindre. Tendre à la perfection, ce n'est point se transporter en imagination à un but éloigné, auquel nous ne concevrons pas la possibilité de parvenir tant que nous ne nous en sentirons pas actuellement la force ; c'est remplir à chaque instant ce but, cette destination de l'homme, qui est d'appliquer à chacune de nos actions tout ce que nous avons de facultés pour le bien. Un enfant le peut comme un homme ; il peut, dans sa petite existence, incomplète seulement pour les facultés, mais complète pour la vertu, qui ne demande que ce qu'on peut, avoir tout le mérite et goûter tout le plaisir de bien faire. C'est ce plaisir auquel il faut l'accoutumer en ne lui demandant jamais que ce qu'il peut faire, et il finira par avoir bien de la peine à s'en passer.

P. M. G.

Ve LETTRE AU RÉDACTEUR.

SUR LE MAINTIEN, SUR L'EXERCICE DU CORPS EN GÉNÉRAL, ET CELUI DES MEMBRES EN PARTICULIER.

Nous avons déjà commencé à envisager l'enfant comme un être qui ne doit pas toujours rester en place, et la comparaison que nous en avons faite à diverses reprises avec une plante qui veut être acclimatée, ne trouve plus son application. Appelé à d'autres destinées, l'homme a souvent besoin de chercher loin de lui sa nourriture; il doit apprendre à marcher. Une grande variété de dispositions a fait naître dans la société une grande variété de talens : il faut qu'il en cultive quelques-uns, qu'il apprenne à exercer ses membres. Pour s'attacher ensuite une compagne, et en général, pour plaire, ce qui n'est pas sans importance, il lui convient d'acquérir de la grâce. S'il est heureusement organisé, si l'éducation l'a bien formé, si les circonstances le favorisent, le globe entier lui est ouvert : il peut devenir utile à lui-même, à ses contemporains, à la postérité. C'est dans le développement des exercices qui peuvent lui aider à atteindre ces divers buts, que nous allons le suivre aujourd'hui.

Mous et flexibles dans les premiers jours, les *cartilages* de l'enfant se pénètrent peu à peu d'une matière solide et se changent en os; les charnières qui forment les jointures se modifient d'après le mouvement imprimé par les muscles ou la chair. Si une puissance suprême moule dans des formes déterminées les espèces qu'elle a créées, elle laisse néanmoins, pendant un certain temps, la liberté de modifier un peu ces formes suivant le but qu'on se propose. Les enfans des faiseurs de tours et des escamoteurs nous offrent un exemple frappant des changemens que l'on peut apporter à la marche ordinaire de la nature; ils nous montrent les excès de l'exercice, et les bornes où il faut l'arrêter.

La *charpente osseuse* a quelquefois trop de dureté, plus souvent trop de mollesse; les os longs peuvent se courber dans l'enfance par le seul poids du corps, et donner lieu à des difformités. Les *muscles*, ces fibres rouges enveloppées de tissus cellulaires, nourries et humectées par la graisse et d'autres fluides, sont destinés à mettre en mouvement les os. Chaque fibre se contracte à la moindre irritation, et s'alonge de nouveau: il est probable que, séparées ou réunies, ces fibres se trouvent dans une vibration continuelle et imperceptible; que chaque faisceau de celles qui composent les muscles ou la chair reçoit à la fois, par les nerfs qui le pénètrent, les impressions de la volonté. Si les os n'ont pas une dureté proportionnée à la force des muscles, ceux-ci les font plier; mais les différens faisceaux de muscles, séparés entr'eux et destinés à faire mouvoir les os en sens opposés, offrent une espèce de contre-poids, et rétablissent un équilibre qui maintient, à certains égards, la forme primitive : ils cèdent l'un à l'autre dans des mouvemens différens, jusqu'à ce que la volonté les fixe sur un point quelconque. C'est ainsi que naît et que s'arrête le mouvement volontaire : toutes les forces actives et passives doivent se tenir dans cet équilibre qui caractérise l'état de santé.

Le fœtus, dans le sein de la mère, se trouve comme accroupi; tous les muscles qui servent à cette position sont raccourcis. Dès qu'il vient au monde, et qu'il reçoit, avec la liberté, les premiers rayons de la lumière, il s'épanouit comme un bourgeon; les muscles extenseurs commencent à s'exercer; la tête se lève, les jambes et les bras s'ouvrent, et la pose dans le berceau favorise le redressement de l'épine du dos. En faisant souvent changer l'enfant de position, vous exercez tour-à-tour tous ses muscles, et il apprend ainsi à s'en servir par lui-même.

On conçoit aisément par là pourquoi l'enfant livré à lui-même ira d'abord à quatre pattes, et comment il a pu entrer dans la tête de quelques gens d'esprit que les hommes étoient destinés à marcher comme les animaux. On a cherché, dans le nourrisson, le modèle de l'adulte; on a pensé encore ici que l'état naturel étoit de rester dans l'enfance. Ces futiles discussions ont amené d'utiles recherches comparatives sur la structure des animaux, et donné une grande impulsion à la science qui s'occupe de leur anatomie. C'est souvent par l'erreur que nous sommes conduits à des vérités; et nos premiers écarts s'ensevelissent dans l'oubli. Personne ne peut douter des grands avantages résultant de la stature droite qui nous permet le libre usage de nos mains.

J'ai dit que c'est de l'exercice simultané des muscles que naît un certain équilibre; le tiraillement qu'on observe parfois dans les enfans qui dorment peut tenir à ce qu'une partie de leur corps se trouve gênée. On risque aussi de faire courber les os en pesant sur une partie de ce corps, et les nourrices qui mettent les enfans dans leur lit, non seulement les environnent de leurs exhalaisons, mais les exposent, pendant le sommeil, à des pressions dangereuses.

Les dispositions et les différences individuelles qui naissent quelquefois de la pose dans le sein de la mère, peuvent donner lieu à des *difformités* particulières : un os trop mou, un muscle trop fort ou trop court, une répartition inégale de forces quelconques, changent la symétrie nécessaire : la manière de porter l'enfant, ou son habillement, peut aggraver ces défauts; la nature n'en offre que rarement de très marquans. Il seroit d'ailleurs ridicule de se trop effrayer d'une petite inégalité; la croissance suffit pour y remédier, fût-elle même assez prononcée. Si j'ai bien fait concevoir l'action réciproque des muscles, et si l'on songe comment se fait la nutrition, on concevra que la chose doit être ainsi. Une bonne mère, avec un peu d'habileté et de constance, parera à ces petits inconvéniens, par la pose, par l'habillement, par l'extension donnée à une partie et la résistance opposée à l'autre; enfin, par l'exercice volontaire et par l'habitude. Les détails suivans pourront servir à guider son jugement.

Pour maintenir l'équilibre dans la station droite, il est bon que *la tête se tienne droite* sur le cou; elle tournera plus aisément dans toutes les directions. Quelques enfans ont le malheur de naître avec un torticolis, d'autres avec un muscle trop court ou mal placé (le *sterno-mastoïdien*), et qui fait pencher la tête d'un côté. Il est ordinairement assez difficile de remédier au premier de ces accidens; pour le dernier, on emploie quelquefois avec succès un bandage approprié qui s'oppose au tiraillement du muscle trop court, en appliquant de ce côté des huileux et d'autres émolliens, tandis qu'on fait des frictions spiritueuses ammoniacales très irritantes, du côté où le muscle est trop long. On a même tenté, dans ces cas-là, diverses opérations. Le torticolis lui-même ne provient parfois que de la force d'un des muscles, et alors on peut attendre de bons effets des frictions, du bandage, et d'un soin assidu : la simple attention à écarter tout ce qui favoriseroit cette pose, suffit, dans le premier âge, pour rétablir de légères inégalités;

mais si on les néglige, l'un des muscles se paralyse, en quelque sorte, les os changent peu à peu de forme, et les articulations se collent ensemble, (ankyloses). Les muscles du cou sont, d'ailleurs, en rapport avec la figure, qui participe à la fin à toutes ces irrégularités, nées d'une foible cause, et surtout d'une coupable négligence.

Toute la charpente du corps est soutenue par la colonne vertébrale, composée d'anneaux tournant et se fléchissant l'un sur l'autre en divers sens par un appareil de muscles semblables des deux côtés, et qui donnent encore, à l'aide des ligamens, une très grande solidité à la colonne, au moyen de leur opposition : cette colonne est supportée par le bassin qui sert de base aux viscères; il n'y a que la poitrine qui soit entourée d'une cuirasse mobile, formée par les côtes et couverte sur le derrière par les omoplates. La Providence nous a, en quelque sorte, montré par là l'importance qu'elle met à la poitrine. Le ventre, fort gros en proportion dans les enfans, n'a pas, jusqu'ici, et fort heureusement, été comprimé par des modes ridicules qui pourroient gêner le développement des viscères; et il faut espérer qu'aucun caprice n'en fera naître comme pour les adultes. La colonne vertébrale peut se courber de côté, en dedans ou en dehors; le premier cas a lieu quelquefois dans les enfans rachitiques, d'un an à trois, et en déplaçant les côtes il gêne la poitrine : le second, plus gênant encore, est heureusement très rare; mais la gibbosité proprement dite est plus commune. Toutes ces difformités tiennent à un ramollissement des os, amené par une cause morbifique souvent héréditaire, ou à un relâchement dans les parties qui unissent les os dans leurs articulations, ou à une foiblesse, une irrégularité des muscles; les remèdes varient suivant les causes; les accidens ainsi que les mauvaises habitudes peuvent favoriser des difformités; sous ce point de vue, ils sont du ressort de l'éducation physique.

On cherche à alléger autant qu'il est possible, le poids du corps et de la tête, qui porte sur la colonne vertébrale, en les soutenant par le moyen des corsets. Il n'y a guère pour cela que deux ou trois points d'appui, l'occiput, le bassin et le dessous des aisselles. Les deux premiers ont encore de la mollesse dans l'enfance, et l'autre livre le passage aux vaisseaux qui nourrissent les bras, et aux nerfs qui lui donnent la sensibilité; on s'expose à l'engourdir; les épaules, d'ailleurs, s'élèveront naturellement.

Malgré ces difficultés, d'habiles bandagistes sont parvenus à soutenir cette colonne par des ressorts élastiques, des crics et des spirales qui produisent une pression successive. Mais il n'est pas ici question d'en parler comme de remèdes pour de véritables maladies; je n'ai voulu qu'indiquer combien il est difficile de trouver des points d'appui qui ne soient pas eux-mêmes dans le cas de céder et de se déplacer. Au reste, lorsque l'on soutient trop, les ligamens et les muscles ne se fortifient jamais, car les forces musculaires ont cela de commun avec l'aimant, qu'elles augmentent d'énergie considérablement lorsqu'elles sont toujours et progressivement chargées de nouveaux fardeaux. Voilà les inconvéniens de tous les corsets qu'on peut inventer, et qui contiennent des corps durs.

En Angleterre, on fait porter aux jeunes filles, dans les pensions, des plaques presque carrées, appliquées au dos et suspendues à des épaulettes, qui font baisser les épaules en arrière pour élargir la poitrine. La grande quantité de poitrinaires que ce pays voit succomber à peu près dans la même proportion depuis qu'on y tient des tables de mortalité, ne permet pas de croire que cet usage en ait diminué le nombre; il est probable, au contraire, que c'est de là que provient cette espèce de roideur des Anglaises, d'ailleurs si bien faites. Beaucoup de personnes se ressouviendront encore des croix de Heister : il me semble qu'on se serviroit avec moins de désavantage, pour les enfans qui avancent en âge, de ces espèces d'épaulettes simples, plus propres à leur rappeler ce qu'ils doivent observer qu'à produire une grande pression. Il est même bon, afin de laisser un peu de liberté aux muscles, de ne pas user constamment de machines: toutes celles qui peuvent gêner les enfans ou resserrer la place des viscères, paroissent avoir tant d'inconvéniens, opposer tant d'obstacles à la croissance, qu'il vaut mieux n'employer que des moyens négatifs, c'est-à-dire, éviter avec le plus grand soin tout ce qui pourroit augmenter un mal naissant, ou une disposition naturelle, fâcheuse (1).

Il faut convenir qu'il y a quelque chose d'effrayant à voir s'établir tant de boutiques de corsets ressemblant assez à des corps, tous faits sur un même modèle, et fort incommodes pour ceux qui se croient obligés de se soumettre à ces sortes de modes. Disons pourtant qu'un léger resserrement également répandu sur la surface, soutient et quelquefois fortifie; et qu'il est des élastiques, ainsi que des bandages d'infirmes (*fascia pro infirmitate*) dont on ne peut nier les heureux effets, surtout lorsque les parties molles du corps sont disposées à du relâchement.

Les bras, les mains, surtout les jambes et les pieds font naître d'autres considérations : il importe de faire attention aux pieds retirés, aux mollets déplacés, aux genoux pliés en dedans ou en dehors; les os longs courbés en divers sens ont fait imaginer divers moyens pour empêcher que le corps ne pèse trop sur des parties foibles ou ramollies, et des machines pour les redresser et les étendre, afin de leur faire prendre une forme régulière en même temps que l'on s'occupe à détruire les causes internes qui les ont déformées, et à favoriser leur nutrition particulière. L'art a fait

---

(1) Guillaume Hay, membre du parlement d'Angleterre, bossu lui-même, a composé un Traité assez curieux sur la longévité des personnes difformes. Le duc de Luxembourg mourut à 62 ans, Pope à 75, etc.

des progrès dans le traitement des pieds-bots; l'anatomie, les lumières répandues sur les fonctions des muscles et des ligamens, ont fait trouver des ressources ingénieuses qui peuvent servir à rectifier la forme dans beaucoup de cas particuliers.

Mais ce qu'il faut dire, surtout, c'est que dès que l'esprit de l'enfant se développe, on doit se hâter d'en profiter: les moyens mécaniques s'usent; le ressort moral acquiert des forces à mesure qu'on l'emploie. Une attention soutenue à prévenir de mauvaises habitudes, une volonté ferme de les vaincre, sont au-dessus de tout mécanisme. Nous aurons occasion de faire ressortir cette force, en parlant de l'influence de l'âme sur le corps.

Il est toujours bon de ne rien entreprendre que par nécessité, et de chercher plutôt à éviter ce qui donneroit lieu à de petites irrégularités, comme la pratique assidue d'un art ou métier, qui favorise, qui commande même quelquefois une pose gênée, oblique, et en général une attitude particulière.

L'enfant est tenu couché les premiers jours; il est bientôt porté sur les bras, et la tête se lève. A trois mois il se tient ordinairement sur son séant. Les Indiens apprennent aux leurs à se tenir debout dans un trou garni de linge. Se tenir debout suppose qu'on a trouvé le centre de gravité, et qu'on peut assez régler la force musculaire pour s'y maintenir. Dans chaque individu le centre de gravité est un peu différent de ce qu'il est dans d'autres;

cela a lieu surtout pour les enfans : nous ne pouvons le leur indiquer, il faut qu'ils le trouvent eux-mêmes, et qu'ils sachent se balancer. Pour qu'un adulte se tienne bien, il doit avoir la tête droite, les épaules en arrière, afin de faire ressortir la poitrine; le ventre peu avancé, les genoux bien tendus, les talons rapprochés, la pointe des pieds en dehors, les bras naturellement pendans; mais toutes ces règles conviendroient mal aux enfans; on commence à les soulever en les prenant sous les aisselles, ou en les asseyant sur la main pour les faire sauter ou danser; les objets passent alors rapidement devant eux et leur ôtent le vertige. L'instinct guide nos opérations, et l'enfant sourit à nos efforts. Qui oseroit prétendre à enseigner tous les moyens ingénieux que la tendresse fait trouver aux mères? c'est à nous à chercher, dans leur conduite, les lois de l'art qu'elles exercent avec une sorte d'inspiration sublime.

Se tenir debout pendant quelque tems sur la même place, est ce qu'il y a de plus difficile; car les fibres musculaires sont dans une vibration continuelle, comme on le voit par le tremblement de l'enfance et de la vieillesse; aussi l'enfant apprend-il plutôt à marcher en avant qu'à se fixer. Dès qu'une mère s'aperçoit qu'il y a un peu de force dans les jambes de son enfant, elle essaie de le laisser un moment seul et debout pour qu'il vienne, ou plutôt, qu'il se jette dans ses bras; en voulant lui montrer sa dépendance, afin de se faire payer de son attachement, elle apprend, au contraire à l'inconstant à lui échapper en marchant seul. D'après ce que j'ai dit, au reste, du balancement dans l'acte de la station, on concevra bien aisément pourquoi l'usage des lisières et des paniers se trouve nuisible. La courroie qui retient l'enfant, et que l'on tient élevée par derrière, le fait tomber en avant et lui serre la poitrine; les épaules se lèvent et la tête s'enfonce. En ceci comme en beaucoup d'autres choses, il devra oublier plus tard ce qu'on lui a enseigné d'abord; il faudra apprendre ensuite à faire agir les muscles extenseurs du dos. Laissez plutôt ramper l'enfant sur un tapis, jusqu'à ce qu'il se sente la force de se lever et d'imiter les adultes. On voit sur des bas-reliefs des faunes faire balancer le jeune Bacchus sur ses pieds en le tenant par la main : c'étoient probablement les exercices de l'antiquité, et je ne sais de quelle époque datent les lisières. Ce qui rend particulièrement recommandables les balancemens, c'est que tous les muscles doivent être prêts à agir, ou plutôt, que tous agissent successivement par le changement de direction. Ils doivent surtout acquérir la facilité d'agir promptement au moindre changement de situation inattendu et au moindre danger. Les mêmes jeux exigent pourtant de petites précautions.

FRIEDLANDER.

(*La suite au prochain numéro.*)

DE L'IMPORTANCE EXAGÉRÉE

ATTACHÉE EN ANGLETERRE A L'ÉTUDE DU LATIN ET DU GREC.

(Ce morceau, tiré de *l'Edinburgh Review* (*la Revue d'Edimbourg*), nous a paru devoir intéresser nos lecteurs, en leur donnant une idée de l'état des études en Angleterre. Nous pensons cependant que cette idée seroit exagérée, si l'on appliquoit dans toute leur étendue, et à toute l'Angleterre, les reproches contenus dans cet article. Mais il suffit qu'avec les exceptions et les modifications qu'on pourra admettre, le système d'éducation attaqué ici soit prédominant en Angleterre depuis plusieurs siècles, comme le prouvent les plaintes continuellement élevées à ce sujet. Au reste, l'université d'Oxford, que l'auteur a eu principalement en vue, essaie, depuis quatre ou cinq ans, de sortir de cette routine d'érudition où elle étoit ensevelie.)

Après avoir expliqué les causes morales de l'importance exagérée que l'on a attachée aux études classiques, l'auteur de l'article examine, 1°. l'utilité de ces études; 2°. la méthode que l'on y emploie généralement en Angleterre.

L'étude du latin et du grec, dit-il, a d'abord le mérite d'accoutumer l'esprit des enfans aux difficultés, et de faire de la vie d'un jeune étudiant ce qu'elle doit être, une vie très laborieuse:

Nous ne regardons pas sans doute le latin et le grec comme les seules études qui présentent ces avantages ; mais enfin ils le possèdent, et, n'y gagnât-on que cela, on y gagneroit toujours de soumettre à une application solide et vigoureuse l'âge qui influe sur toute la vie.

De plus, l'étude soignée de la grammaire d'une langue est d'un grand usage pour l'étude des autres, parce qu'il existe une certaine analogie entre les constructions grammaticales de toutes les langues. Le latin et le grec se trouvent d'ailleurs mêlés par les étymologies avec tous les idiomes de l'Europe moderne, et surtout avec le nôtre.

Les deux langues des anciens sont, comme inventions, comme mécanisme, incomparablement plus belles qu'aucune des langues modernes. Comparés à ces deux idiomes, considérés simplement comme véhicules de la pensée et de la passion, tous ceux de nos temps modernes sont ternes (*dull*), mal composés et barbares.

Une grande partie des écritures nous a été transmise en grec ; et cette raison, fût-elle la seule, suffiroit pour faire sentir la nécessité de diriger l'éducation de manière à produire des hellénistes.

Enfin, comme modèles de goût, les meilleurs ouvrages sont sans doute ceux qui ont le plus long-temps résisté à l'épreuve du temps, et qui ont obtenu le suffrage du plus grand nombre d'esprits éclairés. Ainsi, quelles que soient nos conjectures, nous ne pouvons être aussi certains de la perfection des modèles que nous offrent les meilleurs écrivains modernes que de ceux que nous ont laissés les anciens. Nous ne pouvons être aussi sûrs qu'ils survivront aux révolutions des mondes, qu'ils continueront à plaire dans tous les pays, sous toutes les espèces de gouvernemens, à toutes les époques de la civilisation.

On ne peut donc mettre en doute les grands avantages de l'éducation classique; mais quels sont ceux que l'on peut tirer de la manière dont elle est dirigée en Angleterre? Un jeune Anglais entre à l'école dès six ou sept ans, et le cours de son éducation le conduira jusqu'à vingt-trois ou vingt-quatre. Pendant tout ce temps, l'étude du grec ou du latin est sa seule occupation (1). A peine s'imagine-t-il qu'il y ait dans le monde quelqu'autre chose de bon à savoir; et le système des faits dont il est le plus parfaitement instruit, c'est la suite des intrigues amoureuses des dieux du paganisme. Voilà ce que les jeunes Anglais apprennent par cœur, du moment où ils quittent leur nourrice; et ce qu'on s'applique soigneusement et assidûment à graver dans leur mémoire, jusqu'à ce qu'enfin ils aient dépensé à ce travail la meilleure partie de leur vie. Maintenant, on vous dira, si vous voulez, que cette longue carrière d'éducation classique a servi

(1) A moins qu'il n'aille à l'université de Cambridge; là les classiques l'occupent exclusivement pendant environ dix ans, et pendant les quatre ou cinq autres années, partagent son temps avec les mathématiques.

à poser les fondemens de leurs connoissances. Mais ce sont des fondemens tellement élevés au-dessus du terrain, qu'il n'y a plus moyen de rien bâtir dessus. Lorsque vous aurez occupé un homme d'une seule chose, jusqu'à l'âge de vingt-quatre ans, vous avez employé tout le loisir qu'il avoit à vous donner. Il va être appelé dans le monde : obligé de s'occuper d'affaires, ou bien entouré de plaisirs, il ne lira et n'étudiera plus. Si vous avez négligé de mettre d'autres choses dans sa tête, elles n'y pourront plus entrer. Il ne croira même pas qu'il puisse y en avoir d'autres qui méritent quelqu'attention; et le jugement du public le confirmera dans cette opinion. Voyez à qui il prodigue ces noms pompeux et respectés de *savant* et d'*érudit*; est-ce à des hommes instruits dans la science du gouvernement, au fait de toutes les relations géographiques ou commerciales des différens pays de l'Europe ? A des hommes qui connoissent la propriété des corps et leur action réciproque ? Non, ce n'est pas là de la science ; c'est de la chimie ou de l'économie politique, et non pas de la science. Le mot abstrait et distinctif, l'épithète de *savant* (*scholar*) est réservée à celui qui écrit sur la réduplication éolique, et qui se montre familier avec Sylburgius et la méthode d'arranger les verbes défectifs en ω et μ. La brillante perspective que se forme un jeune Anglais adonné à l'étude des sciences, son *beau idéal* de la nature humaine, la perfection, le sublime de l'esprit de l'homme, c'est la connoissance du grec.

Son objet n'est pas de raisonner, d'imaginer, d'inventer; mais de conjuguer, décliner et dériver. Les plus brillans rêves de gloire que puisse lui fournir son imagination, c'est la découverte d'un anapeste mal placé ou la restauration d'un datif que n'a pas aperçu *Cranzius*, ou que l'immortel *Ernesti* a négligé d'observer. Si un jeune étudiant de cette espèce venoit à rencontrer ensemble le plus grand chimiste ou le plus grand mécanicien, ou l'homme le plus profondément versé dans l'économie politique, et le plus savant helléniste de son temps, pense-t-on qu'il imaginât de faire entr'eux la plus légère comparaison? Pourroit-il lui entrer dans l'esprit que des hommes tels qu'Adam Smith et Lavoisier pussent être regardés comme aussi supérieurs ou aussi utiles que Bentley et Heyne? Nous sommes tentés de croire qu'il pourroit bien éprouver en cette occasion le même dédain que le docteur George qui, sur les éloges qu'il entendoit faire du grand Frédéric, doutoit beaucoup que ce roi, avec toutes ses victoires, sût conjuguer un verbe grec en $\mu\iota$.

D'ailleurs, les savans en sont venus à la longue, et par une suite de l'association des idées, à s'occuper de l'instrument plutôt que du but. Ils ne s'appliquent plus à sentir la beauté cachée sous la difficulté, mais à la difficulté seule. Ils oublient la noix pour la coquille; ce qu'on peut lire en grec, pour le grec même. Ce n'est pas tant l'homme versé dans la sagesse des anciens qu'on estime, que celui qui étale sa connoissance sur le langage dans lequel cette sagesse nous a été transmise. Ma gloire est de montrer que je suis un savant : ce que je puis gagner de bon sens ou d'esprit dans mon commerce avec les anciens auteurs est une chose d'opinion ; mais quand je me serai donné des peines infinies pour déterminer un accent ou une quantité, voilà au moins qui est positif ; j'aurai établi ma réputation de savant ; j'obtiendrai l'honneur de la science en renonçant à ce qu'elle peut avoir d'utile.

Mais supposons qu'on parvînt au but que se propose l'éducation classique, telle qu'on la donne en Angleterre à nos jeunes gens, à la connoissance parfaite des véritables beautés du latin et du grec, qu'en résulteroit-il ? Peu de jeunes gens sortent des écoles publiques à dix-huit ou dix-neuf ans, sans avoir fait plus de dix mille vers latins, c'est-à-dire, plus que n'en contient l'*Enéide* entière ; après quoi l'écolier n'en fera plus un seul dans sa vie ; mais il sera initié dans toutes les délicatesses du langage : n'est-ce pas beaucoup trop de temps donné à l'acquisition d'un avantage pareil ?

Il est de quelque importance de savoir parler et écrire le français ; et après avoir écrit dix mille vers français, on se trouveroit instruit d'une foule de délicatesses de langage ; cependant la composition des vers français n'entre pas dans notre éducation. Il nous est de quelque importance d'avoir de bons botanistes ; cependant on n'apprend point à un botaniste à répéter par cœur tous les noms des plantes du monde connu. On ne voit pas un astronome instruit du nom et de la grandeur de toutes les étoiles répandues sur la face des cieux. La seule portion des connoissances humaines dans laquelle il ne puisse y avoir ni excès, ni mesure, ni compensation de perte et de gain, c'est l'érudition classique.

Rien n'est plus absurde que le prix extraordinaire que l'on attache dans les écoles au talent de faire des vers latins. C'est faire dépendre la réputation d'un écolier, c'est-à-dire d'un individu dont le premier mérite est l'application au travail, d'un talent naturel que ne peut donner aucun travail. Il seroit aussi raisonnable de demander à tous les enfans d'être spirituels ou beaux, que de leur demander d'être tous poëtes.

Dans l'état actuel des choses, le premier d'un collége, véritable miracle aux yeux de ses compagnons d'étude, pourra bien se trouver ensuite l'homme du monde le plus insignifiant, sans autre titre à l'estime qu'un certain talent pour des poésies fugitives, dans une langue qui n'existe plus.

L'effet le plus avantageux de notre méthode d'éducation classique, c'est de cultiver l'imagination aux dépens de toutes les autres facultés de l'esprit, et d'élever beaucoup de jeunes gens dans une sorte d'incapacité brillante (*elegant imbecillity*) tout-à-fait indigne des talens dont la nature les avoit doués. De tous les ouvrages écrits en langues étrangères, ceux qui nous sont les plus familiers sont les ouvrages d'imagination. Même dans la langue française, que nous savons si bien, pour un ouvrage sérieux qui aura cours en ce pays-ci, nous en aurons vingt d'imagination. Cette observation est encore plus vraie à l'égard des anciens, parce que ce qui nous est resté de leurs poëtes et de leurs orateurs est infiniment supérieur à ce que nous connoissons de leur philosophie; car, à mesure que la société avance, la réflexion gagne en profondeur et en exactitude ce que l'imagination perd en vivacité : les ouvrages de raisonnement deviennent meilleurs, les ouvrages d'imagination moins bons. Ainsi, il est de fait qu'un homme sorti des écoles à vingt-trois ou vingt-quatre ans, est un homme familier surtout avec les ouvrages d'imagination. Il peut avoir le tact prompt, l'imagination vive, le goût délicat ; mais nul talent pour la spéculation ou la recherche des causes. Il ne s'est point formé à l'inappréciable habitude de remonter dans les choses jusqu'à leur premier principe ou de rassembler des faits secs, peu amusans, pour en faire la matière d'un raisonnement. Toute la partie solide et forte de son entendement est demeurée entièrement inculte. Il déteste la fatigue de penser, et tient pour suspect tout homme dont l'esprit hardi et original le forcera d'avoir recours à des raisons pour défendre ses opinions et prouver ses assertions.

On emploie quelquefois un singulier argument pour justifier les savantes minuties dont les jeunes gens sont condamnés à s'occuper, quelle que soit d'ailleurs leur vocation. Que peut-on faire d'un jeune homme, vous dit-on, jusqu'à l'âge de dix-sept ans ? Comme si l'on manquoit tellement de difficultés à surmonter et de goûts importans à inspirer, que la nécessité de faire quelque chose, et l'impossibilité de faire autre chose, dût vous jeter nécessairement dans la poésie et la versification ! Comme si, durant cette période, un jeune homme ne pouvoit pas s'instruire dans les langues modernes, l'histoire moderne, la philosophie expérimentale, la géographie, et s'avancer dans les mathématiques ! Comme si la mémoire des choses n'étoit pas plus agréable et plus profitable que la mémoire des mots !

En faisant de cette éducation classique, si étendue et si soignée, un article indispensable de l'éducation, nous négligeons les choses les plus importantes de la vie humaine. Il faudroit, jusqu'à un certain point, mais bien éloigné de celui jusqu'où l'on porte maintenant cette espèce d'instruction, élever un jeune homme dans la connoissance du latin et du grec. Passé ce point, on accorderoit aux études classiques le même rang qu'aux autres études, mais non un rang plus élevé. On auroit, par ce moyen, des érudits comme on a de bons chimistes, des astronomes, des mathématiciens, sans avoir pris pour cela un soin particulier. Pourquoi nous méfions-nous, sur ce point seulement, de la diversité des goûts, de la variété des ambitions ? La passion des langues est aussi forte que toute autre passion littéraire. Nous avons de très bons orientalistes. On a tiré certainement un assez grand amas de haillons (*trash*) des débris du sanskrit. Nous avons vu de notre temps un docteur de l'université d'Oxford complimenter leurs majestés en vers coplites et syrophéniciens; et nous doutons qu'on puisse trouver des littérateurs suffisamment avides de connoître les beautés des plus admirables écrivains que le monde ait encore produits ! Et quand le *Bagoat-Gheeta* a trouvé (ce qui peut se prouver) des créatures humaines pour le traduire, et d'autres créatures humaines pour le lire, nous irons croire que, pour assurer à Virgile et à Homère, l'honneur d'être remarqués, il nous faudra nous emparer de tout homme, soit qu'on en doive faire un ecclésiastique ou un duc, le prendre à l'âge de six ans pour ne le lâcher qu'à vingt, le faisant durant tout ce temps conjuguer, décliner à la vie et à la mort; et lui enseignant ainsi à ne se regarder comme avancé dans la sagesse qu'autant qu'il pourra scander les vers des tragédies grecques!

Le clergé anglais, entre les mains duquel est remise l'éducation de la jeunesse, élève les hommes destinés à être les premiers de la nation comme s'ils étoient tous destinés à tenir une école de grammaire (*grammar-school*) dans une petite ville de province; et un jeune homme de famille noble, des lumières et des connoissances duquel peut dépendre un jour la gloire et le bonheur de son pays, est impitoyablement harcelé pendant la moitié de sa vie par le petit pédantisme des longues et des brèves. Les instituteurs ecclésiastiques sont tous retenus par la crainte absurde de porter l'esprit de la jeunesse sur des sujets importans et difficiles. Ils s'imaginent que l'exercice des facultés de l'esprit doit nécessairement conduire au scepticisme religieux, et ils espèrent garantir les principes de leurs élèves à l'abri des innocentes et élégantes pauvretés de l'éducation classique. Un véritable professeur d'Oxford frémiroit d'entendre les jeunes étudians disputer sur des vérités morales et politiques, élever ou renverser des théories, et se livrer à toute la hardiesse d'une discussion entre jeunes gens. Il n'en pourroit augurer qu'impiété envers Dieu et trahison envers le roi ; et cependant, qui les outrage plus que le pieux poltron qui en détourne soigneusement l'œil examinateur de la raison, et croit que le meilleur moyen pour enseigner les premiers devoirs est d'étouffer les plus nobles facultés de l'esprit ? Nous en usons actuellement à l'égard des esprits de nos jeunes gens comme en usoient les Hollandais pour l'excédent de leurs épiceries. Il périt tous les ans dans les universités d'Angleterre une immense quantité de talent, par les misérables inquiétudes et la petitesse d'esprit des instituteurs ecclésiastiques. Ce seroit ne rien dire que de répondre qu'il est sorti de grands hommes de ce système d'éducation. Il est sorti de grands hommes de tous les systèmes. Tout Anglais est obligé de passer la moitié de sa vie à apprendre le latin et le grec, et l'on attribue à l'éducation classique les talens qu'elle n'a pas eu le pouvoir d'éteindre. Il est à peu près impossible d'empêcher les grands hommes de croître, quelque mauvaise que soit leur éducation. Élevez les hommes dans la croyance de la démonologie ou de l'astrologie, et il n'en restera pas moins dans le monde un certain nombre de génies originaux qui se feront jour à travers ces entraves de l'ignorance et de la folie.

TRAITS CARACTÉRISTIQUES

D'UNE MAUVAISE ÉDUCATION,

Ou Actions et Discours contraires à la Politesse, et désignés comme tels par les moralistes, tant anciens que modernes; par *L. Gaultier.* Nouvelle édition, revue, et corrigée sur celle de l'an 1796.

Prix : 1 fr., et 1 fr. 50 cent. par la poste. — A Paris, chez l'Auteur, rue de Grenelle S. Germain, n°. 50; chez A. A. Renouard, libraire, rue Saint-André-des-Arcs, n°. 15.

Si l'on parvenoit à rendre un enfant véritablement poli, on auroit ensuite, quant à ses rapports avec les autres, bien peu de choses à lui demander. La vraie politesse est le fruit des sentimens que tend à donner une bonne éducation, l'amour du prochain, l'oubli de soi-même, une attention constante aux sentimens, aux goûts, aux intérêts, au bien-être, au plaisir des autres. Il n'est pas une vertu, soit morale, soit chrétienne, supposé qu'on puisse les distinguer, dont la politesse ne soit l'expression, qu'elle ne suive naturellement, sans effort et sans apprentissage. *Il n'est pas permis à un*

Chrétien d'être lâche, a dit Fénélon; il ne lui est pas plus permis d'être impoli, c'est-à-dire de sacrifier les autres à lui-même, leurs goûts à ses penchans, les égards qui leur sont dus à l'impétuosité de ses sentimens. C'est du fond du cœur que s'élève cette suave harmonie qui règle nos mouvemens, mesure nos paroles, adoucit le son de notre voix, comme la flûte du musicien moduloit des accens et modéroit les passions de l'orateur trop prêt à se laisser emporter. Qui n'a vu d'homme du peuple, en qui des principes religieux, une dévotion naturelle d'âme et d'esprit ont gravé les sentimens rigoureux du devoir, se distinguer sensiblement par une politesse décente, une convenance habituelle, des hommes de sa classe, moins délicats que lui? qui n'a vu chez la foule ignorante et irréfléchie, la grossièreté des manières déceler presque certainement l'absence ou la perversité des principes?

La politesse n'est donc point une forme extérieure à laquelle on puisse dresser un automate; c'est par son principe, une vertu qu'il faut faire germer peu à peu dans le cœur de l'homme. « Ainsi que la » vertu, » nous dit M. Gaultier dans une introduction remplie d'idées justes et utiles, qu'il a placée à la tête de son recueil, « ainsi que la vertu, elle » s'oppose souvent à nos penchans, arrête nos dé- » marches, nous fait sacrifier nos goûts, veiller » sur nos actions, mesurer nos discours. » Si les sacrifices qu'elle nous demande nous paroissent porter sur de petites choses, il n'en est pas de même pour les enfans, la politesse n'est pas pour eux la représentation de la vertu, c'est la vertu même; car les sacrifices auxquels elle les oblige sont ceux de leurs plus grands intérêts. L'enfant qui abandonne le jeu qu'il aime, pour céder au goût d'un enfant étranger auquel il fait les honneurs de la maison, aura fait l'effort le plus grand qu'il puisse se faire pour le plaisir d'un autre. N'espérons donc pas qu'il porte toujours la vraie politesse, ce sentiment du cœur, qui trouve du plaisir au sacrifice, dans les actes de complaisance auxquels nous l'excitons ou même nous l'obligeons quelquefois, moins pour lui faire remplir un devoir dont il ne peut se pénétrer encore, que pour lui apprendre en quoi il consiste; mais tâchons de tourner ses idées vers cette manière indispensable de témoigner sa bienveillance et ses égards pour les autres; et à chaque vertu sociale dont nous lui ferons concevoir l'idée, montrons-lui comment elle se manifeste dans la conduite; éveillons son attention sur ces petits détails que la sagacité de son âge ne lui permettroit pas d'apercevoir, et intéressons la bonté de son cœur à ne les pas oublier.

C'est à cet utile objet qu'est destiné le petit ouvrage de M. Gaultier. Entre le parti d'exciter les enfans à la politesse par la peinture de ce qu'elle a d'aimable et de séduisant, et celui de les dégoûter de l'impolitesse par le tableau de ses effets les plus rebutans, il a choisi le dernier. Cette marche lui a paru, dit-il, *plus vive et plus animée*. L'habile instituteur y a senti sans doute un autre avantage bien plus important encore; instruire les enfans aux grâces de la politesse lorsqu'ils ne peuvent posséder encore les vertus sur lesquelles elles se fondent, ce seroit les exposer à n'acquérir que cette politesse de formes, « cette politesse stérile, » superficielle, dit M. Gaultier, qui a sa source » dans l'amour-propre, dans la vanité, dans l'in- » térêt, et qu'on peut appeler *politesse empruntée* » ou d'apparence, » pour la distinguer de la *politesse du cœur*. Leur montrer les désagrémens de l'impolitesse, c'est leur apprendre à l'éviter, ce qui ne peut jamais être qu'un avantage. L'enfant est un champ où croissent de toutes parts les mauvaises herbes qu'il faut sans relâche travailler à arracher, en se gardant bien de toucher au bon grain, dont on ne sauroit forcer la croissance sans risquer d'en faire périr le fruit. Il ne faut donc point avertir les enfans d'être polis, mais seulement de n'être point impolis.

Une légère critique que je me permettrai sur un très petit nombre des maximes contenues dans le petit ouvrage de M. Gaultier, fera mieux sentir encore l'avantage de sa manière générale. Ses *Traits caractéristiques d'une mauvaise éducation*, ou exemples d'impolitesse, tirés des moralistes anciens et modernes, au nombre d'environ cinq cent cinquante, sont souvent accompagnés d'une réflexion que les caractères italiques font reconnoître pour être de l'auteur, et ces réflexions ont en général pour objet, ou d'enseigner à l'enfant les moyens d'éviter l'acte d'impolitesse contre lequel on le prémunit, ou de lui en faire sentir le ridicule. Elles me semblent, pour la plupart, nécessaires et excellentes. Ainsi, exemple 200ᵉ : « Il (c'est » l'enfant mal élevé) passe sans façon devant » ceux qui forment un cercle. » L'auteur ajoute: (*Au lieu de se glisser modestement par-derrière*); et cette explication ne paroîtra pas inutile à ceux qui ont vu cent fois un enfant à qui l'on défend de passer devant quelqu'un, demeurer à sa place tout interdit, le chemin par derrière fût-il deux fois plus large qu'il ne faut, tant il lui paroît difficile d'imaginer autre chose que ce qu'il a voulu d'abord, et de faire, avec un peu plus d'attention ce qu'il n'a entrepris que parce qu'il le faisoit sans y penser. Exemple 237ᵉ : « Il soutient son opinion avec trop d'opiniâtreté. » (*Il ignore qu'il faut savoir céder quelquefois, lors même qu'on a raison.*) Voilà l'enfant averti d'un devoir qu'il n'auroit jamais deviné à lui tout seul; supposé qu'avec la réflexion de M. Gaultier il eût encore quelque peine à le comprendre, ce sera l'occasion de le lui expliquer; et tel sera généralement l'avantage de ceux mêmes des exemples et des réflexions qui paroîtroient ne pouvoir convenir qu'à un âge supérieur à celui des enfans entre les mains desquels on mettra l'ouvrage de M. Gaultier, que les explications qu'ils les obligeront à demander deviendront pour eux le germe d'idées bonnes et utiles. Exemple 435ᵉ : « Il ne sait jamais » avoir l'air d'être seul coupable d'un malen- » tendu. » (*Il dira: Vous ne m'avez pas compris;*

au lieu de dire : Je me suis mal expliqué.) Ce n'est point ici une simple formule que nous indique M. Gaultier, c'est l'expression de la raison et de la vérité ; car il est très certain que celui qu'on n'a pas compris s'est mal expliqué pour celui de qui il vouloit se faire comprendre ; et c'est ce qu'il n'est pas impossible qu'un enfant parvienne à concevoir. Mais en dira-t-on autant de l'observation suivante, exemple 424° : « Il relève lui-même le mérite d'un présent qu'il » a fait, et se joint à ceux qui en font l'éloge. » (*Au lieu de témoigner ses regrets de ce que le présent n'est pas assez digne de la personne qui a bien voulu le recevoir.*) Ce n'est pas là certainement le sentiment le plus naturel à celui qui fait un présent de bon cœur, et il n'est nullement vraisemblable qu'un enfant puisse l'éprouver. Lui apprendre à l'exprimer seroit donc lui apprendre un compliment, et c'est ce qu'il faut le plus éviter d'enseigner aux enfans. Une phrase faite et répétée d'habitude peut glacer la racine du sentiment qu'elle étoit destinée à exprimer.

Cet exemple, et un ou deux semblables tout au plus, remarqués sur tout le recueil de M. Gaultier, ne prouveront, je l'espère, que mon extrême attention sur les idées d'un homme dont chaque idée nouvelle est intéressante pour l'éducation qu'il s'attache sans cesse à rendre à la fois plus douce et plus utile, et dont toute la vie s'est consacrée à mériter la plus touchante de toutes les reconnoissances, celle des parens pour le bien qu'on fait à leurs enfans. P. M. G.

LE DOUBLE SERMENT,

CONTE,

Traduit de l'allemand, de *Jean-Paul* (1).

Henri étoit un jeune homme de quinze ans, c'est-à-dire qu'il avoit de bonnes intentions et n'y conformoit pas toujours sa conduite; il aimoit son père et son précepteur; mais il aimoit encore plus ses plaisirs; il eût tout fait pour leur procurer de la joie, mais il ne leur donnoit pas la plus douce de toutes, celle de le voir docile et vertueux. La violence de son caractère arrachoit souvent à ceux qu'il chérissoit des larmes amères qui finissoient par lui en faire répandre à lui-même. Sa vie se partageoit ainsi entre des fautes et le repentir, et l'inutilité de ses bons projets, toujours détruits par des actions répréhensibles, avoit ôté à ses parens l'espoir de le voir s'amender.

Le comte de......, son père, ne cessoit de songer avec une inquiétude toujours croissante, au moment où Henri le quitteroit pour aller à l'université ou pour voyager : les sentiers du vice devoient se présenter alors à lui sous l'aspect le plus sédui-

_____

(1) Bien que ce morceau soit écrit d'un ton un peu tendu et d'un style trop poétique, il est l'ouvrage d'un écrivain si original, et la marche nous en a paru si touchante, que nous avons cru n'y devoir rien changer. Notre traduction est littérale.

sant; la voix et la main d'un père ne seroient plus là pour le rappeler ou le retenir ; il pouvoit tomber de faute en faute, et revenir dans la maison paternelle avec une ame gangrenée, dépouillée de sa pureté, de son élévation, incapable même de ce sentiment qui est le reflet de la vertu, du repentir.

Le comte étoit d'un caractère doux mais foible, et d'une santé languissante : la mort de la comtesse, sa femme, avoit miné sous lui le sol sur lequel reposoient ses pas : Henri, au retour de l'anniversaire de la naissance de son père, croyoit entendre une voix secrète qui lui disoit : « La frêle » couche de terre qui porte ton père et le sépare » des cendres de ta mère, s'enfoncera bientôt, et » il disparoîtra de tes yeux sans emporter dans la » tombe l'espoir de ton amendement. » Il pleuroit ce jour-là à chaudes larmes ; mais que servent l'attendrissement et les larmes, quand on ne se corrige pas ? Il alloit dans le parc où étoient placés le tombeau de sa mère et le sépulchre vide que son père avoit fait construire pendant une maladie : là il faisoit vœu de combattre sa violence, son amour pour les plaisirs ; mais hélas ! — Je ferois trop de mal à mes jeunes lecteurs, si je leur racontois en détail comment Henri, quelques jours avant celui où il devoit partir pour l'université, se rendit coupable d'une faute qui perça d'un trait cruel le cœur si souvent blessé de son malheureux père. Le comte tomba malade et se mit au lit, sans se flatter de l'espoir qu'il n'échangeroit pas cette triste couche contre le lit de pierre qui l'attendoit dans le parc, avant d'avoir vu le retour de son fils à la vertu.

Je ne vous peindrai donc ni la faute ni le chagrin de Henri : mais en portant sur ses torts un jugement sévère, comprenez-y tous ceux dont vous pouvez vous être vous-mêmes rendus coupables. Quel enfant peut s'approcher du lit de mort de ses parens, sans se dire : « Ah ! si je ne les ai pas » privés de quelques années de vie, qui sait de » combien de jours et de semaines j'ai abrégé la » leur ? j'ai peut-être accru les douleurs que main- » tenant je voudrois avoir adoucies, et peut-être » mes folies ont-elles fermé plutôt ces yeux qui, » sans elles, jouiroient encore de la clarté du » jour ! » L'insensé mortel ne commet si hardiment ses fautes, que parce que leurs suites funestes se dérobent à ses regards; il laisse le champ libre aux desirs effrénés de son cœur, comme on lâche des animaux féroces ; il leur permet d'errer parmi les hommes à la faveur des ténèbres ; mais il ne voit pas combien d'innocens sont blessés ou déchirés : il lance follement autour de lui des charbons ardens, allumés par des passions coupables, et lorsqu'il est déjà descendu dans la tombe, les maisons voisines, qui ont reçu l'étincelle funeste s'enflamment, et la colonne de fumée plane au-dessus du lieu où il repose, comme un monument élevé à sa honte.

Henri, lorsqu'on eut perdu tout espoir de guérison, ne put plus soutenir l'aspect triste et abattu de son père; il se tenoit dans la chambre voisine; là, tandis que la vie du comte luttoit contre des foiblesses continuelles, il adressoit au ciel des prières muettes, fermoit les yeux sur l'avenir, et redoutoit comme une bombe foudroyante ces premiers mots : *Il est mort!* Le jour vint cependant où il devoit se présenter devant son père, prendre congé de lui, recevoir son pardon, et faire entre ses mains le serment de devenir meilleur.

Seul à côté de la chambre du malade, il sortoit d'un long et douloureux engourdissement; il écoutoit et n'entendoit que la voix de son vieux précepteur, qui avoit été aussi celui de son père, et qui, voyant s'approcher pour celui-ci les ténèbres de la mort, lui donnoit sa bénédiction en disant : « Endors-toi doucement, âme vertueuse! que
» toutes tes bonnes actions, toutes les promesses
» que tu as tenues, toutes tes pieuses pensées se
» rassemblent autour de toi, au terme de ta vie,
» comme les beaux nuages du soir accompagnent
» dans sa retraite le soleil couchant! Souris encore
» si tu peux m'entendre, et si ton cœur éteint
» possède encore la force de sentir. » Le malade fit un effort pour s'arracher au lourd sommeil de l'évanouissement; mais il ne sourit pas, car dans le trouble de ses sens, il avoit pris la voix de son précepteur pour celle de son fils. « Henri, dit-il
» en balbutiant, je ne te vois pas, mais je t'entends.
» Pose ta main sur mon cœur, et jure-moi que tu
» deviendras bon. » Henri se précipite dans la chambre pour le jurer; mais le précepteur avoit déjà posé sa main sur le cœur palpitant du père; il lui fit signe, et lui dit à voix basse : « Je jure

» pour vous. » Le cœur du comte battoit encore de ce mouvement lent et affoibli d'une vie près de finir : il n'entendit ni le serment, ni les amis qui l'entouroient.

Henri, succombant à cette scène déchirante, tremblant de celle qui alloit la suivre, vouloit fuir du château et n'y revenir que lorsque les heures les plus cruelles de son désespoir seroient passées; mais il sentit que son amendement ne devoit pas commencer par une fuite secrète : il dit à son précepteur « qu'il ne pouvoit supporter plus long-» temps cet affreux spectacle; qu'il reviendroit » dans huit jours ; et, alors, ajouta-t-il d'une voix » étouffée, je retrouverai encore ici un père. » Il l'embrassa, lui dit où il alloit s'ensevelir, et sortit.

Il traversa le parc en sanglottant et à pas incertains. Il aperçut les deux sépulchres blancs qui paroissoient à travers les branches des arbres, et s'en approcha. Il n'eut jamais le courage de toucher la tombe encore vide où devoit reposer son père; il s'appuya contre celle qui couvroit un cœur, dont au moins il n'avoit pas causé la mort, celui de sa mère, qu'il avoit perdue depuis plusieurs années. Là, devant sa mère et devant Dieu, il renouvela le serment de revenir au bien.

Chaque pas lui rappeloit ses fautes : un enfant conduit par son père, une fosse, une feuille jaunie, le son d'une cloche en réveilloient le souvenir.

Il arriva où il vouloit rester; mais après quatre jours de remords, de larmes et de désespoir, il sentit qu'il valoit mieux retourner au château, et prouver ses regrets pour son père en imitant ses vertus. La plus belle fête que l'homme puisse donner à ceux qu'il a aimés et qu'il pleure, c'est d'essuyer les pleurs de ceux qui souffrent ; une suite de bonnes actions forme la plus belle couronne qu'il puisse suspendre sur leur tombe.

Henri reprit le chemin de la maison paternelle ; c'étoit le soir qu'il traversoit le parc ; la pyramide sombre qui surmontoit le sépulchre de son père, paroissoit, à travers les rameaux, comme ces nuages grisâtres qui nagent dans l'azur du ciel, sur les ruines noircies d'un village incendié. Henri s'arrêta ; il appuya sur la pierre froide sa tête inondée de larmes ; aucune douce voix ne lui dit : « Sois con-
» solé ; » aucun père n'étoit là pour s'attendrir et lui répéter : « Je t'ai pardonné. » Le murmure des feuilles lui sembloit un murmure de colère, et l'obscurité du soir le glaçoit de terreur, comme d'épouvantables ténèbres. Cependant il reprit courage, et renouvela en ces mots le serment qu'avoit prononcé pour lui son précepteur : « O mon père !
» mon père ! entends-tu ton pauvre enfant qui pleure
» sur ta tombe ? vois, je suis ici à genoux ; je
» t'implore, je te jure que j'accomplirai le vœu
» que mon précepteur a prononcé sur ton cœur
» expirant. O mon père ! mon père ! (la douleur
» étouffoit sa voix) ne donneras-tu à ton en-
» fant aucune marque de ton pardon ? »

Il se fit autour de lui un frémissement ; une figure qui s'avançoit avec lenteur écarta les branches, et dit : « Je t'ai pardonné. » C'étoit son père.

Celle qui tient le milieu entre le sommeil et la mort, la sœur et l'ombre du trépas, la défaillance l'avoit rendu à la vie en le plongeant dans un engourdissement salutaire. C'étoit la première fois qu'il sortoit, accompagné de son précepteur, pour venir rendre grâces sur son tombeau. Bon père, si tu avois passé réellement dans un autre monde, ton cœur n'auroit donc pu battre de joie, tes yeux n'auroient pu verser de douces larmes sur le retour d'un fils repentant qui venoit mettre à tes pieds un homme nouveau !

Je ne puis tirer le rideau sur cette scène attendrissante, sans adresser à mes jeunes lecteurs une seule question. Etes-vous encore assez heureux pour posséder un père et une mère, à qui vous puissiez donner des joies inexprimables par votre amour et vos vertus ? Ah ! si d'un de vous avoit négligé jusqu'ici de les leur procurer, je remplis auprès de lui l'office d'une conscience qui ne sauroit manquer de se réveiller, et je lui dis qu'un jour viendra où rien ne pourra le consoler, où il se dira : « Ils m'ont aimé par dessus tout, et je les ai vus » mourir sans leur avoir donné le bonheur de se » dire : Il est vertueux. »

F. G.

NOUVELLES
CONCERNANT L'ÉDUCATION.

Sur les Établissemens d'Éducation de M. Fellenberg, à Hofwyl, dans le canton de Berne.

Un grand établissement d'agriculture théorique et pratique, un pensionnat tenu avec beaucoup de soin, une école d'industrie, voilà sans doute de quoi occuper l'activité de plusieurs hommes très actifs. Mais on ne sait pas tout ce qu'un homme peut faire quand il possède des facultés supérieures, et qu'il se dévoue. M. Fellenberg en offre un bel exemple. Ce n'est pas ici le lieu de parler avec étendue de tout ce qu'il a entrepris, de ce qu'il a déjà fait, et de ce qu'il compte faire encore pour les progrès de l'agriculture en général, de celle de la Suisse en particulier, et pour l'amélioration des mœurs et du sort de cette classe d'hommes, la plus nombreuse et la plus utile sans doute, des paysans. Mais nous avons pensé que quelques détails sur l'école d'industrie qu'il a fondée dans sa terre d'Hofwyl et sur l'éducation qu'y reçoivent les enfans pauvres qui y sont admis, ne sauroient manquer d'intéresser nos lecteurs. La lettre écrite à ce sujet par M. Ch. Pictet, dans la *Bibliothèque Britannique* (N°. 587, février 1812), ne laisse rien à désirer, et nous en avons tiré tous les renseignemens qu'on va lire.

Depuis treize ans, M. Fellenberg avoit formé le projet d'annexer à tous les établissemens qu'il a fondés à Hofwyl, une école pour les pauvres; elle n'est en activité que depuis deux ans.

Il a mis à la tête de cette école un jeune homme nommé Vehrli, fils d'un maître d'école du canton de Thurgovie, jeune homme dont le zèle, la droiture et la pureté sont aussi louables que rares. Avant de lui confier cet important emploi, M. Fellenberg le garda plusieurs mois dans sa maison, causa beaucoup avec lui, et lui fit bientôt partager l'ardeur et le dévouement dont il est lui-même animé.

« On avoit d'abord projeté de choisir les enfans dans
» les familles les plus pauvres et les plus honnêtes des en-
» virons; mais les parens ne pouvant se faire une idée

» juste des avantages d'une telle faveur, montrèrent peu
» d'empressement à l'obtenir. On résolut d'adopter les
» élèves sans choix et comme le hasard les désigneroit.

» Un enfant de huit ans, fils d'un paysan lucernois,
» réduit à la misère; un jeune Soleurois, pris en Alsace
» par les gendarmes avec ses parens, comme vagabond, et
» renvoyé à Hofwyl par un ami qui connoissoit les inten-
» tions bienfaisantes de M. Fellenberg; enfin un troi-
» sième enfant du canton de Berne, abandonné de ses
» parens et recueilli par un garde-forêt, furent les pre-
» miers admis. Ce fut sur eux que Vehrli fit les pre-
» miers essais de son zèle. Il falloit quitter la table de
» M. Fellenberg pour se mettre au régime des pauvres;
» c'est-à-dire aux pommes de terre et au lait, coucher
» comme eux sur la paille; rien ne lui coûta. On lui
» conserva la faculté de tirer de la cave et de la cuisine
» du château tout ce dont il auroit le besoin ou l'envie.
» Il n'a encore usé qu'une fois de cette liberté en deman-
» dant la permission de partager avec tous les enfans une
» bouteille de vin pour se réchauffer, un jour qu'ils
» oient froid.

» Le nombre actuel des enfans (en décembre 1811)
» est de quatorze, et sera porté à trente. Le canton de
» Berne en a fourni six. Tous sont arrivés dans l'état le
» plus misérable; la plupart avec les habitudes vicieuses
» qui accompagnent l'oisiveté, quelques-uns avec une
» disposition à la révolte qui auroit pu être embarras-
» sante, même sous un régime de force; mais qui a cédé
» à la douceur, à l'affection et à l'ordre.....

» Vehrli tient un journal de tout ce qui regarde
» chacun des enfans depuis le moment de son admis-
» sion. Ses dispositions naturelles, son caractère, ses
» progrès religieux, moraux et intellectuels, son appli-
» cation au travail, tout ce qui peut intéresser son
» bonheur à venir, y trouve sa place.

» Le soin de développer la gaîté des élèves, et de les
» maintenir sereins, alertes et actifs, est considéré
» comme très important. Ils sont constamment caressés
» et prévenus; tout les invite à la confiance. Vehrli ne
» leur parle qu'en souriant. Il travaille avec eux; il lit,
» il cause, il chante avec eux; il leur conte des histoires,
» et ne les quitte dans aucun moment.... »

(*La suite au prochain Numéro*)

ANNALES DE L'ÉDUCATION.

DES IDÉES DE MONTAIGNE,

EN FAIT D'ÉDUCATION.

(Ier Article.)

Ce sont d'heureux temps que les siècles éclairés, rien ne s'y perd. A-t-on beaucoup d'esprit? on ne manque pas d'appréciateurs et de juges : n'en a-t-on que peu? on sait où en emprunter. Le talent le plus mince puise dans les lumières de ses contemporains de quoi masquer ou parer sa foiblesse : une multitude de connoissances et d'idées circulent ; il n'y a qu'à se baisser et à prendre ; on ramasse aisément de quoi faire un livre ; et tel qui n'eût su où trouver une phrase, s'il eût été réduit à son propre fonds, trouve sans peine dans les fonds publics de quoi se faire, en littérature, une fortune souvent assez honnête.

Mais dans les siècles de ténèbres, quand les richesses de l'esprit ne sont pas encore converties en monnoie, et que pour y avoir part il faut descendre dans la mine, le métier d'écrivain est moins commode, et ceux qu'une vraie supériorité y appelle sont seuls capables d'en soutenir le poids ; ce n'est pas tant mieux pour la société, car la médiocrité éclairée est bonne et n'empêche pas le génie de naître : mais le génie y gagne peut-être plus d'originalité et d'indépendance ; il reste seul avec lui-même, et s'il est assez fort pour supporter la solitude, rien ne dénature ses inspirations, ne détourne le cours de ses réflexions ; quand il a une fois secoué le joug des préjugés absurdes de son temps, il est libre; il n'a pas à se défendre contre la séduction de ces préjugés nés de la science dont un esprit supérieur se préserve bien plus difficilement, parce qu'ils tiennent à d'importantes vérités: dès qu'il est entré dans la route du vrai, personne ne l'y dérange, parce que personne ne l'y suit, et s'il marche hardiment jusqu'au bout, il arrive et s'arrête à des résultats que par fois les siècles même les plus éclairés outrepassent ou perdent de vue.

Tel a été Montaigne : ses contemporains étoient ignorans, superstitieux, aveugles ; il s'isola de ses contemporains, fit de son esprit une table rase, et oubliant toutes ces choses « qui n'ont appuy qu'en » la barbe chenüe et rides de l'usage, rapportant » tout à la vérité et à la raison, il sentit son juge- » ment comme tout bouleversé et remis pourtant » en bien plus seur estat. » Les idées de son temps lui paroissoient absurdes, les connoissances des hommes peu sûres; il voulut connoitre la nature humaine; il l'étudia en lui-même, et prenant ses observations pour unique base de ses opinions, les suivant avec hardiesse jusques dans leurs dernières conséquences, il parvint à ces idées simples, éternellement justes et raisonnables, qui constituent *le vrai bon sens des nations*, et qu'heureusement les hommes n'ont jamais entièrement méconnues, quoique, malheureusement, ils ne les aient encore presque jamais réduites en pratique.

C'est là, si je ne me trompe, l'histoire d'un des esprits les plus philosophiques et les plus forts qui aient existé : il ne crut que sa raison ; son unique tort, peut-être, est de s'en être par fois trop méfié : vivement frappé des extravagances et des erreurs dont le monde ancien et moderne lui paroissoit rempli, il douta de la vérité tandis qu'il y arrivoit sans cesse, et refusa presque à la raison humaine le pouvoir de la reconnoître, quand la sienne seule l'avoit sauvé des absurdités de son temps. Né avec un esprit hardi et libre, mais avec un caractère indolent et paresseux, il ne craignit pas d'attaquer toutes les idées des hommes, et auroit craint de déplacer une charge ou d'altérer un titre. Ne changez rien, sembloit-il dire, quoique tout soit mal ; car rien ne peut être mieux ; comme si ce mieux que l'homme conçoit, et vers lequel sa pensée ne cesse de tendre, ne devoit pas s'introduire lentement, mais par degrés, dans un monde où l'homme domine, et où il domine par sa pensée.

En éducation comme en tout autre sujet, Montaigne l'avoit clairement entrevu ce mieux que, par haine pour les innovations, il nous défend presque de chercher : sa pénétration lui avoit fait voir sans peine que la manière dont on élevoit les enfans de son temps, n'étoit conforme, ni à notre destination, ni à notre nature; et comme il sentoit qu'à cet égard on pouvoit innover, du moins dans l'intérieur des familles, sans craindre de bouleversement immédiat, il conseilla franchement à ceux à qui il adressoit ses pensées sur l'éducation, d'adopter des méthodes toutes différentes de celles qu étoient alors généralement suivies. Aussi son chapitre sur *l'Institution des Enfans* à madame de Foix, e celui sur *l'Affection des Pères aux enfans*, à madame d'Estissac, n'offrent-ils aucune de ces réserves, de ces réticences par lesquelles il semble souvent vouloir prévenir l'application de ses propre idées : il y développe à la fois et avec force les inconvéniens de la méthode ordinaire et les avantages de celle qu'il propose. Tandis qu'ailleurs i se contente de renverser sans rien mettre à la place de ce qu'il détruit, ici il indique en même-temps le mal et le remède, insiste non seulement sur ce qu'on doit éviter, mais sur ce qu'il faut faire, et substitue sans crainte des préceptes positifs aux préjugés qu'il combat. Considérés sous ce rapport ces deux chapitres acquièrent, si je ne me trompe, une très grande importance ; ils nous montrent que Montaigne étoit non seulement un sceptique hardi, mais un philosophe éclairé; et que s'il a trop désespéré des lumières de l'espèce humaine en général, il a cru à la possibilité d'étendre celles des individus en particulier, et d'améliorer leurs principes de conduite. Le but qu'il assigne à l'éducation est grand et utile; les moyens qu'il propose sont bons, simples et facilement applicables : aujourd'hui, beaucoup de gens en sont convaincus d'avance, et le reconnoîtront sans peine; au seizième siècle, il étoit presque seul à le savoir.

Que doivent apprendre les enfans ? demandoit-on à Agésilas; *ce qu'ils doivent faire étant hommes,* répondit-il : ce mot, cité par Montaigne lui-même, est devenu le texte de tout ce qu'il a dit sur l'éducation : *Ma science est d'apprendre à vivre,* répète-t-il sans cesse; *un enfant en est capable au partir de la nourrisse, beaucoup mieux que d'apprendre à lire ou écrire.* Ce philosophe mobile qui, tantôt se laissoit aller à une molle indolence, tantôt s'échauffoit d'un enthousiasme généreux; stoïcien plutôt par admiration pour les vertus fortes de l'antiquité que par caractère; épicurien par penchant et par dégoût, ne pouvoit voir, sans mépris ou sans colère, les inutilités ou les horreurs dont se remplissoit la vie de ses contemporains; il sentoit que l'homme est né pour agir, et s'indignoit de le voir tantôt consumer ses années en de vaines disputes de mots, tantôt les employer à des crimes : il le vouloit actif et vertueux, courageux et modéré, propre au maniement des affaires, mais sans ambition comme sans crainte. Lui qui après avoir vécu à la cour, s'en étoit retiré parce que « si on » eût voulu l'employer à mentir, à trahir et à se » parjurer pour quelque service notable, » il auroit dit : « Si j'ai volé ou dérobé quelqu'un, envoyez-» moi plustost en gallère, » lui qui, au milieu des discordes civiles, avoit ouvert sa maison à tous les partis qu'il désapprouvoit tous également, et s'étoit

borné à « essayer de soustraire ce coin à la tem-
» peste publique, comme il faisoit un autre coin
» en son âme. » Cet homme enfin qui avoit plus
besoin de trouver la vérité que de la dire, et de
rester homme de bien que d'engager les autres à le
devenir, ne pouvoit souffrir cependant qu'on élevât
les enfans pour une vie oiseuse et inutile. Son
siècle, si j'ose ainsi parler, ne lui offroit point de
débouchés pour la vertu, pour cette vertu « qui
» sonne je ne sais quoy de grand et d'actif, » et
cependant c'étoit pour elle qu'il vouloit qu'on
formât les jeunes gens. Ce n'est point un savant,
un philosophe, un citoyen, un père de famille
qu'il élève; c'est un homme capable de devenir et
bon père de famille, et excellent citoyen, et philosophe éclairé, et savant habile, s'il prend le parti
d'y consacrer sa vie. Il ne cherche point à lui inculquer fortement certains devoirs particuliers qui
fixent et bornent d'avance sa carrière, comme le
dévouement à sa patrie, à ses proches; aucune destination déterminée n'est le but de ses préceptes :
il veut faire un homme d'une raison droite et forte,
d'un caractère ferme à la fois et flexible, capable
de juger et de se conduire toujours par lui-même,
de rester toujours le même dans toutes les situations; dont la vertu « sçache être riche et puissante
» et sçavante, et coucher en des matelats musqués;
» aimer la vie, la beauté, la gloire, la santé; mais
» dont l'office propre et particulier soit sçavoir
» user de ces biens-là règlement, et les sçavoir perdre
» constamment. » Un homme enfin qui « puisse faire

» toutes choses et n'ayme à faire que les bonnes. »

C'est autour de ce point central, *former la raison et le caractère même de l'enfant*, que tournent toutes les idées de Montaigne sur l'éducation : il ne considère son instruction que sous ce rapport, ne la recommande qu'autant qu'elle sert à ce but, rejette toute préférence en faveur de certaines études, et blâme tout ce que de vaines conventions sociales veulent changer au développement naturel de nos facultés. « Nous ne saurions » faillir à suivre nature, dit-il ; le souverain pré» cepte, c'est de se conformer à elle. » Telle est la première règle qu'il impose aux maîtres ; tel est, à ses yeux, l'unique moyen de faire acquérir à l'élève une raison « née en lui de ses propres » racines, et qui se sente de quoy se soutenir sans » aide. » On va voir que dans le développement de ses idées, il est constamment demeuré fidèle à cette loi.

Et d'abord « que la disposition de la personne » se façonne quant et quant l'ame. Ce n'est pas » une ame, ce n'est pas un corps qu'on dresse ; » c'est un homme : il n'en faut pas faire à deux. » Ainsi tout ce qui servira au développement de l'une de ces deux parties de notre être, ne vaudra rien si c'est aux dépens de celui de l'autre.

Les soins de l'éducation physique ne l'occupent point ; il n'y entendoit rien, et ne parloit que de ce qu'il savoit ; il se contente de dire que « les jeux » mesmes et les exercices feront une bonne partie » de l'estude : la course, la lucte, la musique, la

» danse, la chasse, le maniement des chevaux et
» des armes. » C'est vers l'éducation morale que se dirige toute son attention.

L'homme est né pour agir; sa vie se compose de deux moitiés; l'une, celle des événemens, ne dépend pas de lui; l'autre, celle des actions, lui appartient en propre; c'est l'arme avec laquelle il maîtrise ou supporte les événemens. C'est donc à agir qu'il faut lui apprendre; et comment le lui apprendre, sinon en le faisant agir? Loin de nous donc cette éducation qui fait de l'enfant un être passif, dont tous les mouvemens sont comprimés, et en qui l'on infuse, pour ainsi dire, des idées qui lui sont étrangères; « on nous les plaque en la mé-
» moire, toutes empennées comme des oracles où
» les lettres et les syllabes sont de la substance de
» la chose. » Est-ce ainsi que nous pouvons apprendre ce qui seul nous importe véritablement, à juger et à vouloir? « Je voudrois que *le*
» *Paluel* ou *Pompée*, ces beaux danseurs de mon
» temps, nous apprissent des caprioles à les voir
» seulement faire, sans nous bouger de nos places,
» comme ceux-cy veulent instruire nostre entende-
» ment sans l'esbranler. » Formons donc l'entendement de l'enfance; c'est la faculté qui emploie les matériaux qu'ont rassemblés les autres; c'est elle
« qui approfite tout, qui dispose tout, qui agit, qui
» domine, et qui règne. » Ce sera à elle à diriger la vie, et dès qu'il vit, l'enfant doit apprendre à vivre.

Comment nous y prendre? ce ne sera certainement pas en cultivant uniquement la mé-

moire de son élève que l'instituteur exercera son jugement : « qu'il ne luy demande pas seulement
» compte des mots de sa leçon, mais du sens et
» de la substance, et qu'il juge du profit qu'il
» aura fait, non par le tesmoignage de sa mé-
» moire, mais de sa vie.... C'est tesmoignage de
» crudité et d'indigestion que de regorger la
» viande comme on l'a avalée ; l'estomach n'a pas
» fait son opération s'il n'a fait changer la façon et
» la forme à ce qu'on lui avoit donné à cuire. »
Ainsi les études de l'enfant ne seront pas des études vaines et de pure curiosité ; on l'accoutumera à en tirer tout ce qu'elles peuvent lui fournir dans sa sphère étroite, sans doute, mais proportionnée à ses forces : il n'apprendra pas tant « la
» date de la ruine de Carthage que les mœurs de
» Hannibal et de Scipion...... ; il ne dira pas tant
» sa leçon comme il la fera : il la répètera en
» ses actions. On verra s'il y a de la prudence en
» ses entreprises ; s'il y a de la bonté, de la jus-
» tice en ses déportemens ; s'il a du jugement et
» de la grâce en son parler, de la vigueur en ses
» maladies, de la modestie en ses jeux, de la
» tempérance en ses voluptés.... ; le vray miroir
» de nos discours est le cours de nos vies. »

Et pourquoi l'enfant ne connoîtroit-il pas, ne pratiqueroit-il pas ces vertus ? elles seront, comme lui, petites et foibles ; elles n'en seront pas moins réelles : c'est lorsque nous prétendons les lui donner en le prêchant au lieu de les lui faire acquérir par l'usage, qu'il n'y arrive jamais : appren-

dra-t-il à se servir de sa volonté si vous l'empêchez de vouloir? sans liberté point d'énergie : cela est aussi vrai de nos forces morales que de nos forces corporelles; on estropie un esprit comme un bras ou une jambe, en le tenant trop longtemps au maillot : « Notre ame n'est rien tant
» qu'elle ne branle qu'à crédit, liée et con-
» trainte à l'appétit des fantasies d'autruy, serve
» et captivée sous l'authorité de leur leçon. Que
» le jugement conserve donc *ses franches alleu-*
» *res ;* nous le rendons servile et couard pour ne
» lui laisser la liberté de rien faire de soi. » Est-ce un esclave ou un homme que nous avons à former? si c'est un esclave, à quoi bon tant de peines? il en saura toujours assez pour rester dans l'esclavage; si c'est un homme, s'il doit le devenir un jour, dussions-nous ne pas le vouloir, permettons-lui d'en étudier de bonne heure le rôle; il n'aura pas trop de temps pour s'en instruire.

Quel sera le théâtre où nous commencerons à l'y exercer? envoyons-le à l'école; il y trouvera des enfans de son âge qui marcheront avec lui, et sans doute, des maîtres capables de diriger ses premiers pas. L'étrange direction! « C'est une
» vraye geaule de jeunesse captive. Arrivez-y
» sur le point de leur office; vous n'oyez que
» cris et d'enfans suppliciés et de maîtres enyvrés
» en leur colère. Quelle manière pour esveiller
» l'appétit envers leur leçon, à ces tendres ames
» et craintives, de les y guider d'une trogne
» effroyable, les mains armées de fouets! » Otez,

ôtez-moi cet épouvantable appareil dont vous environnez la sagesse; « qui me l'a masquée de ce
» faux visage pasle et hideux? il n'est rien plus
» gay, plus gaillard, plus enjoué, et à peu que
» je ne die folastre. » Croyez-vous la leur faire
aimer en la rendant pour eux, le prétexte d'un
malheur précoce ? « Si vous avez envie qu'ils
» craignent la honte et le chastiment, ne les y
» endurcissez pas.... J'accuse toute violence en
» l'éducation d'une ame tendre qu'on dresse pour
» l'honneur et la liberté. Il y a je ne sçay quoy
» de servile en la rigueur et en la contrainte : et
» tiens que ce qui ne se peut faire par la raison
» et par prudence et adresse, ne se fait jamais
» par la force..... Je n'ay veu autre effect aux
» verges, sinon de rendre les ames plus lasches ou
» plus malitieusement opiniâtres. » Rendez-moi
mon élève; je saurai « lui faire gouster la science
» et le devoir par une volonté non forcée, et de
» son propre desir; je saurai élever son ame en
» toute douceur et liberté, sans rigueur et con-
» trainte; je m'appliquerai à lui grossir le cœur
» d'ingénuité et de franchise. » Nous verrons s'il
sera un jour moins soumis aux lois de la vertu.

N'imaginez pas que je lui laisse mener une vie molle et oisive, que je flatte tous ses penchans, que je me prête à ses humeurs; je veux lui élever l'esprit, lui roidir l'ame et les muscles; j'y saurai employer *une sévère douceur* : « La philosophie
» a des discours pour la naissance des hommes
» comme pour la décrépitude.... Les premiers de

» quoy on lui doit abreuver l'entendement, ce
» doivent estre ceux qui resglent ses mœurs et
» son sens, qui lui apprendront à se cognoistre et
» à savoir bien mourir et bien vivre. »

L'enfant est né avec un caractère, avec des dispositions naturelles; j'ai besoin de les connoître avant de chercher à les diriger; c'est par-là que commencera ma tâche. Je me garderai bien « de lui criailler
» sans cesse aux oreilles, comme qui verseroit dans
» un entonnoir. » Au lieu de lui parler toujours, je veux l'écouter et le laisser parler à son tour : je l'observai dans ses jeux, car « les jeux des enfans ne
» sont pas jeux, et les faut juger en eux comme leurs
» plus sérieuses actions.... Je le feray trotter devant
» moy, pour juger de son train...., à faute de cette
» proportion, nous gastons tout; il faut la savoir
» choisir, et s'y conduire mesurément. » Qui veut mener les hommes, les étudie; serai-je moins soigneux pour mon élève, quand c'est son intérêt seul, et non le mien, qui doit me guider?

L'autorité qui m'est donnée sur sa conduite, je ne l'ai pas sur sa raison. Appelé à agir avant de savoir penser, sa situation l'oblige de soumettre à ma volonté une partie de la sienne, encore incapable de lui suffire; je dois, jusqu'à un certain point, diriger des actions dont il ne sauroit être le maître, sans inconvénient pour ceux qui l'entourent et pour lui-même : mais son jugement, de quel droit et avec quel profit l'assujétirois-je au mien? Ma tâche est de lui apprendre à penser par lui-même, afin qu'un jour il sache vouloir et agir seul : à Dieu ne plaise que j'exerce sur son esprit l'empire que je dois avoir sur ses mouvemens et ses démarches ! « Je ne logeray rien en sa teste par » simple authorité et à crédit : » Ce que je lui dirai, ce que je lui montrerai, « je veux qu'il se le sache » approprier.... Les abeilles pillotent de çà de là les » fleurs, mais elles en font après le miel qui est tout » leur ; ce n'est plus thin, ny marjolaine. Ainsi, les » pièces empruntées d'autruy, il les transformera » et confondra pour en faire un ouvrage tout » sien : à sçavoir son jugement. »

Pour cultiver ce jugement et lui fournir les moyens de se développer par l'exercice, irai-je les chercher dans des études presque aussi vaines dans leurs résultats que fatigantes par leur monotonie et leur longueur ? Le tiendrai-je quatre ou cinq ans « à entendre les mots et les coudre en clauses ; » encore autant à en proportionner un grand corps » estendu en quatre ou cinq parties, autres cinq » pour le moins à les sçavoir brefvement mesler » et entrelacer de quelque subtile façon ? » Non certes : « le monde n'est que babil et ne vis jamais » homme qui ne die plustost plus que moins qu'il » ne doit : Toutesfois la moitié de nostre âge s'en » va là... Nostre enfant est bien plus pressé... Nous » ne cherchons pas à former un grammairien... » Qu'il soit bien pourveu de choses ; les paroles » ne suivront que trop ; il les trainera si elles ne » veulent suivre... Ostez, ostez toutes ces subti- » lités épineuses de la dialectique, de quoy nostre » vie ne se peut amender... Ny ne trouverois bon,

» quand par quelque complexion solitaire et mé-
» lancolique, on le verroit adonné d'une appli-
» cation trop indiscrette à l'estude des livres,
» qu'on la lui nourrist. Cela les rend ineptes à la
» conversation civile... La science qu'il choisira un
» jour, Logique, Physique, Géométrie, Rhéto-
» rique, ayant desjà le jugement formé, il en
» viendra bientôt à bout. » Il faut d'abord à ce
jugement une nourriture plus usuelle, des exercices
plus simples; nous verrons quels sont ceux que
Montaigne propose.

F. G.

JOURNAL

ADRESSÉ PAR UNE FEMME A SON MARI, SUR
L'ÉDUCATION DE SES DEUX FILLES.

Numéro XIV.

Je ne m'étonne pas, mon ami, de la préférence pour Louise que vous avez vue percer dans la lettre de votre oncle. Plus capricieuse, plus enfant que sa sœur, elle l'amuse davantage par ces fantaisies bizarres que produit dans les enfans le besoin indéterminé d'agir, d'occuper de soi, fût-ce pour se faire gronder. Louise se donne souvent ce plaisir, soit avec moi, soit avec lui. Il est rare qu'elle voie son mouchoir à terre sans marcher dessus; elle renversa l'autre jour dans mon encrier la moitié de sa tabatière qu'il avoit laissée sur la table, et la veille, elle avoit été coiffer de son chapeau une vieille tête à perruque toute poudrée qu'elle avoit, je ne sais comment, découverte dans un coin de l'antichambre. Il rit ou se fâche, selon la disposition ou selon l'importance de l'occasion. Gronder ou pardonner, voilà d'ordinaire tout ce qu'on a à faire avec Louise, et l'autorité est presque toujours le seul moyen qu'on ait à opposer à ses fantaisies. Le raisonnement n'y entre presque jamais pour rien, la raison n'a point de prise pour les combattre; c'est un enfant qu'il faut toujours traiter en enfant; rien de plus commode et de plutôt fait. Mais dans les fantaisies de Sophie, il y a presque toujours quelque motif à combattre, quelque penchant à contrarier; en la faisant obéir il faut la convaincre, et j'ai souvent trouvé plus court et plus facile de me servir de sa raison que de son obéissance. Voilà ce que ne peut souffrir votre oncle. L'éducation est pour lui toute entière dans ces mots: *je veux*, et *je ne veux pas*; et il n'aura jamais à les employer avec Sophie, beaucoup trop réservée pour se donner des torts envers personne qu'envers moi. Ce qui peut lui déplaire dans sa conduite, dans sa manière d'être, ne le blesse jamais personnellement, et ainsi ne la soumet dans aucun moment à son autorité. Cette indépendance le choque d'autant plus, qu'il ne peut s'en plaindre, et que, dans leurs querelles, ce seroit probablement lui qui auroit tort. Aussi est-il véritablement en susceptibilité avec elle.

Il prétend d'ailleurs que j'en ferai une petite pédante. L'autre jour elle me demandoit l'explication du mot *circonlocution*, je la lui donnai; elle m'objecta que deux jours auparavant je lui avois donné exactement la même explication du mot *périphrase*, ne supposant pas qu'on pût avoir deux mots pour exprimer la même chose. Je lui dis que toute la différence consistoit en ce que l'un venoit du latin et l'autre du grec. « A quoi bon lui apprendre tout cela ? » dit notre oncle entre ses dents. « Mais, mon oncle, répondis-je, à quoi bon s'y refuser ? » Il prit alors Louise sur ses genoux, et la faisant sauter : « Pour toi, dit-il, ma fille, tu ne t'embarrasseras jamais de grec ni de latin, j'en suis bien sûr. » Et Louise, pour toute réponse, se mit à jouer avec une vivacité qui n'en faisoit que mieux ressortir l'air réfléchi et ce que notre oncle appelle la pédanterie de Sophie.

Pauvre petite ! quand on lui donnera l'explication du mot *pédante*, elle sera bien loin d'imaginer qu'on ait pu le lui appliquer. Sophie ne dit jamais ce qu'elle sait que pour savoir quelque chose de plus, et l'expression de ses idées a presque toujours la forme d'une question. Loin d'imaginer qu'on puisse se faire un mérite du savoir, elle ne cherche pas même à se donner celui de bien apprendre. Ses leçons l'ennuient ; elle ne les prend pas avec plus d'application et de docilité que sa sœur ; et si elle montre plus de facilité à les retenir, j'ai tout autant de peine à les lui faire étudier ; elle ne veut savoir que parce que cela l'amuse, et quand cela l'amuse. Le plaisir que trouve Louise à voir passer dans la rue des hommes, des chiens et des voitures, Sophie peut l'éprouver à voir passer dans son esprit des faits et des réflexions. Le mouvement extérieur lui plaît, comme il est naturel à son âge; mais le mouvement intérieur lui plaît aussi, lui est souvent nécessaire, et lui suffit quelquefois. Elle a besoin de se rendre raison à elle-même de ce qui l'occupe, et ne laisse rien passer sans l'entendre ou du moins sans avoir appris que l'explication en est au-dessus de sa portée. Souvent le travail silencieux de son esprit se manifeste par une réflexion judicieuse sur une chose dont on lui a parlé plusieurs jours auparavant. Jamais elle ne répète les choses précisément comme elle les a apprises, mais comme elle les conçoit. Le sens de ses leçons ne lui échappe jamais, mais j'ai toutes les peines du monde à lui en faire retenir les mots; et l'application qu'elle fait de ses petites connoissances aux petits incidens de sa vie, me prouve que rien n'entre dans sa tête qu'elle n'en fasse son bien et la matière de ses idées: voilà toute sa pédanterie. La mienne, dans l'éducation que je lui donne, se borne à satisfaire autant que je le puis aux besoins d'un esprit actif, et dont l'activité mal employée pourroit devenir dangereuse. Louise aussi me demande souvent des explications; celles que je lui donne s'arrêtent à la chose qu'elle me demande, et se bornent à la lui faire bien comprendre; elle n'en voudroit pas davantage. Avec Sophie, je vais toujours plus loin, et ce n'est pas de projet; mais nous sommes naturellement disposés à exprimer plus ou moins nos idées, selon que nous savons qu'elles seront plus ou moins entendues. Une grande habitude de conversation avec mes deux filles me met, sans que j'y pense, à leur portée, et proportionne l'étendue de mes idées au vase que je sais qui doit les recevoir. Rousseau veut que les filles soient élevées *avec plus de soin que de peine*; et si, relativement à l'éducation morale, cette maxime peut paroître bonne pour tous les enfans, je crois que, par rapport à l'instruction, c'est aux filles seules qu'elle peut s'appliquer avec avantage. Il faut de la peine pour instruire un homme. Il faut qu'un homme sache, qu'il le veuille ou non; quelles que soient ses dispositions, il est un certain degré de connoissances qu'il faut qu'il atteigne, sous peine de demeurer, je ne dis pas médiocre, ce qui est le lot de beaucoup de gens honnêtes et même utiles, mais inhabile aux œuvres même de la médiocrité; car la médiocrité ne dispense pas un homme de l'action, elle ne fait que l'y rendre moins propre, et demander des secours plus efficaces. Appelé, soit qu'il puisse ou ne puisse pas penser par lui-même, à employer une certaine somme d'idées, il faut que l'instruction fournisse ou des armes à sa vigueur, ou des étais à son insuffisance.

Une femme n'a point à se soutenir au-dessus de la place que lui ont marquée ses facultés. Sa tâche est en raison de ses forces. Tandis que les progrès de la société augmentent et compliquent les devoirs des hommes, ceux des femmes, renfermés dans l'intérieur de leur famille, doivent nécessairement rester dans les bornes que leur a d'abord données la nature. Ce que peuvent y ajouter les convenances d'état et la nécessité de ne pas ignorer tout ce que le monde sait, ne sera jamais au-dessus de l'intelligence et de l'application de la petite fille la plus ordinaire. Une connoissance nette, mais générale, de l'histoire et de la géographie, où je fais entrer, comme de raison, celle de la sphère; quelques notions d'histoire naturelle suffisantes pour qu'elle ne reste pas dans l'ignorance sur les phénomènes qui se présentent habituellement à ses regards, et sur la nature des choses dont elle a journellement à faire usage; l'étude d'une langue étrangère, ce que je regarde comme le meilleur moyen de bien apprendre la sienne; une idée de notre littérature en général, et la lecture de nos auteurs classiques; l'habitude d'écrire purement, une mémoire exercée à apprendre des vers, et des essais de musique et de dessin, que l'on poursuivra plus ou moins, selon la disposition de l'enfant, voilà ce qui peut sans peine se placer ensemble ou successivement dans les seize heures de la journée, durant les dix ou douze années au moins que dure l'éducation d'une jeune fille. Je n'y fais pas entrer comme étude, quoiqu'enseignée par un maître, la danse, qui n'est au bout de six leçons qu'un exercice; ni les ouvrages d'aiguille, dont une jeune fille, à douze et treize ans, commence à occuper volontairement son loisir. Je ne regarde point comme objets d'instruction ces connoissances usuelles qu'une femme acquiert sans savoir comment, à mesure que l'occasion lui en donne le besoin; ces idées qu'on reçoit comme on aspire l'air, parce qu'on ne peut s'en passer. Cela se sait toujours, et ne s'apprend jamais. Je ne regarderai donc comme études nécessaires que celles dont j'ai parlé. Ce seront là les seules que je soutienne de mon autorité, les seules que je soumette à des leçons régulières et suivies; elles seront les mêmes pour Louise et pour Sophie. Ce qui, par de là, pourra être ajouté à leur instruction, dépendra de leur goût et de leurs dispositions; mais je me croirai, je l'avoue, obligée de favoriser ce goût, de cultiver ces dispositions partout où je pourrai les apercevoir.

Je ne me suis pas surpris un instant, mon ami, un vif désir que mes filles fussent des femmes distinguées; cela n'est nécessaire ni pour leur bonheur, ni pour celui de leurs entours, ni pour leur considération, qui dépendra surtout et peut être uniquement de leurs vertus. Mais ce que je crois nécessaire à tout être raisonnable, c'est de devenir tout ce qu'il peut être, de n'avoir aucune de ses facultés perdues, de ne pas courir le risque surtout que faute d'emploi utile, elles en prennent un dangereux. Une foule d'êtres obscurs vivent et meurent sans que leur foiblesse leur ait permis de s'écarter beaucoup de la route des devoirs que leur traçoit leur situation; s'ils n'ont pas eu la force d'être tout-à-fait bons, du moins ne pouvoient-ils être tout-à-fait mauvais; un emploi plus complet

DE L'EDUCATION.

de leurs facultés les eût peut-être conduits un peu plus avant dans la carrière du bien; le contraire, du moins, ne les a pas égarés bien loin dans celle du mal : mais je suis convaincue que presque tous ceux qui ont montré de l'énergie pour le mal, auroient pu, mieux dirigés, l'avoir pour le bien. Dans un état de société tranquille et oisif comme le nôtre, il reste à beaucoup d'individus, surtout parmi ceux des classes supérieures, un excédent de forces par-delà ce qu'en emploient les devoirs ordinaires de leur état. Les femmes comme les hommes peuvent se sentir ces forces inutiles; car si leurs facultés sont moins étendues, leurs devoirs exigent bien moins de dépense. A quoi les pourront-elles employer, elles à qui il n'est pas permis d'étendre, d'agrandir leur existence? Leur imagination ne pouvant s'exercer que hors d'elle-même, le choix des objets capables de la fixer n'est-il donc pas important à préparer d'avance? Il n'est aucune de nous, pour peu qu'elle ait pris l'habitude de cultiver et d'exercer son esprit, qui ne se soit sentie souvent distraite de ses rêveries par les réflexions qu'elles amenoient naturellement, en qui le souvenir d'un fait intéressant, l'aperçu d'une observation qui occupoit son esprit, n'ait quelquefois calmé les tourmens, apaisé les bouillons de l'imagination, et fait prendre aux idées un cours plus égal et plus raisonnable. « Je » me suis consolé de mon indolence, a dit » Lichtenberg, philosophe allemand, par la satis- » faction que je ressentois d'avoir su m'en aper- » cevoir. Le plaisir que me causoit cette obser-

» vation nouvelle surpassoit le chagrin que devoit
» me donner la découverte d'un nouveau défaut. »
L'observation a non-seulement consolé, mais souvent distrait des défauts, des penchans qu'elle faisoit apercevoir; et une occupation désintéressée telle que l'étude, qui nous détache entièrement de nous-mêmes, et nous sépare momentanément de tous les détails de notre propre existence, est sans doute le meilleur préservatif qu'on puisse donner à une femme contre les inconvéniens de cette vivacité avec laquelle elle se portera, si on la laisse faire, toute entière hors d'elle-même, prête à livrer son imagination, son âme, toute son existence à tout objet capable d'employer cet excédent de facultés que sa situation laisse inutile. L'étude ne livre à des objets étrangers que son esprit, qui est la seule chose dont une femme puisse disposer.

J'ai déjà aperçu dans Sophie ce besoin d'une occupation forte, capable d'employer cet excédent d'activité qu'elle dépenseroit bien volontiers à courir et à sauter tout le jour, et qui la distrait du besoin de la liberté. Si nous avons trouvé un sujet qui lui plaise, je pourrai la tenir une heure à une conversation sérieuse. Elle travaillera en me parlant et en m'écoutant; et alors, malgré les interruptions que cause la conversation, ses points seront plus droits, son ouvrage ira plus vite, tout en elle sera calme, sera en ordre; elle aura le sentiment de sa force et de sa raison, et le plaisir de l'exercer. Le bonheur, le noble orgueil de la vertu gonfleront cette petite âme, et les plus courageuses résolutions ne seront qu'un accroissement de jouissances. Mais laissée à elle-même, c'est lorsqu'elle aura épuisé ses amusemens que viendront les caprices, les désobéissances; un grand plaisir, un grand intérêt seroit seul capable alors de ramener l'ordre dans ses idées et dans sa conduite, de rétablir l'équilibre rompu entre sa disposition et sa situation. Les mêmes causes produisent bien chez Louise les mêmes effets, mais il est plus aisé d'y remédier. Son âge, la mobilité de son imagination, lui font trouver dans tout mouvement extérieur un assez grand moyen d'amusement. Pour distraire Louise, il suffit de lui faire changer d'objet; il en faut offrir à Sophie un qui l'intéresse. Il faut avoir soin de remplir les momens de Louise, c'est la tête de Sophie qu'il ne faut pas laisser vide.

Je m'occupe moins maintenant à meubler cette tête qu'à la remplir, et à y faire entrer, selon que l'occasion se présente, les matériaux qu'elle disposera ensuite selon l'ordre qui conviendra le mieux à la nature de son esprit : comme ses connoissances n'auront jamais d'autre objet que de l'occuper, le seul ordre important à y observer est celui qui lui donnera des idées justes des choses, qui ne lui permettra pas de se tromper sur leur valeur réelle. Quant à leur valeur relativement à l'utilité qu'on en peut tirer dans la société, Sophie n'a que faire de le savoir. J'aime autant, pour son bonheur, qu'elle s'occupe toute sa vie des variétés d'une fleur ou des mœurs d'un insecte, que des grandes considérations de l'histoire ou de la métaphysique;

et je ne craindrai pas que cet intérêt si vif porté sur une petite science, fausse son jugement, en donnant pour elle à des minuties cette importance qui dispose à la pédanterie. La pédanterie n'est point l'effet de l'importance que nous mettons pour nous-mêmes à une occupation, mais de celle que nous croyons y voir pour les autres, de la place que nous croyons qu'elle doit tenir dans le monde. Une femme très attachée à ses devoirs, très occupée des soins de son ménage, et de l'éducation de ses enfans, ne sera pas pour cela pédante; elle le sera si elle pense que la conduite d'une femme régulière est quelque chose de très important pour le monde, qu'il est très utile au bien-être de la société que sa maison soit bien ordonnée, et que l'Etat doit lui savoir gré de ses soins pour l'éducation de ses enfans. Elle ne sera pas pédante en sachant le grec, si elle sait aussi qu'une femme peut très bien apprendre le grec pour son plaisir, mais qu'il n'importe à personne qu'elle sache ou ne sache pas le grec. Elle sera pédante quand ses connoissances se borneroient aux usages du monde, aux étiquettes de l'ancienne et de la nouvelle cour, si elle imagine que le monde doive mettre un grand intérêt à ce qu'elle pourra lui enseigner à cet égard.

Sophie n'aura jamais l'idée que ses connoissances puissent avoir la moindre importance pour les autres. Cette idée est facile à écarter de celle à qui on n'est pas obligé de la donner pour exciter en elle le goût de l'étude. Si je voulois faire marcher l'instruction et les idées de Louise du même pas que celles de sa sœur, et les hâter ainsi, plus que ne le comportent son âge et la nature de son esprit, il faudroit l'exciter par l'amour-propre, lui donner un but extérieur pour remplacer le mouvement intérieur qui lui manque ; il faudroit lui persuader qu'il y a une grande importance à ce qu'elle sache, et je pourrois ainsi parvenir, à force de soins, à en faire une petite pédante : c'est assez l'effet des éducations forcées ; la pédanterie tant qu'elles durent, le dégoût ensuite. Les éducations naturelles ne portent que des fruits naturels. Excepté sur les points d'obligation, Sophie, je l'espère, ne s'apercevra guère que je fasse la sienne. Quoique je ne croie pas devoir laisser toujours errer son esprit d'objet en objet, selon les caprices de son imagination, j'attendrai, pour exiger d'elle un peu de suite dans ce que je lui aurai laissé entreprendre de sa propre volonté, que l'attrait de l'occupation soit devenu assez fort, le plaisir qu'elle donnera assez difficile à remplacer, pour surmonter, sans beaucoup de peine, le dégoût momentané que pourroient causer quelques obstacles à vaincre. Alors même, en obéissant aux dispositions que je pourrai apercevoir, je ne m'attacherai point à exciter, à fortifier ces goûts de préférence qui, tournant toutes les facultés de l'esprit vers telle ou telle étude, peuvent en faire une passion exclusive. A moins d'une de ces vocations particulières, auxquelles il n'est guère plus permis que possible de résister, une femme doit être occupée et non savante ; les goûts de l'esprit doivent employer ses forces et non les absorber ; faits pour lui servir de ressources dans toutes les situations, et non pour diriger sa destinée, ils ne doivent point avoir chez elle cette force capable de vaincre les circonstances, mais cette ingénieuse docilité qui sait se plier et s'accommoder à toutes ; une femme que rendroit malheureuse un goût dominant auquel sa situation ne lui permettroit pas de se livrer, trouvera le bonheur dans cette variété de goûts, cette habitude générale d'occupation qui du sol le plus aride feront poindre encore pour elle quelques plaisirs.

L'étude, d'ailleurs, n'est pas la destination ordinaire de la vie d'une femme ; il faut éviter qu'elle n'en devienne le premier besoin, ce qui pourroit arriver, si elle s'y livroit non par un penchant naturel à s'occuper, mais par un attachement exclusif à telle ou telle partie. Il ne seroit pas trop sûr qu'un tel attachement pût être surmonté par celui qu'inspireroient *une idole d'époux et des marmots d'enfans*, ou qu'il lui laissât du moins quelque goût pour les soins qu'ils pourroient exiger. Je veux que celle de mes filles à qui les occupations de l'esprit auront offert le plus d'attrait et de plaisir, les puisse quitter, je ne dis pas avec courage, mais naturellement, et par penchant, pour la plus *bête* des occupations que lui donneront les devoirs que j'espère qu'elle aura un jour à remplir. Je veux la voir aussi occupée, aussi animée au perfectionnement d'un béguin ou d'une brassière qu'à la traduction d'un passage difficile ou à la discussion d'un point d'histoire, ou d'un jugement de goût ; et je vous assure que nous en raisonnerons ensemble aussi longuement et avec autant d'exactitude et de vivacité.

Mon ami, tout ce que je demande pour elles à l'instruction, c'est un intérêt capable de remplir les vides que leur situation pourroit laisser dans leur existence; qui ne cède, s'il est possible, qu'aux devoirs naturels, aux intérêts légitimes, et ne leur résiste jamais. Souple et commode, elle doit suivre leurs mouvemens sans les assujettir : pour cela, ce me semble, le plus important est de la faire à leur taille.

P. M. G.

Ve LETTRE AU RÉDACTEUR.

SUR LE MAINTIEN, SUR L'EXERCICE DU CORPS EN GÉNÉRAL, ET CELUI DES MEMBRES EN PARTICULIER.

(Continuation.)

AVANT d'aller plus loin, il sera bon de dire quelques mots du but de l'exercice, et de son influence sur la santé. Le but de l'exercice n'est pas seulement d'augmenter l'agilité et la force musculaire ; il doit servir encore à lui donner de la durée, à la diriger avec précision et à volonté vers un point donné, et à lui apprendre à changer à volonté cette direction, aussi vite qu'il est possible. Tel exercice donne de la solidité, tel autre de l'adresse ;

on peut même dire que les divers genres d'exercice sont quelquefois opposés l'un à l'autre. Le paysan le plus fort sera difficilement le meilleur coureur, et le danseur le plus leste, aura peut-être moins de fermeté. Il y a cependant une espèce de milieu à trouver dans les dispositions de chaque individu, pour conserver tout à la fois la force et l'adresse; et c'est ce milieu qu'on doit chercher. Quant à l'utilité de l'influence de l'exercice sur la vie en général, il seroit superflu de s'y arrêter long-temps: vivre, c'est être ému et s'émouvoir; être actif pendant le court espace de temps qui nous est accordé ici bas, c'est multiplier son existence. Les enfans, d'ailleurs, supportent beaucoup d'échauffement sans que cela leur fasse aucun mal; il paroît même accélérer leur développement. En examinant cependant les avantages et les désavantages de l'exercice sur chaque fonction, il faut considérer qu'il est dans l'intérieur de notre corps des parties pour ainsi dire passives, comme les viscères, qui n'ont pas de mouvement volontaire; et en second lieu qu'il y a des individus qui se distinguent, dès leur enfance, par une mobilité extraordinaire qui les consume, comme il en est d'autres qui se font remarquer par leur paresse. Ces différences originaires exigent des mesures différentes. Entrons dans quelques détails à ce sujet.

Les fonctions qui s'exécutent par les viscères gagnent certainement des forces par l'exercice; les muscles du bas-ventre et du diaphragme aident le mouvement des *intestins*. Tout le monde sait que l'exercice ne fait pas seulement mieux digérer, mais qu'il donne aussi plus d'appétit; ce qui est nécessaire aux enfans pour qu'ils prennent assez de nourriture pour leur accroissement. Cependant on observe quelquefois chez eux des hernies, qui, sans empêcher totalement l'exercice, exigent qu'il soit modéré. Un extrême échauffement des urines ou des dispositions au calcul, peuvent demander plus de boisson et moins d'activité. Quoique les enfans se trouvent habituellement bien d'agir après le repas, il convient de les retenir un peu, en cas de diarrhée ou de disposition aux vomissemens.

Les poumons et *le cœur* sont continuellement agités par la respiration. Le cœur est lui-même le muscle le plus fort et le plus constamment actif; ce qui doit être, puisqu'il est destiné à pousser le sang jusqu'aux extrémités; l'exercice, lorsqu'il n'est pas excessif, en accélère et en fortifie l'action. Les enfans qui ont la respiration courte, la fortifient également par les courses, et, comme nous le dirons en traitant de la parole, par la déclamation; mais au moment d'une fièvre quelconque, d'un pouls et d'une respiration accélérés, le ménagement devient nécessaire.

Enfin la *tête*, lorsqu'elle est trop lourde, peut contenir un cerveau qui supporte peu les commotions; les autres viscères sont quelquefois dans le même cas. Les *extrémités* mêmes, qui sont nécessairement très employées, veulent beaucoup de repos dans les luxations, les varices, les fractures, ou des plaies un peu considérables. La foiblesse ou le relâchement des ligamens mérite aussi une grande attention ; il faut observer les effets de l'exercice, pour en mesurer l'utilité. Du reste, ces exceptions tiennent déjà aux maladies dont nous n'avons pas à parler ici.

La tendance à une extrême maigreur peut exiger un peu plus de repos, comme l'obésité plus d'action. La foiblesse des muscles n'est pas une raison pour arrêter l'exercice, qui aide à la nutrition de chaque partie ; c'en est une au contraire pour le faire augmenter, mais progressivement (1).

Ici se présente la seconde série de considérations qui peuvent faire arrêter ou favoriser toutes sortes d'exercices. C'est cette espèce de force *centrifuge*, si je puis m'exprimer ainsi, qui pousse l'enfant comme l'adulte hors de son centre de gravité ; cette expansion qui porte la vie de l'intérieur à la surface, et y produit une évaporation continuelle. Cette vivacité d'un mouvement sans but, sans causes, et sans impressions analogues, ôte par fois à la substance de la solidité. D'un autre côté, il existe dans certains individus un extrême penchant à la *paresse*, une force également difficile à vaincre, qui, sans exclure toujours les impressions vives, n'excite les muscles à aucun mouvement proportionnel. Elle donne à la machine de la lourdeur, ou au moins cette gaucherie

---

(1) Milon, dit l'histoire, porta d'abord sur ses épaules un veau qui venoit de naître, et continua de le faire tous les jours jusqu'à ce qu'il eût fini sa croissance. C'est ainsi qu'il apprit à porter un bœuf même.

qu'on observe souvent dans les personnes d'ailleurs très sensibles. Là, se découvre déjà le rapport intime des facultés de l'âme avec celles du corps; et s'il est difficile de croire, s'il est ridicule de vouloir que l'éducation puisse effacer le type originaire, elle peut au moins le modifier, et corriger le tempérament. Dans les rangs militaires, tout obéit à la discipline, qui dirige tout vers un but commun. L'éducation physique et morale fournit également à l'âme des mobiles capables de mettre de l'harmonie entre les actions volontaires et les dispositions innées, en tant qu'elles mènent à la conservation, à la propagation des êtres, et, ce qui est nécessairement lié à l'idée d'une grande population, à la civilisation. Un enfant né avec un grand fond de sensibilité ne sera que languissant et musard, s'il ne s'est habitué de bonne heure à se mettre en mouvement. Avec un grand fond d'activité, on ne sera que léger et étourdi, si l'on n'apprend point à mesurer ses pas, à se tenir tranquille à volonté, et à diriger les forces vers un noble but. Le plus beau résultat de l'éducation et le plus grand avantage du caractère, c'est cet équilibre qu'on apprend à établir entre ses forces et ses foiblesses.

D'autres considérations naissent naturellement du temps et du lieu de l'exercice. Les temps les plus chauds et les plus froids ne sont pas les plus désirables. L'exercice du matin est plus favorable que celui de l'après-midi, quoique l'enfant doive être habitué à tout. Du reste, l'instituteur doit tenir lieu de jugement à l'enfant. D'abord simple observateur, il laisse tout faire à la nature, il arrête par fois trop de mouvement, il excite moins : les dispositions ne sont pas encore assez clairement prononcées. A mesure que l'enfant avance en âge, et qu'il y a lieu de mettre un certain ensemble dans les facultés qui concourent à son développement, la tâche devient plus difficile. Tous les viscères et tous les membres doivent être exercés à la fois, quoiqu'ils n'offrent pas la même force de disposition, et alors commencent des habitudes d'un exercice partiel, souvent aux dépens d'une partie forte. Un estomac très fort, par exemple, avec des intestins trop foibles, sera privé d'une portion de nourriture qui lui seroit d'ailleurs utile; l'un des pieds peut être forcé au repos par la fatigue de l'autre. A mesure que vous voudrez former l'enfant pour la société, vous aurez à donner à une partie un degré de perfection qui nuira à l'ensemble. Ce sont là les difficultés que doit vaincre l'éducation physique.

Ces observations trouvent leur application dans les premiers pas de l'enfance, dans les jeux de l'adolescence, et dans les exercices plus directement nécessaires à la société, que nous allons passer en revue.

Marcher, c'est faire tomber le corps du centre de gravité de l'un des pieds sur celui de l'autre. On a assez bien comparé les pieds aux rayons d'une roue; c'est sur eux que tombe alternativement l'axe du corps; c'est à l'anatomie et à la physiologie à en expliquer le mécanisme.

DE L'EDUCATION.

Lorsque l'enfant commence à marcher, il tombe plutôt en avant, et sans grand danger, les mains et le ventre pouvant le soutenir; les extenseurs du dos ayant peu de force, il tombe moins en arrière. Les bourrelets peuvent être utiles à un enfant vif et sans prévoyance. Il cherche à étendre la base des deux côtés, en écartant les jambes; c'est le pas du marin sur un vaisseau, sur un appui qui chancelle toujours; cette position ne favorise pas la marche en avant. En rapprochant les jambes, la pointe du pied tournée en dedans, comme elle l'étoit dans le sein de la mère, la base, alors diagonale, devient bien plus grande que la largeur du pied, et fait allonger les pas; mais c'est la marche du paysan qui se heurte en marchant avec la pointe du pied. Cette direction de la pointe du pied vers l'intérieur peut tout au plus être utile pour servir d'appui lorsqu'on travaille avec la bêche. L'art nous a appris à porter en avant toute la plante du pied, la pointe en dehors, en tenant le genou tendu, comme font les soldats : c'est sans contredit la marche la moins traînante, la plus commode, la plus solide, et celle que l'on supporte le plus longtemps. Se lancer sur la pointe du pied, en se servant des mollets comme d'une espèce de ressort pour s'élever au-dessus du sol et allonger les jambes, est un mouvement rapide, qui donne cette vivacité, cette grâce, cette marche dansante qui caractérise surtout les Françaises. Le saut combiné avec la marche constitue la course, et c'est la manière d'avancer la plus difficile à soutenir.

7.

Les bras et les mains ont aussi leur exercice particulier. Le premier talent de l'enfance est de tenir et de porter à la bouche. Vous apprenez à l'enfant à embrasser; il apprend de lui-même à repousser, à déchirer, à jeter, à battre et à saisir. On cherche ordinairement à exercer de préférence la main du côté droit. Il est probable que dans l'état de nature même une main et un pied l'emportent toujours sur l'autre; et la raison pour laquelle on ne marche jamais tout droit tient à cette prédominance de force d'un pied. Les autres mouvemens du corps s'exercent également. Vous surprenez l'enfant, vous jouez avec lui, et vous lui apprenez à tourner la tête. Ses efforts en rampant, en se levant, l'accoutument à roidir et à diriger dans tous les sens le corps et la colonne vertébrale. La première année de la vie n'est pas la moins instructive, la moins fertile en progrès et en connoissances.

Jouer, c'est feindre un monde réel pour s'exercer à s'y conduire; ces jeux de l'enfance deviennent bientôt pour elle l'école d'une vie plus sérieuse. L'enfant joue dans l'eau, chasse son chien, arrange ses petites brebis et ses soldats de plomb, va au galop sur son cheval à bascule, manie le sabre, bat de la caisse, joue du violon, tandis que la petite fille arrange son ménage d'étain, habille sa poupée, et la promène en voiture. Il n'y a point de découverte, depuis la renaissance des lettres, dont Nuremberg ne fournisse tout de suite des échantillons à l'enfance. Cette espèce de gymnastique n'est pas la moins essentielle : elle tient de près à nos institutions modernes; et plus l'enfant est naturellement porté à s'y exercer, plus on doit lui en laisser la liberté.

Beaucoup d'enfans parviennent à marcher un peu avant un an; on en a vu de quinze mois faire une demi-lieue, et d'autres de cinq ans suivre un adulte deux heures et demie. Il seroit difficile de fixer où doit s'arrêter l'exercice, et je ne puis que répéter le refrain ordinaire, que c'est au seul bon sens à le dicter. Le soldat fait soixante-quinze pas par minute, dans la marche ordinaire, et jusqu'à cent dans la marche forcée (1). Les hommes qui ont le pied long et plat, et le calcanéum peu proéminent, marchent mal. Dans plusieurs écoles de l'Allemagne, entr'autres chez M. Gutsmuths, à Schnepfenthal, on a établi des arènes de 700 à 800 pieds de long, sur à peu près 200 de large; il s'y trouve des balançoires, des poutres transversales, des mâts, des cordes, des fossés, des machines, pour exercer les bras, et ainsi de suite.

Après avoir exercé les enfans dans la chambre, M. Gutsmuths les fait marcher sur un sol qui offre

---

(1). La gymnastique de M. Gutsmuths, qui a établi une espèce d'école à Schnepfenthal, l'exposé des exercices de M. Nachtegal, à Copenhague, les académies de jeux, publiées par Strut, en Angleterre, la partie de l'Encyclopédie qui traite des jeux, l'ouvrage de Mercurialis sur la gymnastique des anciens, et quelques faits recueillis par les journaux, me fournissent les articles que je cite; j'aurois pu en multiplier le nombre. Dans l'histoire de l'éducation physique, je ferai mention des auteurs qui m'ont été utiles.

des obstacles; il leur fait monter et descendre l'escalier; il les fait avancer sur le bord d'une planche peu élevée et placée sur une terre sablonneuse, de manière qu'il ne peut leur arriver aucun mal. Il faut que les pieds soient bien tournés en dehors pour marcher sur un bord aussi étroit : il leur fait juger réciproquement leur démarche ordinaire et leur maintien. Les enfans de six ans, s'appliquent à une gymnastique un peu plus difficile : ils apprennent à se servir d'échasses, à marcher sur des cordes, à s'habiller en se tenant sur un pied, à patiner, et à faire toutes sortes de tours. On a vu des enfans parcourir l'espace de huit cents pas, en sautant sur un pied ; un jeune homme de cinq pieds sauter jusqu'à la hauteur de son corps. On cite en Angleterre un nommé Ireland, qui franchissoit une corde tendue à quatorze pieds de haut. Un autre sautoit à la hauteur de dix-sept pieds, qui étoit trois fois celle de son corps. Les enfans sautent aisément de la hauteur de neuf pieds, en descendant. On apprend à sauter, avec ou sans essor, à tomber sur un pied ou sur les deux, enfin à multiplier les sauts l'un après l'autre. Un garçon de quatre pieds a franchi quatre-vingt-six pieds en treize sauts consécutifs.

Lancer un corps en sautant, comme on fait en jouant à la morelle; sauter dans la corde ou le cerceau, c'est apprendre en même temps à vaincre les difficultés qui se trouvent dans le chemin. C'étoit pour donner un obstacle de plus à surmonter, qu'aux jeux gymniques les anciens chargeoient les sauteurs et les coureurs. D'ailleurs les exercices du saut préviennent aussi les engelures en hiver; ils sont également favorisés en Angleterre, dans les écoles de jeunes filles. C'est pour exécuter ces exercices avec décence qu'on leur a donné des pantalons. Les personnes qui ont les doigts du pied longs, les mollets forts, et le talon proéminent, sont celles qui peuvent devenir les meilleurs sauteurs. C'est encore à cette particularité, bien plus qu'au contraste apparent d'une lourde figure en mouvement, que des danseuses fort grasses doivent leur air de légèreté. Il ne me paroît pas au reste qu'un petit pied soit toujours l'apanage des grands danseurs.

L'art de courir a ses règles, comme tout autre. On court mieux, par exemple, en jetant la poitrine en avant, et en tenant les bras aussi tranquilles que l'on peut, afin que les muscles pectoraux ne soient pas gênés. Une respiration modérée fait supporter la course plus long-temps, si d'ailleurs on a soin de ne pas trop porter sur la pointe du pied. On doit chercher à faire courir ensemble ceux des enfans qui se trouvent de la même grandeur, et ont par conséquent les jambes également longues. Lorsqu'on est parvenu à parcourir 2500 pieds à raison de 7 pieds par seconde, on apprend facilement à atteindre les 4000. Il n'est pas rare de trouver des personnes qui font deux lieues en 40 minutes; et les grands marcheurs font 30 lieues en 24 heures. Un Anglo-Américain (Potter) a parcouru dernièrement 8,300 toises en une heure cinquante minutes; un nommé Glanville a fait 142 milles anglais, à peu près 50 lieues de France (1), en 30 heures; à Windsor, West a couru 40 milles anglais, à peu près 16 lieues et demie, en cinq heures et demie; et 100 milles en dix-huit heures. Dans l'Inde, les messagers vont de Calcutta à Bombay en 25 jours, et de Madras à Bombay en 18. Spillard a fait dans 12 ans 60000 milles anglais, 25000 lieues de France. Le plus habile des coureurs a parcouru 7 mètres 9 centimètres par seconde, et 2575 mètres en 3 minutes 31 secondes. (2) La course étoit très estimée parmi les anciens. Platon vouloit que les filles elles-mêmes apprissent à courir. Sénèque, en désapprouvant la gymnastique, étoit d'avis qu'on favorisât la course. Elle doit être cultivée de préférence dans les pays où l'on manque de poste et de chevaux. Elle y est véritablement nécessaire. Tout le monde au reste connoît en France le jeu de *barres*, usité dans presque tous les pays du monde. On voit en Angleterre des villages entiers s'exercer à courir après un ballon. Outre leur influence sur les fonctions et le développement du corps, ces exercices ne manquent pas de donner de l'adresse pour les différens arts.

---

(1) 69, 12 milles d'Angleterre font un degré ou vingt-cinq lieues de France à peu près.

(2) Voici quelques faits qui peuvent servir de termes de comparaison :

Un cheval de course parcourt 92 pieds dans une seconde.
Un vaisseau, 19
Le vent, 180 à 450
Le son, 780
La lumière vient du soleil à nous en 8 minutes.

Depuis qu'Atys introduisit les jeux en Grèce, l'exercice des bras et des mains en a plus encore, s'il est possible, multiplié le nombre, que celui des autres parties du corps. Se tenir et marcher sur les bras et les mains, lancer, exécuter avec les doigts toutes sortes de mouvemens, tout cela a quelque chose d'analogue aux exercices du pied. La toupie et le sabot qu'on fait tourner, le ballon qu'on jette contre un mur ou vers un autre point fixé, avec la main armée d'un gant ou d'un bâton, le volant qu'on lance avec la raquette exercent la force comme l'agilité partielle et générale de presque tous les membres. Le disque des anciens, le jeu de palet, les gallets, le jeu de Siam, introduit depuis Louis XIV, celui de quilles, de paume, de globules, etc. trouvent leurs analogues chez presque toutes les nations, et reparoissent sous d'autres noms. Milon de Crotone, à ce qu'on prétend, dut sa perte au défi qu'il faisoit de lui arracher une pomme de la main ; on peut dire que de nos jours plusieurs personnes sont devenues victimes de l'agilité qu'elles ont su donner à leurs doigts, en les exerçant aux dépens de toute autre fonction, pour se livrer sans relâche à la musique.

Paris voit au théâtre de M. Olivier, le phénomène d'un homme d'une grande force musculaire et d'une grande agilité. C'est un nommé Rousselle, cultivateur des environs de Lille, qui a en petit toutes les formes de l'Hercule Farnèse. Sa taille n'est que de 4 pieds 10 pouces, mais il lève sur ses épaules un poids de 1800 liv., réparties sur une table inclinée. Chaque *main* armée d'un poids de

100 liv., il franchit avec peu d'élan un cercle à la hauteur de 6 pieds; assis à terre, il se relève sans appui en portant deux hommes dans ses bras. Non moins étonnant par la force de ses *reins*, il enlève 200 liv., qu'il prend en se baissant à la renverse de dessus une chaise. — En sautant et écartant les *pieds*, il jette par terre deux chapeaux tenus à six pieds d'élévation, et s'élançant contre une cloison perpendiculaire, il atteint et jette avec le pied un chapeau accroché à la hauteur de 10 pieds. Il fait un *écart complet*, au point que son tronc touche la terre, et il bondit et se relève en tenant à la main un poids de 100 liv. — J'ai vu cet homme remarquable, qui tient à une famille très forte; son frère et sa sœur se distinguent également sous ce rapport. On doit être frappé, en le voyant, de retrouver en lui les traits caractéristiques sous lesquels l'antiquité a présenté l'idéal de la force corporelle.

FRIEDLANDER.

(*La fin au prochain Numéro.*)

1°. NOUVELLE GRAMMAIRE LATINE

À L'USAGE DE LA SIXIÈME CLASSE DU COLLÉGE DE GENÈVE;

Par un Professeur de l'Académie Impériale de Genève.

In-8°. Prix : 2 fr., et 3 fr. par la poste. A Genève, chez J. J. Paschoud, imprimeur-libraire; et à Paris, chez le même, rue Mazarine; et chez le Normant.

« DONNER la première notion des formes des mots latins, en rendant sensible, par l'emploi de chacune d'elles dans le discours, le rapport qui la détermine. »

« Procéder autant que possible du connu à l'inconnu, et par conséquent établir une sorte de liaison entre les diverses parties de l'enseignement et ramener les expressions les plus singulières en apparence aux règles fondamentales. »

« Diviser l'étude des formes du nom et du verbe, pour arrêter successivement l'attention sur chacune d'elles, et en faire à mesure l'application dans des phrases. »

Telles sont les idées fondamentales de cette nouvelle Grammaire, qui est moins un Rudiment à apprendre par cœur, qu'un guide au moyen duquel le maître peut faire suivre graduellement à l'élève la formation de la langue latine et un texte de leçons raisonnées, très propre à exercer à la fois le jugement et la mémoire de celui qui étudie, si celui qui enseigne veut se donner la peine de l'expliquer et de le commenter pas à pas.

Elle ne commence point, comme presque toutes les grammaires, par un tableau des cinq déclinaisons qu'il faille apprendre et réciter.

L'auteur prend successivement tous les cas dont se compose une déclinaison, en commençant par le génitif : il montre à l'enfant quel est le rapport que chacun de ces cas établit entre les mots, et quel changement dans la terminaison du mot désigne en latin ce rapport. Lorsque l'enfant a bien compris ce rapport et bien retenu ce changement dans les cinq déclinaisons, dont il lui offre un grand nombre d'exemples, il passe à un autre cas désignant un autre rapport, et désigné lui-même par une inflexion différente, jusqu'à ce qu'il lui ait fait ainsi comprendre nettement les six cas et construire les cinq déclinaisons.

Sa méthode est la même pour les verbes et pour toutes les classes de mots latins qui, par leurs inflexions, déterminent les rapports des mots dont se compose la phrase.

Des demandes et des réponses indiquent quelle gradation on doit observer dans le développement des idées, et de quelle manière on doit les présenter successivement à l'attention de l'élève.

Je regarde cette Grammaire, beaucoup plus complète que ce que nous appelons des *rudimens*, beaucoup plus conforme au développement naturel des idées dans la tête des enfans, comme excellente pour les parens et les maîtres qui ont assez de temps et assez de zèle pour régler la marche de leur enseignement, d'après celle de l'esprit de leurs élèves, et pour mettre dans leurs leçons cet enchaînement raisonné qui se fait remarquer dans la formation des langues, et dont la connoissance en rend l'étude à la fois plus facile et plus profonde.

2°. FLORES LATINAE LOCUTIONIS

EX PROBATISSIMIS SCRIPTORIBUS SELECTI ET GALLICÈ REDDITI ;

Auctore *P. L. Ossude.*

Prix : 1 fr. 80 c. cartonné. À Versailles, chez l'Auteur, rue S. Honoré, n°. 11 ; et à Paris, chez Lebel et Guitel, libraires, rue des Prêtres S. Germain-l'Auxerrois, près l'église ; et chez le Normant.

Voici, je l'avoue, un de ces Recueils dont je ne comprends pas l'utilité. Vouloir enseigner aux enfans les tournures propres et les élégances de la langue latine autrement que par la lecture des auteurs classiques, me paroît une idée aussi futile que peu fructueuse. Ces tournures, ces élégances, mises hors de leur place, perdent leur caractère, et ne sauroient être assez bien rendues par une traduction, pour que l'élève qui les aura apprises par cœur sache ensuite les appliquer à propos. On peut et on doit faire apprendre aux enfans les déclinaisons, les conjugaisons, tout ce qui constitue les inflexions d'une langue et les règles de sa syntaxe; quant à ses locutions particulières, à ses expressions de choix, à ses *flores*, pour les connoître, il faut lire, et lire beaucoup; c'est le seul moyen convenable et le seul efficace. Cette partie d'une langue dépend beaucoup trop et des occasions auxquelles elle s'applique, et des modifications du sens et de l'écrivain, pour qu'on puisse l'*enseigner*; c'est à l'élève même à l'*apprendre*. En général, le choix de M. Ossude est bien fait, ses traductions sont assez fidèles; mais son travail fût-il encore meilleur, je ne le croirois pas plus utile; il ne faut pas, je le répète, vouloir trop *enseigner*.

F. G.

LETTRES

SUR LA PHYSIQUE ET LA CHIMIE,

Adressées au Rédacteur.

Première Lettre.

Mon cher ami,

Désirant réunir dans vos ANNALES toutes les notions qui peuvent éclairer et diriger les pères de famille dans l'éducation de leurs enfans, vous m'avez demandé quelques lettres sur les phénomènes les plus importans de la physique et de la chimie. J'accepte volontiers cette invitation, car j'aime beaucoup à m'occuper d'expériences ; je trouve un intérêt extrême dans ces tentatives plus ou moins heureuses, mais toujours amusantes, qui nous révèlent à chaque instant une foule de secrets merveilleux et utiles, et qui, de surprise en surprise, nous amènent, pour ainsi dire en jouant, aux plus grandes lois de la nature. Mais, vous le savez, et je dois l'avouer à vos lecteurs, les sciences ont été pour moi un délassement et un plaisir, plutôt que l'objet d'une étude exclusive. Sans être tout-à-fait étranger aux grands résultats de la chimie et de la physique, je le suis beaucoup aux cornues et aux fourneaux. Je me plais à étudier les lois de la nature dans les phénomènes les plus simples, à en saisir les effets dans leurs applications les plus ordinaires. Je n'ai pas d'autre laboratoire que les cendres de mon foyer, et je pourrois presque faire autour d'une table à thé mes plus grandes démonstrations.

Je suis persuadé que l'habitude de remarquer avec attention les phénomènes naturels qui s'offrent partout à nos regards, est un des moyens les plus sûrs et les plus efficaces d'éveiller dans les jeunes gens l'esprit d'observation et de réflexion qui s'applique ensuite à tant d'autres choses. Quand l'esprit est déjà excité et développé, plus vous lui donnez d'alimens, plus vous le fortifiez, plus vous l'étendez.

> L'ame est un feu qu'il faut nourrir,
> Et qui s'éteint s'il ne s'augmente.

Voltaire a raison, et je suis bien aise que cette comparaison, tirée de la chimie, me serve d'autorité pour prouver que l'on peut parler de physique et de chimie, même dans vos ANNALES; car le poëte que je viens de citer a su en parler dans les plus beaux vers du monde. La manière fait tout.

Si l'étude des propriétés des corps étoit fatigante et difficile, si elle éloignoit l'esprit de toute autre recherche, si elle exigeoit le sacrifice de l'imagination et de la sensibilité, je l'avouerai, mon choix ne seroit pas douteux; mais, heureusement, pour pénétrer dans cette étude, et pour y devenir fort habile, il ne faut que deux choses très simples, et nullement dangereuses; il faut observer et réfléchir, réfléchir et observer.

Dès que l'on commence à porter son attention sur l'ensemble des phénomènes physiques, on voit que l'agent le plus puissant, le plus actif, et le plus généralement répandu dans la nature, c'est le feu. On a dit de lui avec raison:

> *Ignis ubique latet, naturam amplectitur omnem;*
> *Cuncta parit, renovat, dividit, urit, alit.*

C'est donc le feu qui doit être le premier objet de nos expériences.

Mais le feu, qu'est-il en lui-même ? Nous l'ignorons. Nous sentons les effets qu'il produit sur nos organes, soit lorsqu'il les brûle par une trop grande ardeur; soit lorsqu'il les réchauffe doucement dans les rigueurs de l'hiver. Nous voyons les effets qu'il produit sur les corps; il les échauffe, les fond, les rend liquides, les fait rougir, bouillir, et les convertit en vapeurs. Quel est donc ce principe auquel rien ne résiste, qui, dirigé par l'industrie de l'homme, est devenu son arme la plus puissante, celle qui lui assure l'empire sur toutes les autres créatures ? Je vous l'ai déjà dit, nous l'ignorons, et notre première leçon est une leçon d'ignorance. Ce que nous appelons feu, et que les chimistes nomment *calorique*, c'est le principe, quel qu'il soit, qui produit tous ces effets; ce que l'on appelle chaleur n'est rien que l'expression de la sensation qu'il produit sur nos organes. Il en est ainsi toutes les fois que nous voulons remonter aux causes premières des phénomènes. La fin de notre science est de reculer le doute, et de le faire porter sur les seuls objets que notre raison ne peut ou n'a pas encore pu atteindre. L'art des expériences consiste à découvrir dans les phénomènes ceux qui sont les plus généraux, les plus influens. Ces faits bien constatés, exactement reconnus, servent ensuite de principes pour arriver aux autres faits comme conséquences. Alors nos incertitudes ne portent plus sur les phénomènes généraux, ni sur leur combinaison, les seules choses qui nous soient réellement utiles; elles portent uniquement sur la cause première d'un petit nombre de faits, et si elles sont inévitables, elles sont du moins réduites à leurs justes bornes. Nous voyons les phénomènes se succéder comme les générations des hommes, dans un ordre que nous observons, mais sans pouvoir dire ou même concevoir comment il a commencé. Nous suivons les anneaux d'une chaîne infinie; nous pouvons bien, en ne la quittant pas, remonter d'un anneau à un autre; mais le point où la chaîne est suspendue n'est pas à la portée de nos foibles mains.

Pour découvrir et fixer les rapports naturels des phénomènes entre eux, il ne suffit pas de les observer vaguement, et de les envelopper dans des hypothèses toujours vacillantes et incertaines; il faut déterminer d'une manière précise la nature et l'étendue de leurs effets, afin de n'avoir à combiner dans nos raisonnemens que des données rigoureuses. En un mot, il faut les mesurer. Mesurer et peser, voilà les deux grands secrets de la chimie et de la physique; ce sont là les causes de toutes les découvertes qu'elles ont faites dans ces derniers temps.

Or, pour mesurer la puissance du feu, choisirons-nous l'action dévorante et destructive qu'il exerce sur presque tous les corps de la nature? Non, sans doute, puisque l'altération même qui en résulte dans la constitution des corps exclueroit toute idée de comparaison. Trouverons-nous des termes plus fixes dans les sensations variables de chaleur et de froid que nous éprouvons? Pas davantage. Il ne faut pas avoir beaucoup réfléchi sur la nature de nos sensations, pour s'apercevoir que les indications qu'elles nous donnent sont purement relatives. La lumière, qui suffit pour nous faire discerner les objets dans une salle de spectacle où nous sommes restés quelque temps, nous semble une obscurité complète quand nos yeux viennent de recevoir la vive lumière du jour. Le même temps de dégel qui nous paroît d'une douceur extraordinaire lorsqu'il survient tout-à-coup au milieu des rigueurs de l'hiver, nous sembleroit un froid insupportable si nous l'éprouvions subitement au milieu des grandes chaleurs de l'été. C'est par cette raison que nos caves nous semblent froides en été et chaudes en hiver, quoique, dans la réalité, elles se maintiennent constamment à la même température, comme nous le prouverons par la suite. On conçoit donc, par ces exemples, que les divers degrés d'intensité de nos sensations ne peuvent nous fournir une mesure absolue des causes qui les produisent, puisque l'idée qu'elles nous donnent n'est jamais que relative et comparée.

Nous sommes ainsi conduits à chercher parmi les phénomènes dont le feu est la cause, ceux qui, s'exerçant sur des substances inorganiques, les modifient momentanément d'une manière reconnoissable, sans néanmoins altérer leur nature ni leur constitution intime; de sorte que la cause étant ôtée, les corps reprennent exactement leur premier état, quel que soit le nombre de ces variations passagères auxquelles on les a exposés. Or, il existe un phénomène dont le feu est la cause principale, et qui remplit parfaitement toutes ces conditions; c'est celui que l'on appelle la dilatation et la contraction des corps.

C'est un fait général et facile à constater, que tous les corps que l'on échauffe, sans changer leur constitution, s'étendent dans tous les sens, de manière à occuper un volume plus considérable que celui qu'ils occupoient d'abord. Cette modification des corps se nomme *dilatation*; et lorsqu'un corps l'éprouve, on dit qu'il se *dilate*. La conversion des corps solides en liquides, par l'effet de la chaleur continuée, ou ce que l'on nomme leur fusion, n'est autre chose qu'un effet de cette force répulsive qui sépare les particules; et enfin l'ébullition des liquides, et leur conversion en vapeurs invisibles, est le terme extrême de la dilatation. La vapeur d'eau occupe ainsi un volume seize cents fois aussi considérable que celui de l'eau liquide qui lui a donné naissance.

La dilatation des corps solides, particulièrement des métaux, est fort petite tant qu'ils sont encore éloignés de l'état où ils se fondent. Cependant les effets en deviennent sensibles dans une infinité d'expériences journalières. Dans les grandes conduites d'eau où l'on emploie des tuyaux de fonte métallique attachés ensemble par des vis de fer, la différence de chaleur de l'hiver à l'été fait tellement varier les dimensions de cette longue barre métallique, que l'on est obligé de placer de distance en distance des tuyaux construits de manière à pouvoir glisser les uns dans les autres pour se prêter aux effets de ces dilatations et contractions alternatives, sans quoi la colonne se romproit infailliblement. Les appareils de ce genre se nomment des compensateurs. On est aussi obligé d'en mettre dans les constructions des ponts en fer. C'est encore la dilatation des métaux qui fait que les verges des pendules s'allongent dans l'été et se raccourcissent dans l'hiver, de manière à faire tantôt retarder, tantôt avancer leur mouvement, que l'on est obligé, par cette raison, de corriger dans ces deux extrêmes, si l'on n'aime mieux prévenir ces variations au moyen d'un assemblage convenable de plusieurs barres métalliques que des horlogers appellent aussi un compensateur, et que l'on emploie toujours dans la construction des pendules de prix. On peut encore atteindre le même but avec moins de frais, en formant les verges des pendules avec des corps très peu susceptibles de dilatation; par exemple, avec du bois; mais alors il convient de les vernir ou de les faire bouillir dans l'huile, pour empêcher qu'elles ne s'imbibent de l'humidité de l'air, qui les raccourciroit en les gonflant. On s'est servi, et l'on se sert encore en Angleterre, de verges de sapin ainsi préparées, que l'on a trouvées d'un excellent usage, même pour des pendules astronomiques, desquelles on exige la plus grande régularité. La force avec laquelle les métaux se dilatent ou se contractent est presque incroyable. Il y a quelques années que, dans un des établissemens publics de Paris, on s'aperçut que les deux murailles latérales d'une galerie s'écartoient l'une de l'autre, et tendoient ainsi à se renverser en dehors, par l'effet du poids des planchers qu'elles supportoient. On perça de part et d'autre, dans ces murailles, des trous opposés, également espacés, et l'on y introduisit de fortes barres de fer, terminées par des vis que l'on serra en dehors avec de gros boulons. Cela suffisoit pour retenir les murs, mais non pour les rapprocher; et aucune force humaine n'y auroit suffi. On imagina d'échauffer avec des lampes la moitié des barres, de deux une; alors celles-ci s'allongèrent davantage; leurs boulons, ne touchant plus contre le mur, ne se trouvèrent plus serrés: on put les tourner facilement; cela fait, on ôta les lampes. Les barres, en se refroidissant, se contractèrent, et ramenèrent avec elles les murs opposés. Par l'effet de ce rapprochement, les autres barres, qui n'avoient pas été chauffées, se trouvèrent trop longues, et l'on put serrer leurs boulons. Alors, on recommença de nouveau à échauffer les premières barres; ce qui permit de rapprocher les murs un peu davantage; et, d'expérience en expérience, on auroit pu, si on l'avoit voulu, les renverser ainsi en dedans, par un mouvement contraire à celui que la pesanteur du plafond tendoit d'abord à leur imprimer.

Les dilatations des liquides sont beaucoup plus considérables que celles des corps solides, dans les mêmes circonstances. Un vase, fût-il de bronze, rempli d'eau et bien bouché, s'il est exposé ensuite à une forte chaleur, de manière que l'eau ne puisse s'en échaper par aucun interstice, crèvera infailliblement avec une grande explosion. Mais, pour observer ces effets d'une manière plus facile et moins dangereuse, prenez une fiole de verre mince, dont le corps soit large et le cou étroit; remplissez-la entièrement ou presque entièrement d'eau, ou de tout autre liquide, puis approchez-la graduellement du feu, vous verrez bientôt la liqueur se dilater, s'élever dans le cou du flacon, le remplir entièrement, et se renverser par-dessus les bords long-temps avant de bouillir. Plus le cou est étroit par rapport à la capacité de la fiole, plus l'expérience est prompte et l'effet sensible. Aussi rien ne convient mieux, pour ces expériences, qu'une boule de verre soufflée, à l'extrémité d'un tube dont l'intérieur est très étroit. Alors, quand on observe avec attention, on remarque avec surprise que, dans le premier moment de l'action de la chaleur, la liqueur descend dans le tube au lieu de monter : cela vient de ce que la substance du verre se trouvant exposée la première à la chaleur, se dilate la première, et avant que le liquide ait encore éprouvé la même influence. Mais la chaleur continuant de pénétrer tout l'appareil, le liquide commence bientôt à se dilater, et ne tarde pas à l'emporter sur le verre, par l'excès de sa dilatation.

On peut rendre également sensibles les effets de la dilatation et de la contraction, dans les substances *aériformes*, c'est-à-dire dont la constitution est analogue à celle de l'air et des vapeurs. C'est la force élastique de la vapeur de l'eau qui soulève les pistons des pompes dans les pompes à feu. Mais, pour nous borner à des expériences usuelles, tout le monde a éprouvé combien il est quelquefois difficile d'introduire un liquide dans un flacon dont le cou est extrêmement étroit, comme le sont, par exemple, ceux des flacons à essence. Cela vient de la résistance de l'air intérieur qui, trouvant l'orifice étroit du tube bouché par la petite colonne de liquide qu'on y introduit, s'oppose invinciblement à son passage. Mais voulez-vous éluder cet obstacle? chauffez le flacon; l'air qu'il contient en s'échauffant aussi, se dilatera plus que le verre; le volume du flacon ne suffira plus pour le contenir : il en sortira donc une partie. Alors, renversez le flacon dans le liquide que vous voulez y introduire, et attendez quelques instans : l'air resté dans le flacon se refroidira, se contractera, et fera place au liquide qui s'y introduira pour occuper la place vide, obéissant en cela à la pression que l'air extérieur exerce sur tous les corps, comme nous le verrons bientôt.

En mesurant avec soin les dimensions des corps après les avoir exposés à diverses températures, on trouve généralement que, si le feu n'a point altéré leur constitution ou leur nature, ils reviennent exactement aux mêmes dimensions qu'ils avoient d'abord, quel que soit le nombre de fois qu'on les expose à ces changemens alternatifs. Cette propriété s'observe, par exemple, dans les métaux, quand on ne les échauffe pas jusqu'à les fondre, dans les liquides, quand on ne les échauffe pas jusqu'à les faire bouillir. On trouve, à la vérité, que l'argile et quelques autres substances terreuses semblent, au contraire, se contracter quand on les expose au feu; mais en pesant ces corps avant et après les avoir exposés à cette action, on s'est assuré qu'ils perdent une partie de l'eau qui s'y trouvoit combinée; et l'on voit alors que leur contraction est une suite de ce dessèchement, et non pas un effet immédiat de la chaleur. Ce phénomène se nomme le *retrait*. On est obligé d'y avoir égard dans la construction des vases de terre et de porcelaine, sans quoi ils n'auroient pas, en sortant du fourneau, la forme qu'on veut leur donner. Mais on voit, d'après sa cause, qu'il ne fait point une exception aux lois générales de la dilatation des corps.

Cette propriété que tous les corps possèdent, de se dilater par l'effet de la chaleur, et de revenir aux mêmes dimensions quand on les ramène aux mêmes circonstances, offre un moyen simple et très exact pour mesurer des degrés égaux et inégaux de chaleur. On l'a employé de la manière la plus heureuse dans la construction des instrumens que l'on appelle des thermomètres, c'est-à-dire, *mesureurs de la chaleur*. Tout le monde les connoît et en fait usage, mais on ne connoît pas aussi généralement les principes sur lesquels ils sont fondés, et qui garantissent la certitude de leurs indications. Ce sera l'objet de ma seconde lettre.

C.

L'ARBRE ET LA FORÊT,

CONTE.

« LES beaux arbres ! » disoit M. d'Ambly, en passant le long d'une belle forêt de chênes.

« Le bel incendie que cela feroit ! » répondit son fils Eugène.

Eugène avoit lu, deux jours auparavant, dans un Voyage, la description d'un incendie de forêt, et ne rêvoit plus autre chose. Il aimoit tout ce qui étoit extraordinaire, tout ce qui produisoit de l'effet, du mouvement ; et, comme les enfans, il ne portoit guère ses idées au-delà de ce qu'il voyoit.

« Si cela pouvoit ne coûter rien à personne, reprit-il, je voudrois que le feu prît par hasard à cette forêt ; cela seroit superbe ; je suis sûr, papa, que cela nous éclaireroit parfaitement jusque dans le château. »

« Ce seroit donc quelque chose de bien agréable que de voir brûler un arbre ? »

« Oh ! un arbre, dit Eugène, cela n'en vaudroit pas la peine ; mais une forêt, c'est là ce qui seroit beau. »

« Puisque nous sommes en train de brûler, dit M. d'Ambly, je pense que je ferai bien de faire abattre et mettre au feu ce jeune tilleul qui est au bout du gazon, devant le château ; il grandit trop vite ; pour peu qu'il s'étende encore, il masquera tout-à-fait la vue. »

« Oh ! papa, s'écria Eugène tout chagrin ; ce tilleul qui est devenu si beau depuis l'année dernière ? je le regardois l'autre jour d'en bas, et je voyois des pousses de cette année qui étoient longues comme mon bras. »

En ce moment, ils arrivèrent auprès d'un jeune peuplier qu'un orage avoit abattu la veille. Son feuillage n'étoit pas encore flétri, mais ses jeunes pousses, en conservant leur verdure, commençoient à perdre leur vigueur ; elles tomboient molles et foibles, comme quand la sécheresse les abat ; mais on sait alors qu'un peu d'eau va leur rendre leur force et leur fraîcheur, au lieu qu'ici rien ne pouvoit ranimer cette vie qu'on voyoit encore presque toute entière, sans avoir aucun moyen de la retenir. Eugène s'arrêta devant le peuplier, et le plaignit.

« Voilà, dit M. d'Ambly, comme sera, dans deux jours, notre tilleul. »

« Ah! s'écria Eugène, pouvez-vous avoir le cœur de penser à cela? »

« Pourquoi pas? Un tilleul n'est pas plus précieux qu'un peuplier, pas plus précieux qu'un chêne; et toi, tu voudrois voir brûler toute cette forêt? »

« En vérité, papa, ce n'est pas la même chose. »

« Non, sûrement; il y a une grande différence entre un arbre que l'on coupe parce qu'il gêne, et que l'on brûle pour se chauffer, et douze ou quinze mille arbres que tu voudrois voir brûler pour ton plaisir. »

« Mais, ces arbres, je ne les connois pas. »

« Tu ne connoissois pas davantage ce peuplier sur lequel tu viens de t'attendrir. »

« Au moins, je le vois. »

« Il ne tient qu'à toi de voir ceux qui l'environnent. Regarde celui-là, comme il est fort, comme il est droit! »

« Oh! le beau chêne! il me seroit bien impossible de l'entourer avec mes bras; voyez, papa, comme il s'élève haut, et ces trois grosses branches qui en sortent, qui ressemblent à de gros arbres. »

« Il doit bien avoir cinquante ou soixante ans; il croîtra encore au moins pendant vingt. »

« Qu'il sera énorme alors! j'espère bien le voir. »

« Mais, s'il alloit brûler auparavant? »

« J'en serois bien fâché, à présent que je le connois. »

« Tu ne fais donc grâce du feu qu'aux gens de ta connoissance ? c'est toujours cela. Aurois-tu plus de plaisir à voir brûler celui-ci ? » dit M. d'Ambly, en lui en montrant un autre, divisé en quatre énormes troncs qui sortoient de la même souche.

« Non, en vérité ; voyez, il forme un siège. Papa, un jour que nous serons moins pressés, nous viendrons nous y asseoir, n'est-ce pas ? »

« Ainsi, en voilà deux que tu exceptes de l'incendie de la forêt ? »

« Oh ! maintenant, si je la voyois en feu, quelque bel effet que cela pût faire des fenêtres du château, je ne penserois qu'à mes deux amis chênes, que je serois si fâché de voir brûlés. »

« Mais tous ceux que nous voyons méritent aussi bien de devenir tes amis, et ceux que nous ne voyons pas sont aussi beaux ; ils auroient chacun dans leurs diverses formes de quoi t'intéresser, tout autant que tes deux amis chênes, le peuplier, et notre tilleul. »

« Je crois bien, en effet, que quand je penserai en particulier à tous les arbres qui composent une forêt, il ne me prendra guère envie de la voir brûler. »

« C'est pour cela qu'il y faut penser, mon ami, pour ne pas courir le risque de désirer une chose déraisonnable, peut-être de la faire quand tu seras grand. Tu n'auras probablement jamais une forêt à brûler ; mais tu pourras avoir des hommes à conduire ; songe à ce qui arriveroit, si tu oubliois qu'une province, une ville, une commune, est composée d'hommes, comme tu oubliois tout-à-l'heure qu'une forêt est composée d'arbres. »

« Oh! papa, voilà, par exemple, ce qui ne s'oublie pas ! »

« J'ai connu dans ma jeunesse, dit M. d'Ambly, un homme très bon, mais très entêté, appelé M. de Marne. Il avoit eu une querelle avec le directeur d'un hôpital établi dans une petite ville voisine d'une de ses terres. La plus grande partie des biens de l'hôpital étoit située dans cette terre et en dépendoit, comme c'étoit l'usage alors; c'est-à-dire que l'hôpital ne possédoit ces biens qu'à condition de payer certains droits à M. de Marne, et de recevoir deux malades à son choix. Ce privilége venoit de ce que c'étoit les ancêtres de M. de Marne qui avoient donné ces biens à l'hôpital, et il passoit à tous les possesseurs de la terre. Le directeur avoit voulu chicaner M. de Marne sur le paiement de la redevance, et avoit prétendu qu'il ne devoit envoyer qu'un malade à l'hôpital. M. de Marne s'étoit fâché, les choses s'étoient aigries, il en étoit résulté un procès; et il étoit arrivé que l'homme d'affaires de M. de Marne, en cherchant dans les papiers qui lui avoient été remis pour constater son droit, avoit découvert ou cru découvrir que les biens qui avoient occasionné le procès appartenoient à M. de Marne, et non pas à l'hôpital, parce que, disoit-il, les ancêtres de M. de Marne ne les avoient donnés que pour un certain temps ou à de certaines conditions qui n'avoient pas été remplies; en sorte que M. de Marne devoit y rentrer. Cela auroit ruiné l'hôpital. Le jour où M. de Marne reçut cette nouvelle, il fut enchanté, d'autant plus qu'il venoit d'apprendre qu'un des malades qu'il avoit envoyés à l'hôpital en avoit été mis dehors trop tôt, n'étant pas encore bien rétabli, en sorte qu'il étoit retombé malade et venoit de mourir. Sa veuve, qui se trouvoit sans ressources, étoit venue à pied à Paris avec le plus petit de ses enfans sur son dos, pour réclamer les secours de M. de Marne. Elle pleuroit en lui racontant les dernières paroles de son mari, qui disoit en mourant : *Si M. de Marne avoit été ici, il m'auroit bien fait rester à l'hôpital, et je ne mourrois pas.* Et ce pauvre homme, qui laissoit sa femme et ses enfans sans pain, pleuroit en disant ces paroles; et, en écoutant ce récit, M. de Marne, les larmes aux yeux, disoit : *Ce coquin de directeur, je le ruinerai.* Il oublioit que c'étoit l'hôpital qu'il vouloit ruiner, et qu'ainsi il vouloit faire mettre dehors peut-être une centaine de malades, tous aussi misérables, aussi malades que le pauvre Jacques, et dont le malheur, s'il y eût pensé, lui auroit été tout aussi douloureux.

» Le procès étoit suivi avec activité, non pas par M. de Marne, que ses affaires retenoient à Paris, mais par l'homme d'affaires, qui, ayant intérêt à soutenir ce qu'il avoit avancé, y mettoit la plus grande chaleur; et qui, dans la crainte que M. de Marne ne voulût abandonner son droit, se gardoit bien de lui mander ce qu'on disoit dans le pays de son acharnement à ruiner un hôpital qui y étoit très utile, et ce qu'on apprenoit tous les jours du triste état auquel étoient réduits les malades, parce que le directeur, obligé de consacrer beaucoup de temps et d'argent au procès, n'en avoit plus assez pour ce qu'exigeoient les soins de l'hôpital. Si M. de Marne eût su tous ces détails, cela auroit réveillé sa bonté, il n'auroit pu supporter l'idée de faire tant de mal. Au lieu de cela, l'homme d'affaires ne l'entretenoit que des mauvais procédés du directeur, des mauvais propos qu'il tenoit contre lui. A chaque lettre, M. de Marne entroit dans des colères terribles, et sa haine contre un homme l'empêchoit absolument de penser à cent autres dont il auroit eu pitié.

» Enfin, il gagna son procès. Il s'étoit occupé depuis huit jours à faire entrer une pauvre femme aux Incurables, hôpital de Paris. *Voilà deux bonnes nouvelles*, dit-il, en recevant à la fois les deux lettres qui lui annonçoient le succès des deux affaires; et il écrivit sur-le-champ à son homme d'affaires, pour lui témoigner sa satisfaction de ce qu'il avoit si bien conduit son procès, et à celui qui lui avoit fait avoir la place aux Incurables, pour le remercier d'avoir assuré le sort d'une vieille femme infirme.

» Pendant quelque temps, il n'y pensa plus; mais, un jour, son homme d'affaires lui écrivit que le directeur avoit fait banqueroute, et s'étoit enfui; qu'on ne savoit où il étoit; et, pour flatter sa haine par des détails odieux, il ajoutoit que, pendant trois jours qu'on avoit ignoré sa fuite, parce qu'il avoit dit qu'il alloit à la campagne, les malades avoient manqué de pain et de bouillon; que sans les sœurs grises, qui avoient rassemblé tout ce qu'elles avoient pu de secours, il en seroit mort plusieurs, et qu'il étoit probable que quelques-uns mourroient des suites de ce qu'ils avoient souffert, et du saisissement qu'ils avoient éprouvé, lorsqu'on étoit venu tout saisir dans l'hôpital. Il mandoit aussi que l'on avoit obtenu des huissiers quelque répit, que les sœurs continuoient leur service avec un redoublement de zèle, que les gens de la ville et des environs donnoient des secours; mais que, comme ils n'étoient pas suffisans, on étoit obligé de renvoyer les personnes les moins malades; qu'on les voyoit sortir en pleurant, et que plusieurs, qui étoient de villages assez éloignés, tomboient en chemin, de foiblesse et de découragement.

» Tous ces détails commencèrent à faire beaucoup de peine à M. de Marne; l'homme d'affaires ajoutoit, à la fin de sa lettre: « Tout le monde reconnoît que ce directeur n'avoit ni ordre, ni économie; depuis long-temps les affaires de l'hôpital étoient en mauvais état, la perte du procès les a achevées. » Alors M. de Marne sentit sa conscience lui reprocher bien fort ce qu'il avoit fait: il se représenta ces malheureux tombant de douleur et d'épuisement par les chemins; il les voyoit sortir de l'hôpital en pleurant, et peut-être en le maudissant; il songeoit aux trois jours où ils avoient été sans pain et sans bouillon; son imagination lui peignoit tous ces visages pâles et souffrans, et il les considéroit dans sa pensée l'un après l'autre, comme tu as commencé tout à l'heure à regarder les arbres de la forêt. Il n'y en avoit pas un qu'il n'eût voulu soulager et sauver au prix de son sang; il ne pouvoit supporter l'idée du mal qu'il leur avoit causé, quoiqu'il ne voulût pas encore convenir avec lui-même que c'étoit lui qui le leur avoit causé, et qu'il tâchât de tout rejeter sur le directeur. Il écrivit à son homme d'affaires pour qu'il envoyât des secours considérables, et, sitôt que cela lui fut possible, il partit lui-même pour cette terre, où il n'avoit pas été depuis long-temps.

» En arrivant, il se rendit à la ville où avoit été l'hôpital; il étoit fermé; le dernier malade venoit d'en sortir; on procédoit à la vente de la maison, pour satisfaire les créanciers. M. de Marne s'aperçut que beaucoup de gens l'évitoient, parce que son procès avoit donné très mauvaise opinion de lui. Les parens, les amis du directeur avoient contribué à l'augmenter, et le malheur qui en étoit résulté pour tant de pauvres, avoit jeté sur toute cette affaire quelque chose d'odieux qui animoit contre lui tous les esprits. Le bruit se répandit qu'il venoit pour acheter la maison et le reste des biens de l'hôpital; et un jour qu'il passoit dans la rue, les enfans lui jetèrent des pierres. Il commençoit à sentir tout le tort qu'il avoit eu, d'autant que mille circonstances le lui rappeloient à chaque instant. Le fils de Jacques, ce pauvre homme dont il avoit secouru la veuve, avoit eu la cuisse cassée, et en étoit demeuré tout contourné. M. de Marne disoit à sa mère qu'elle auroit dû la lui faire remettre. *Cela étoit bon*, dit-elle, *quand il y avoit ici un hôpital; mais à présent......* et elle s'arrêta. Il voyoit des paysans négliger des cultures qu'il savoit avoir été très avantageuses, il leur en demandoit la raison. *Oh! disoient-ils, cela se vendoit à l'hôpital; mais à présent......* et ils s'arrêtoient; et M. de Marne voyoit que tout le monde avoit présent à la pensée ce que lui-même ne pouvoit oublier. Il étoit prêt à quitter le pays, et même à vendre sa terre, quand une maladie épidémique se déclara dans un village voisin du sien. Elle y paroissoit presque tous les ans, et c'étoit spécialement pour la soigner, que l'hôpital avoit été fondé anciennement par un homme riche qui en étoit attaqué, et qui avoit fait vœu, s'il guérissoit, de fonder cet hôpital, où, à l'époque de la maladie, tous les gens du village et des environs, à une certaine distance, devoient être reçus et soignés, quel que fût leur nombre. Aussi y avoit-on acquis une grande habileté pour la soigner. Comme cela étoit connu dans le pays, dès que les premiers symptômes de la maladie se faisoient apercevoir, les personnes attaquées se rendoient à l'hôpital, où les soins qu'on leur donnoit les guérissoient pour la plupart, et empêchoient la maladie de s'étendre. Cette année, elle fut terrible, et le soulèvement contre M. de Marne monta à son comble. Il envoya secrètement de grands secours dans le village; mais il ne se hasarda d'y aller lui-même, que lorsqu'il y eut été encouragé par les sœurs grises, qui, à force de parler de tout ce qu'il faisoit pour le village, avoient un peu adouci les esprits: mais encore, en passant dans la rue, il entendoit dire : *Voilà M. de Marne qui vient restituer une petite partie des biens de l'hôpital.* S'il entroit chez un malade, et qu'il lui demandât de ses nouvelles : *Je vous remercie, Monsieur,* disoit celui-ci, *cela va passablement, mais j'aurois guéri plus vite à l'hôpital.* Navré de tristesse, accablé d'inquiétude et de fatigue, il prit la maladie, et mourut en partie de chagrin, pour avoir oublié quelque temps qu'un hôpital est composé d'hommes, comme tu oubliois tout-à-l'heure qu'une forêt est composée d'arbres. »

« Ah ! papa, que cela est triste, » dit Eugène, qui avoit écouté avec une grande attention.

« Mon ami, dit M. d'Ambly, quand tu seras grand, tu rencontreras des effets bien plus tristes encore de cette habitude d'irréflexion qui nous fait oublier tout ce qui ne frappe pas immédiatement nos yeux; en sorte que quand les objets sont trop grands, comme nous n'en pouvons voir les détails, nous n'y pensons pas. »

En ce moment Eugène, tout en rêvant, alloit, par habitude, jeter une pierre au milieu d'une volée d'hirondelles qui venoit de s'abattre près de lui ; il se retint.

« Papa, dit-il, je ne jetterai pas ma pierre à ces hirondelles; car je me souviens du chagrin que j'ai quand on tourmente le serin de ma sœur, et que je vois cette pauvre petite bête toute effrayé[e] se sauver dans tous les coins de sa cage ; il m[e] semble que chacune des hirondelles, si je l'ef[frayois], éprouveroit la même chose que le seri[n] de ma sœur. »

« Voilà précisément, mon fils, ce qu'il faudr[a] faire, si tu as jamais à t'occuper des intérêts d[e] beaucoup d'hommes à la fois, et que tu sois tent[é] d'oublier que le régiment que tu commandes, o[u] la province que tu administres, est un compos[é] d'hommes comme toi ; il faudra mettre dans to[n] imagination toi ou ceux que tu aimes à la plac[e] de chacun d'eux. »

Ils étoient entrés dans le jardin, et arrivèren[t] auprès du tilleul.

« Ah ! dit Eugène, il faut que je lui fasse me[s] adieux. »

« Non, dit en souriant M. d'Ambly, il rester[a] sur pied, pourvu que tu me promettes de penser toutes les fois que tu le regarderas, que chaqu[e] arbre d'une forêt mérite autant d'égards que to[n] tilleul, et que dans une réunion d'hommes, d[e] quelque nom qu'on l'appelle, chaque homme es[t] aussi intéressant que toi. »

P. M. G.

ANNALES DE L'ÉDUCATION.

DES IDÉES DE MONTAIGNE,

EN FAIT D'ÉDUCATION.

(IIe Article.)

Si vous aimez la vie, disoit Franklin, *ne dissipez pas le temps, car la vie en est faite*. Ce précepte si sage et si simple, Montaigne semble l'avoir adopté pour premier principe d'éducation. Nous avons vu avec quelle force il s'élève contre ces études vaines ou d'une utilité secondaire, qui font si souvent de l'enfance un temps de malheur, et presque toujours un temps perdu. Nous allons le voir substituer à cette pédanterie scholastique ces études de tous les instans, qui naissent de tous les objets dont l'enfant est entouré, et font tout servir au développement de sa raison et de son caractère. Il avoit conçu de l'éducation une idée bien différente de celle qui la renferme dans les livres; elle étoit à ses yeux ce qu'elle est aujourd'hui aux yeux de tout homme raisonnable, le résultat des relations, des circonstances au milieu desquelles l'enfant se trouve placé; le produit de tout ce qui peut agir sur ses pensées naissantes, sur ses jugemens, sur ses goûts, sur

ses volontés : c'est de tout cela qu'il veut qu'on sache tirer parti de manière à ne perdre aucun moment dans une affaire si *pressée;* loin de croire que l'enfance ne soit pas l'âge de l'étude, il sait au contraire que c'est celui où tout est un objet d'étude, et peut devenir un sujet d'instruction. « A nostre élève, dit-il, un cabinet, un jardin,
» la table et le lict, la solitude, la compagnie,
» le matin, le vespre, toutes heures lui seront
» unes, toutes places lui seront étude. » L'enfant observe tout ce qu'il voit, réfléchit sur tout ce qu'il observe ; c'est par l'observation et par la réflexion que se forme son jugement ; il faut donc lui apprendre à observer et à réfléchir tant que l'occasion s'en présente, tant qu'il veut ; c'est ainsi que sa jeune vie ne sera pas inutilement dissipée, que son éducation ne sera jamais interrompue. « On l'advertira d'avoir les
» yeux partout....... Un bouvier, un masson,
» un passant, il faut tout mettre en besoigne.......
» Qu'on lui mette en fantasie une honneste curio-
» sité de s'enquérir de toutes choses : tout ce qu'il
» y aura de singulier autour de luy, il le verra;
» un bastiment, une fontaine, un homme, le lieu
» d'une bataille ancienne, le passage de César ou
» de Charlemagne....... Ce sont choses très plai-
» santes à apprendre et très utiles à savoir.

» Elles sont *plaisantes à apprendre;* en effet,
» comme les pas que nous employons à nous
» promener dans une galerie, quoiqu'il y en ait
» trois fois autant, ne nous lassent pas comme

» ceux que nous mettons à quelque chemin dessi-
» gné; aussi nostre leçon se passant comme par
» rencontre, sans obligation de temps et de lieu,
» et se mêlant à toutes nos actions, se coulera sans
» se faire sentir. » Elles sont *utiles à savoir*: et
comment ne le seroient-elles pas? L'enfant veut
apprendre à vivre; il a besoin de connoître et d'a-
gir; c'est pour cela qu'il observe, qu'il compare;
ses facultés tendent naturellement à se fortifier, à
s'étendre; plus on le laissera s'en servir, plus elles
deviendront fortes; plus on multipliera le nombre
et le genre des occasions où il pourra les exercer,
plus elles deviendront étendues. La force et l'é-
tendue sont évidemment les deux qualités que
Montaigne désire le plus de faire acquérir à l'esprit de son élève; leur absence lui paroît la source
de nos erreurs; et une erreur, à son avis, n'est
jamais sans importance. Le siècle où il vivoit lui
offroit de cruels exemples des fâcheux effets de
ce rétrécissement d'esprit qu'accompagne une opiniâtreté souvent farouche, et qui déchire le
monde pour le soumettre à des opinions dont il
n'entrevoit pas la foiblesse ou la vanité. Il semble
que Montaigne ait voulu, en opposant son scepticisme continuel à l'aveugle entêtement de ses
contemporains, leur montrer qu'ils s'égorgeoient
pour des absurdités ou des misères, et que c'étoit
une odieuse folie que de commettre tant de vio-
lences et de causer tant de maux pour des idées
dont tout homme raisonnable pouvoit et devoit
même douter. Un attachement irréfléchi à des

opinions reçues dans l'enfance, à des préjugés de secte ou de nation adoptés et défendus sans examen, lui paroissoit la principale cause de ce despotisme cruel que les hommes d'alors prétendoient exercer sur l'esprit de leurs frères; et c'étoit surtout de cette funeste erreur qu'il vouloit préserver son élève. Le scepticisme est tolérant de sa nature; et du temps de Montaigne, un peu de scepticisme eût été un bonheur; or, il n'y en avoit nulle part, car les hommes irréligieux eux-mêmes n'étoient pas sceptiques. C'est pour cela qu'il veut qu'on accoutume le jeune homme à voir les choses en grand, à ne pas s'enchaîner dans ses idées, dans ses habitudes personnelles. « Nous sommes tous
» contraints et amoncellés en nous, dit-il, et avons
» la veue raccourcie à la longueur de nostre nez....
» à qui il gresle sur la teste, tout l'hémisphère
» semble estre en tempeste et orage; et, disoit
» le Savoïard, que si ce sot de Roi de France
» eust sceu bien conduire sa fortune, il estoit
» homme pour devenir maistre d'hostel de son
» duc. Son imagination ne concevoit autre plus
» eslevée grandeur que celle de son maistre. Nous
» sommes insensiblement tous en ceste erreur,
» erreur de grande suite et préjudice. Mais qui se
» présente comme dans un tableau, ceste grande
» image de nostre mère Nature en son entière
» majesté; qui lit en son visage une si générale et
» constante variété; qui se remarque là-dedans,
» et non soi, mais tout un royaume, comme un
» traict d'une pointe très délicate, celui-là seul

» estime les choses selon leur juste grandeur. »

Nul doute que le philosophe ne tînt surtout à rendre son élève capable de juger et d'*estimer* de la sorte; tous ses préceptes particuliers tendent vers ce but; il voudroit « qu'on commençast à » le promener dès sa tendre enfance. » Il semble craindre qu'un enfant nourri « au giron de ses » parens, » ne s'attache trop à leurs habitudes, à leurs idées; c'est moins peut-être pour lui fortifier le corps et le caractère, loin des sollicitudes et des soins de la tendresse paternelle, que pour donner à son esprit de l'indépendance et de l'étendue, qu'il recommande de lui faire courir et voir le monde de bonne heure, afin qu'il apprenne « à frotter et » limer sa cervelle contre celle d'autruy. » Ces conseils ont peut-être quelque chose d'un peu exagéré et de trop exclusif, mais ils partent d'une idée fondamentale, parfaitement juste et raisonnable; c'est que chaque homme s'appartient à lui-même, que sa raison doit être à lui comme son existence; que personne n'a le droit d'asservir l'une ou l'autre, et que le but de son éducation doit être de lui faire acquérir une raison capable de gouverner par elle-même une vie qui n'est qu'à lui. Ce principe évident pour qui consulte la justice et le simple bon sens, est le fondement sur lequel reposent toutes les idées de Montaigne. Doué d'une droiture parfaite et rigoureuse, mais peu porté à l'oubli de soi-même, il n'étoit jamais entraîné par ces élans d'une ame sensible qui, en se dévouant aux autres, se laisse aller ensuite trop aisément à croire qu'ils doivent aussi lui être dévoués. Montaigne ne s'étoit jamais donné à personne, et l'inflexible justice de son caractère et de sa raison lui faisoit sentir et dire en revanche que personne n'étoit obligé de se donner à lui. Il proclama hautement et en toute occasion, cette vérité qu'on ne sauroit trop répéter, et qui, mise en pratique, rendroit plus rares qu'on ne croit les torts des hommes entre eux et les malheurs qui s'ensuivent. Peut-être ne sentit-il pas assez, d'autre part, que cette justice rigoureuse ne suffit pas pour satisfaire et mettre à profit des sentimens naturels à l'homme, et qu'il importe de nourrir dans son cœur, puisqu'ils forment ce qu'il y a de plus beau dans sa nature, ces sentimens désintéressés et généreux qui, en nous détachant d'une vie courte et étroite, en nous dégageant des liens de la personnalité, nous laissent libres d'entreprendre et de consommer ces grandes et touchantes actions, ces actes d'un dévouement sublime qui, dans la vie la plus modeste ou dans le rang le plus élevé, deviennent la source de la satisfaction intérieure la plus parfaite ou de la gloire la plus pure. Mais s'il n'est pas allé jusqu'à cette haute idée morale, Montaigne s'est incontestablement placé dans la seule route par laquelle on puisse y arriver raisonnablement: on ne se donne que lorsqu'on s'appartient, et en exigeant que chaque homme fût élevé de manière à s'appartenir réellement, à être véritablement son propre maître, Montaigne n'a point interdit à ceux qui en seroient capables, la faculté de se donner volontairement, et de leur choix, quand ils croiroient cet abandon de leur devoir. La justice est le terrain sur lequel doit marcher la vertu; elle pourra s'élever ensuite, d'un libre essor, au-dessus de ce sentier, mais ce sera sans le perdre de vue; car, dès qu'elle s'en écarte, elle s'égare; et la morale la plus sublime, lorsqu'elle n'a pas la raison pour base, entraîne plus de maux qu'elle ne fait de bien.

Sachons donc à Montaigne un gré infini d'avoir su reconnoître et d'avoir osé dire une vérité plus féconde qu'on ne le pense en résultats importans. Ses préceptes d'éducation ont ceci de remarquable, qu'il s'occupe exclusivement de la raison de son élève; il lui apprend à se connoître, à se juger lui-même, ceux qui l'entourent, ses relations, les devoirs qu'elles lui imposent, les droits inaliénables qu'elles ne sauroient lui ôter. Il s'inquiète peu de le rendre directement bon et sensible; il le veut juste, raisonnable, et semble croire que le reste naîtra alors naturellement dans un caractère droit, et dans un esprit accoutumé à ne jamais s'exagérer sa propre importance.

Je ne sais si je me trompe; mais ce silence presque absolu que Montaigne a gardé sur cette partie de l'éducation qui s'attache, comme on dit, à former le cœur de l'élève, me paroit une nouvelle preuve de son bon jugement. C'est une plante délicate que la sensibilité; dès qu'on y touche elle se plie, se courbe en cent manières, dont aucune n'est sans danger; il ne faut point la faire pousser, mais la laisser croître. Des soins particuliers ne lui sont point nécessaires, et ne sauroient être sans inconvéniens. D'ailleurs, il y a peut-être dans la justice plus de bonté que dans la sensibilité même, et je doute qu'un homme accoutumé à être toujours juste, dans toute l'étendue du terme, puisse jamais être dur; car la dureté est une injustice, puisqu'elle blesse le droit de tout homme à n'être jamais affligé inutilement par un autre. C'est aux affections dont l'enfant ressent chaque jour l'influence, au dévouement dont il se voit l'objet, aux exemples d'humanité et de douceur dont il est entouré, aux habitudes qu'il contracte, qu'on doit remettre le soin de développer dans son cœur ces sentimens tendres qui ne s'apprennent point, auxquels ne peut s'appliquer aucun précepte, mais qui se transmettent, comme par héritage, à ceux qui ont vécu dès l'enfance, dans leur douce et bienfaisante atmosphère.

Cette omission de Montaigne ne sauroit donc être regardée comme une lacune réelle dans ses préceptes d'éducation. Il est d'autres idées, plus élevées et plus pures, qu'il a passées sous silence, et que je crois devoir rappeler. Montaigne étoit plutôt un honnête homme qu'un homme vertueux; l'indolence de son caractère se refusoit à cette activité généreuse que peut allumer l'amour du bien. « Je » suis, dit-il lui-même, impropre à faire bien et » à faire mal qui vaille. » Il croyoit, d'ailleurs, que l'homme n'est dans ce monde que pour *vivre*; et que si la vertu doit être la règle de la vie, cette vie est-à elle-même son propre but. « Je vis du jour » à la journée, dit-il, et, parlant en révérence, ne vis » que pour moy. » C'est concevoir de la destination de l'homme une bien misérable idée. « La vie n'est » rien par elle-même, a dit Rousseau ; elle ne » devient quelque chose que par l'emploi qu'on » en fait. » Montaigne ne s'étoit jamais inquiété de cet emploi : il ne s'étoit jamais élevé à ces graves et consolantes pensées qui nous montrent l'homme comme un être destiné à remplir une existence éphémère par le développement de facultés qui, dirigées vers un but moral, peuvent, dans la sphère la plus étroite, exercer une incalculable puissance. Nul homme ne peut ajouter *une coudée à sa taille et un jour à ses années*; la mesure de son corps et de sa vie est bornée; il lui faut peu de place pour vivre, et moins encore pour mourir; mais qui assignera des bornes à ses sentimens et à ses pensées ? Qui empêchera cet être si foible de s'élever au-dessus du monde, d'étendre le pouvoir de son exemple au-delà des mers et du tombeau ? Depuis le bon père de famille qui, en élevant des fils semblables à lui, commence une série de gens de bien dont on ne sauroit calculer la durée, jusqu'au grand homme illustre qui, par l'éclat de son caractère, à mille lieues de sa demeure et mille ans après sa mort, éveille une foule de sentimens généreux dans le cœur de ceux qui entendent prononcer son nom, l'influence de la vertu s'étend et se propage, sans qu'il soit possible d'en arrêter ou d'en mesurer les effets. C'est là le but et le fruit de la vie ; c'est là ce qui doit consoler de sa brièveté et de ses malheurs. Hors de là, il n'est qu'égoïsme pour ceux qui peuvent encore y mettre quelque prix, et désespoir pour ceux à l'ame desquels l'égoïsme ne peut suffire. Je crains, je l'avoue, que Montaigne n'ait été des premiers, et que l'absence de cette idée n'ait souvent flétri sa vie ou arrêté en lui le développement d'un caractère toujours droit, honnête et naturellement généreux. Ce qui est incontestable, c'est qu'on ne trouve dans ses préceptes d'éducation aucune trace de cette grande vérité, si nécessaire à inculquer aux hommes dès l'enfance, c'est que l'homme est dans ce monde pour agir, pour y faire tout le bien dont sa situation le rend capable, et non pour y vivre content d'une vertu négative et stérile, aussi bornée et aussi foible que son existence et son pouvoir personnel.

Du reste, s'il ne s'attache pas à remplir l'ame de son élève de ce vertueux dévouement, étranger à son propre caractère, Montaigne ne dit rien qui l'en éloigne ; il l'y prépare, au contraire, et de la manière la plus efficace. S'il ne l'exhorte pas fortement à faire le bien, il lui ordonne impérieusement de ne jamais faire le mal, et ce premier pas est le plus important comme le plus difficile. « Qui » est-ce qui ne fait pas du bien ? a dit Rousseau ; » tout le monde en fait, le méchant comme les » autres ; il fait un heureux aux dépens de cent » misérables, et de là viennent toutes nos cala- » mités. » L'homme est naturellement porté à agir, à étendre son influence : qu'il apprenne à ne jamais employer pour le mal cette influence et ce penchant, à être constamment juste, raisonnable, il ne restera pas dans cet état passif et stationnaire; le besoin d'agir reparoîtra et se tournera vers le bien; devenu assez juste pour ne vouloir rien prendre sur les autres, il sera bientôt assez désintéressé pour prendre sur lui-même et se dévouer à eux. L'insouciance de Montaigne est peu commune; sa situation et son siècle durent l'accroître; de pareilles circonstances se reproduisent rarement; mais dans toutes les situations, dans toutes les circonstances, la justice rigoureuse dont il s'étoit fait une loi à laquelle il vouloit accoutumer son élève, est le premier devoir et la tâche la plus pénible de la vertu. Je l'ai déjà dit, et je ne crains pas de le répéter, c'est là surtout ce qu'il faut enseigner à l'enfance. Quant aux vertus plus actives, plus douces, plus désintéressées, on peut s'en remettre à ce besoin d'affections, d'activité, qu'éprouvent la plupart des hommes, et surtout aux dispositions du caractère qui porteront à toute l'énergie qu'inspire l'amour du bien celui qui sera capable de le sentir; dès qu'une fois il aura appris à regarder toute injustice comme un mal impossible à faire. Il n'y a pas loin de la justice à la bienfaisance, et de la raison à la plus sublime vertu.

F. G.

(La suite au prochain numéro.)

JOURNAL

ADRESSÉ PAR UNE FEMME A SON MARI, SUR L'ÉDUCATION DE SES DEUX FILLES.

Numéro XV.

J'EN conviens, mon ami, je suis la plus poltrone des mères ; il n'y a pas pour mes enfans de danger que je ne craigne, que je ne prévoie, et contre lequel je ne cherche à me pourvoir par toutes sortes de précautions. On me persécute là-dessus, on m'assure que je les rendrai pusillanimes ; je prétends ne les rendre que prudentes. Au reste, je soutiens moins mon opinion que je ne la suis. Je sens très bien que mes principales raisons sont toutes personnelles et meilleures pour moi que pour les autres, et que je ne puis jamais être bien sûre de raisonner ni de discuter de sang-froid sur une pareille matière. Non, mon ami, toute la force de raison que je suis capable d'assembler ne me fera jamais mettre dans une balance égale le plus éloigné des dangers qui peuvent menacer leur vie ou leur bien-être, avec l'inconvénient que pourroit avoir pour leur courage l'habitude des soins qui peuvent les leur éviter. Je ne permets, sous aucun prétexte, qu'on grimpe sur la fenêtre, qu'on coure ou qu'on gesticule, des ciseaux à la main, qu'on touche un couteau pointu, qu'on passe trop près du feu, qu'on s'approche d'un puits sans bords, ou qu'on touche dans la rue un gros chien qu'on ne connoît pas, etc. Ma sévérité, quand on manque à ces défenses, prouve l'importance que j'y mets. On connoît les raisons de cette importance; il ne tient pas à moi qu'on ne la sente de même, et qu'on n'attache l'idée d'un danger à toutes ces choses que j'ai interdites. J'obéis sur ce point à toute ma foiblesse; mais me conduit-elle si mal?

Mon ami, ce sont pourtant de véritables dangers que ceux contre lesquels je les prémunis. Je sais que sur dix mille fois qu'un enfant grimpera sur une fenêtre, il n'arrivera peut-être pas une seule que le balcon se trouve trop bas, et qu'il tombe; qu'il y a dix mille chances pour que Louise, en gesticulant, ne fasse pas le mouvement qui conduira les ciseaux dans son visage ou celui de sa sœur, et pour qu'en courant près de la cheminée, si elle tombe, ce ne soit pas dans le feu; car, comme disent les grenadiers aux recrues, *il y a terriblement de place à côté*. Mais ce point unique où se trouvera le danger, pourquoi se rencontre-t-il si rarement? c'est que nous avons l'habitude de l'éviter. On n'imagine guère combien les dangers se multiplieroient autour de celui qui n'en connoîtroit pas un seul, et tout ce que doit savoir un enfant avant qu'on l'instruise de ce qu'il faut particulièrement éviter. Un instinct naturel l'a averti avant nous qu'il doit craindre; la peur a chez lui prévenu toute idée de danger; il ne s'agit que de la diriger, d'empêcher qu'un enfant n'ait peur d'un masque qu'il ne connoît pas, et ne se familiarise avec la pièce d'eau qu'il voit tous les jours, et dans laquelle il peut, en jouant, tomber et se noyer. Et croyez-vous, mon ami, que lorsqu'on l'aura averti du danger qu'il court au bord de la pièce d'eau, qu'il aura vu sa mère inquiète, et se sera pénétré d'une crainte salutaire qui l'empêche d'approcher trop près de ce bord glissant; croyez-vous que la pièce d'eau, l'idée d'en approcher ou même d'y tomber, lui fasse éprouver le même sentiment de frayeur que lui auront fait éprouver, avant qu'il y soit accoutumé, la vue du masque, les aboiemens d'un petit chien, ou seulement une chenille qu'il apercevra sur sa main? Ce n'est point de l'idée du danger que naît la peur chez les enfans, mais d'une impression subite, inattendue, d'un ébranlement de surprise trop fort pour leur frêle machine. Quand je dirai qu'un bruit fort et imprévu m'a fait peur, je ne chercherai pas à faire entendre par là qu'il m'ait donné l'idée d'aucun danger; cependant, j'aurai réellement éprouvé l'impression de la peur, j'aurai été frappée de cette même sensation douloureuse que me causera la vue d'un de mes enfans prêt à tomber du haut d'une chaise, ou à se prendre la main dans une porte, cette peur machinale qui précède en nous toute réflexion sur le danger, la seule que puissent connoître les enfans, et dont il faut veiller soigneusement à les préserver ou à les guérir; car elle ne peut jamais servir à rien qu'à les précipiter dans le danger, en les empêchant d'y réfléchir.

Il est certain que la réflexion sur ce qui fait les objets de nos craintes, est une des meilleures manières de nous garantir non seulement du danger, mais de la peur, de cette impression irréfléchie qui ne prend tant d'empire sur nous que parce que nous nous y abandonnons sans distraction. Une femme qui crie et se trouve mal de peur, porte-t-elle son attention sur le danger ? Toute entière à l'impression qui s'est emparée d'elle, elle ferme les yeux, se cache pour s'y dérober, ou bien occupe d'elle et de sa frayeur ceux qu'elle devroit laisser tout entiers au soin de la sauver. Le danger fini, elle ne pourra vous dire ce qui s'est passé, peut-être même ne saura-t-elle pas bien positivement ce qui lui a fait peur. C'est au-dedans d'elle-même qu'a eu lieu pour elle l'important de l'événement. « L'effet de la lâcheté et de la pusil-
» lanimité, » dit miss Hamilton, dans un chapitre bien fait sur les inconvéniens de la peur, « est de
» diriger exclusivement sur nous-mêmes toute
» l'attention de notre esprit ; » et elle cite à cette occasion l'exemple d'une femme qui, « si elle
» rencontroit sur son chemin une vache qui la
» regardât, jetoit des cris de terreur, et s'enfuyoit
» comme si elle eût vu un tigre du Bengale, et
» qui cependant laissoit d'un grand sang-froid
» son fils, encore enfant, faire face au terrible
» animal, et le détourner de la route. »

Tel est l'égoïsme de la peur : c'est celui de toutes les impressions physiques. Tandis que les affections morales tendent à agrandir hors de nous le cercle de notre existence; les impressions physiques la bornent à nous-mêmes, la concentrent sur la sensation agréable ou douloureuse dont l'effet ne peut se faire sentir au-delà de notre individu. Or, qu'il y ait quelque chose de physique dans la peur, c'est, à ce qu'il me semble, ce dont ne permettent pas de douter les effets de l'obscurité, ceux de certains bruits, de certains ébranlemens, ceux de la disposition de nos organes. J'ai quelquefois éprouvé, dans des momens de fatigue ou de maladie, une telle disposition à l'effroi, que, la nuit, le craquement d'une boiserie me bouleversoit de terreur. L'inexpérience cède sans réflexion à ces terreurs machinales, comme à toute autre impression pénible. Un caractère foible cherche des prétextes pour n'y pas résister; une imagination vive y associe toutes les idées capables de produire des impressions analogues, et s'en compose un système raisonné de pusillanimité. Un enfant, qui a peur la nuit, crie parce qu'il a peur, sans imaginer qu'il soit nécessaire d'avoir peur de quelque chose; il éprouve un sentiment désagréable, et il l'exprime. Une femme, pour se justifier le sentiment de terreur dont la pénètre l'obscurité, s'imagine qu'elle a peur des voleurs, peut-être des revenans; tout ce qui, dans ces idées, est capable de l'effrayer, se présente à elle, au moment où l'obscurité vient réveiller les premières impressions de la terreur. Vous ne lui nierez pas que sa frayeur n'ait un objet; mais cet objet, c'est la frayeur qui l'a créé.

C'est donc cette disposition qu'il faut éviter

d'abord d'augmenter ou d'entretenir chez les enfans par des émotions et des impressions analogues; et rien, je crois, n'y seroit plus propre que de les tenir, sur les petits dangers qui les environnent, dans une ignorance capable de les exposer à de continuelles surprises. On veut que les enfans s'instruisent par leur propre expérience; l'expérience est bonne, mais c'est quand elle est proportionnée à la force de l'individu, quand l'impression qu'il en reçoit ne trouble pas ses idées au lieu de les éclairer, n'ébranle pas ses organes au lieu de les fortifier. Sans doute un enfant doit apprendre, par ses chutes, par les coups qu'il recevra en courant dans la chambre, à éviter les meubles qui l'auront frappé; il en deviendra plus adroit et non pas moins hardi, car le mal qu'il aura reçu, sans être assez fort pour exciter en lui le sentiment de la crainte, le sera assez pour éveiller celui de la prudence. Cependant, vous aurez soin de ne l'exposer à cette expérience que quand il sera assez fort pour la supporter, quand il sentira en lui-même les moyens d'éviter le mal qu'il a appris à connoître. Vous aurez soin que l'enfant qui commence à former ses premiers pas ne soit pas exposé à tomber, car vous savez qu'une chute le décourageroit, et pourroit le dégoûter pour long-temps de nouveaux essais. Pourquoi n'en seroit-il pas de même de tout accident au-dessus de la force qu'il aura pour le supporter, ou des moyens qu'il aura pour s'en garantir? Un enfant qu'on n'a pas prévenu d'avance sur l'inconvénient de toucher un couteau, en qui on n'a pas imprimé l'idée de cet inconvénient par des défenses formelles et réitérées, le prend par la lame et se coupe; il est surpris de la douleur, de la vue de son sang. Il est probable que cette expérience lui servira pour quelque temps de sauve-garde; mais ce sera aux dépens de son courage : il aura peur du couteau. N'auroit-il pas mieux valu l'empêcher d'y toucher sans précaution, jusqu'à ce qu'une coupure fût pour lui un très petit accident, et qu'il fût facile de lui enseigner les moyens de l'éviter, en sorte que la vue du couteau lui donne non l'idée d'un danger à fuir, mais celle d'une précaution à prendre?

Miss Hamilton, séduite par cette idée, que je crois fausse, des avantages de l'expérience, rapporte avec éloge l'exemple d'un homme de sa connoissance dont le fils, encore enfant, avoit pour habitude, malgré toutes les défenses qu'on lui avoit faites, d'aller s'agenouiller au bord d'un étang situé dans le jardin, pour avoir le plaisir de se mirer dans l'eau. « Son père, le trouvant un
» jour dans cette position, le prit dans ses bras,
» lui expliqua la nature du danger qu'il couroit,
» lui dit tranquillement qu'il falloit qu'il jugeât
» par lui-même de la vérité de ce qu'on lui disoit,
» et, sans hésiter, le plongea dans l'eau. » Reste à savoir si l'enfant a eu peur ou non. S'il n'a pas eu peur, je ne répondrois pas qu'au lieu de s'agenouiller au bord de l'étang, il n'ait eu envie ensuite de se mettre dedans; toute singularité qui

n'effraie pas les enfans, les attire. Si, au contraire, la leçon a fait son effet, ce n'a pu être qu'en produisant sur lui une impression assez pénible pour lui laisser la peur de l'eau, lui donner une peur machinale, irréfléchie, qui ne tenoit nullement à la connoissance du danger; car, pour avoir été plongé dans l'eau, pour avoir été frappé de l'impression résultante d'une situation nouvelle et désagréable, il n'en saura pas davantage que le risque qu'on y court, c'est celui de se noyer; que ce qu'il faut éviter, c'est la mort, et non pas l'eau. C'est l'eau, et non pas le danger, qu'il connoîtra et qu'il pourra craindre. Ses idées s'arrêteront sur une première impression d'effroi, qui est précisément celle dont il faudroit le détourner et le distraire.

Cette impression dangereuse, il faut l'éviter non-seulement aux enfans, mais encore aux mères. L'effroi se communique; un enfant qui entendra sa mère jeter un cri de frayeur, qui la verra se précipiter sur lui pour l'écarter de la cheminée, où le feu va prendre à sa robe, éprouvera certainement un ébranlement de surprise, fâcheux à lui donner. « Les avertissemens en exclamations, dit » miss Hamilton, ne peuvent que donner une » idée vague et indéterminée du danger. » Ils en donnent non pas l'idée, mais l'impression; la peur, et non pas la connoissance. N'est-il donc pas raisonnable d'écarter ces occasions d'effroi par des précautions qui ne font qu'avertir la raison de l'enfant sans ébranler son imagination ?

Je n'ignore pourtant pas, mon ami, les inconvéniens de cette attention perpétuelle et réfléchie sur les dangers dont nous pouvons être environnés. Je sais qu'elle peut produire une préoccupation presque aussi fâcheuse que la peur machinale, parce qu'en tournant notre imagination uniquement sur le danger, elle nous fait oublier les moyens que nous avons de le rendre nul, et nous ôte ainsi l'usage de nos forces et de notre adresse. Un enfant uniquement occupé du danger qu'il pourroit y avoir à se laisser tomber sur les doigts une cafetière d'eau bouillante, ne pensera pas qu'il puisse la prendre de manière à éviter ce malheur. A force d'avertir sa prudence du danger qu'il peut y avoir à toucher un couteau, on pourra bien lui ôter le courage de s'en servir; mais jamais je n'ai laissé supposer à mes filles que ces choses, que je leur ai représentées comme dangereuses pour elles, le fussent pour des personnes plus grandes ou plus adroites. Louise me voit côtoyer la pièce d'eau dont je lui défends d'approcher; elle sait même qu'elle en peut approcher quand je la tiens par la main, et sent ainsi parfaitement que le danger n'est pas dans la chose même, mais dans sa foiblesse ou sa maladresse. Elle sait que les actions que je lui interdis ne sont interdites qu'aux enfans, et meurt d'envie de ne plus l'être. Il n'y a pas de petite fille qui ne desire un couteau et des ciseaux, parce que ce sont des meubles de grandes personnes, et qui ne les sollicite avec mille sermens de prudence; car elle n'ignore pas que c'est là la condition nécessaire et suffisante. La précaution de ne leur permettre d'approcher du feu, d'ouvrir la fenêtre que quand leur mère est dans la chambre, leur prouve seulement qu'on ne se fie pas encore à elles et les rend attentives à mériter cette confiance. L'interdiction devra cesser au moment où elle pourra être remplacée par une instruction sur les moyens d'user sans danger, où l'enfant pourra se sentir une force ou une adresse capable de le soustraire, s'il en veut user, à l'inconvénient que jusqu'alors on a craint pour lui. C'est alors que la crainte devra être traitée de lâcheté, regardée comme un signe d'enfantillage et de foiblesse. La lâcheté n'est point la connoissance du danger, mais l'ignorance ou l'oubli des forces que nous avons à lui opposer. C'est donc le sentiment de ces forces qu'il faut cultiver dans les enfans sitôt qu'elles commencent à naître; et, pour cela, il ne faut pas les exposer à des épreuves qui les surpassent. Que l'enfant reçoive aussi de sa foiblesse la connoissance et non pas l'impression; qu'il croie toujours se sentir plus fort qu'on ne l'imagine, et que son courage, tenu en réserve, soit impatient de s'exercer, il ne demandera pas mieux, sitôt que vous le lui permettrez, que d'écarter les précautions superflues, et mettra son orgueil à vous prouver qu'elles sont inutiles, ou à supporter sans se plaindre les inconvéniens qu'il éprouvera pour les avoir négligées. Un petit garçon qu'on aura longtemps contraint dans son désir de grimper aux arbres pourra en tomber sans se plaindre du coup qu'il aura reçu. L'important, pour le courage, est de donner aux hommes un motif suffisant pour braver les dangers qu'on leur aura fait connoître. Elevons l'ame des enfans, accoutumons-les à voir des choses plus à craindre que la douleur, plus à désirer que le bien-être; flétrissons d'un sentiment de mépris cette vile prudence qui met au premier rang dans la vie le soin de notre sûreté, de notre commodité ou de nos intérêts; que des mouvemens nobles remplissent et animent leur cœur, et les agitations de la foiblesse ne s'y feront pas sentir. C'est aux vertus à étouffer les vices; et les idées qui produisent la crainte ne l'emporteront pas chez celui à qui on aura donné les sentimens qui font le courage.

P. M. G.

V.ᵉ LETTRE AU RÉDACTEUR.

SUR LE MAINTIEN, SUR L'EXERCICE DU CORPS EN GÉNÉRAL, ET CELUI DES MEMBRES EN PARTICULIER.

(*Continuation.*)

On exerce la colonne vertébrale par toutes sortes de culbutes; ses forces augmentent surtout en portant des fardeaux; mais ce n'est pas à la première enfance, en raison de la mollesse des os, que peut convenir cette pratique. Telle est, au surplus, la liaison des parties du corps entre elles, qu'ordinairement on les fait toutes participer aux jeux. Grimper, monter sur un arbre ou un mât, sonner les cloches, comme on faisoit autrefois en Angleterre, soulever un fardeau, monter, en soutenant successivement son corps de chaque main pour faire hausser et baisser une épaule, sont des choses aussi faciles à exécuter quand on les apprend peu à peu, qu'elles sont faciles à inventer. Il seroit inutile d'indiquer toutes les nuances, de dénombrer tous les petits dangers qui peuvent s'ensuivre, et auxquels l'enfance échappe sans peine et sans efforts (1).

Tous ces jeux ne sont que le prélude de ce qu'il faudra exécuter moins librement, et comme un véritable travail qui rendra le repos nécessaire;

---

(1) A l'exemple des anciens, M. Lacroix, fabricant de corsets et de bandages, a établi dans sa maison une espèce de gymnastique médicinale: une échelle perpendiculaire pour monter à un mât; des balançoires arrangées de manière à favoriser en même temps l'extension et l'élasticité des muscles du cou, des bras, des jambes et des pieds; une corde à tirer, comme si l'on faisoit sonner une cloche, une autre semblable à celle dont on se serviroit pour tirer d'un puits quelque chose de lourd, un mécanisme pour agir momentanément sur la colonne vertébrale et sur une partie convexe du corps, etc.

Il est probable qu'il agrandira un jour son local, lorsque ce genre d'exercice deviendra d'un usage plus général. Leur emploi dans les cas particuliers exige une connoissance exacte de l'individu. Il seroit à souhaiter qu'ils pussent avoir lieu en plein air pendant la belle saison. Une police médicale plus étendue pourroit, dans la suite, destiner aux exercices de l'enfance une partie des places et des jardins publics. Ne s'arrête-t-on pas tout naturellement avec plaisir, en été, soit aux Tuileries, soit au Luxembourg, ou au Jardin des Plantes, ou aux Champs-Elysées, pour y voir jouer les enfans?

car l'enfance n'a besoin généralement que de sommeil, de nourriture et de mouvement. Dans le premier âge, tout, comme je l'ai dit, est pour ainsi dire, livré au hasard; c'est une ébauche sur laquelle on médite, et à laquelle on ne doit même rien vouloir changer avant de savoir ce qu'on peut, ce qu'on veut en faire. De quatre à sept ans, l'instituteur peut déjà entrevoir les obstacles que l'enfant sera dans le cas de rencontrer, et diriger les jeux et les exercices particuliers vers le perfectionnement et l'harmonie de l'ensemble. Depuis sept ans jusqu'après l'âge de la puberté, on réglera tout suivant le but qu'on se propose, en attendant que le sentiment et le goût du jeune homme décident de son choix, et le portent à se consacrer à un état particulier que lui feront embrasser de préférence un instinct d'imitation, l'habitude ou une disposition spéciale bien prononcée. En général, le genre d'exercice adopté dans l'enfance réparera un jour les inconvéniens du métier. Il est facile de concevoir comment la force et l'adresse acquises deviennent utiles dans la suite de la vie; mais il ne sera peut-être pas sans intérêt d'observer de quelle manière s'opèrent les développemens utiles, d'après l'état de la civilisation et des localités.

Le peuple des Landes marche sur des échasses. On prétend avoir vu, dans la Vendée, des hommes franchir, en s'élançant sur un bâton, des fossés d'environ 24 pieds. Les Norvégiens, avec de longues planches attachées sous leurs pieds, courent sur la neige plus vite que les che-

DE L'ÉDUCATION.

vaux. Dans le Nord, il n'est pas rare de voyager sur les golfes et les rivières en patinant; et avec un bon vent, on va plus vite que les vaisseaux. C'est une espèce de vol, car on ne tient à la terre que par une ligne fort étroite. Avec une poitrine irritable, il n'est ni aussi facile, ni aussi bon de patiner contre le vent. — La natation n'est pas d'une moindre importance. La force et la pesanteur du corps varient dans les individus (1); la position peut

---

(1) Les enfans diffèrent certainement par leurs forces musculaires et leurs autres qualités, autant que par leur pesanteur. Jusqu'ici on n'a fait que peu d'expériences à ce sujet; on n'a mesuré que la force des chevaux. M. Péron, dans ses voyages avec le capitaine Baudin, s'est servi du dynamomètre de M. Reigner pour comparer la force des Sauvages avec celle des Français et des Anglais. Voici les résultats qu'il a obtenus :

	Force des mains.	Force des reins.
Sauvages de la terre de Diemen,	51,6 kilogr.	0,0 myriagr.
— de la Nouvelle-Hollande. . .	51,8	14,8
— de Timor.	58,7	16,2
Français.	69,2	22,1
Anglais.	71,4	23,8

L'armure la plus pesante au dépôt de l'artillerie, dans l'arsenal de Paris, va jusqu'à 130 livres. On ne peut porter que peu de temps un poids de 135 kilogrammes; on porte ordinairement 61 kilogrammes à une grande distance.

Il seroit aussi intéressant de mesurer la force progressive des enfans qui suivent des régimes différens, que de prendre note de leur croissance. Ce sont des expériences qui restent à faire dans les écoles.

Le second volume des Mémoires de l'Institut contient un Mémoire de M. Coulomb, qui s'occupe à déterminer

rétablir l'équilibre avec l'eau, et permettre de sortir la bouche et le nez pour respirer. Les mains et

de combien un fardeau plus ou moins grand peut diminuer la quantité d'action qu'un homme peut fournir dans sa journée de travail. En voici quelques résultats : il paroît qu'un homme d'une force moyenne qui monte librement un escalier sans aucune charge, peut fournir une quantité d'action presque double de celle que peut fournir le même homme chargé d'un poids de 68 kilogrammes, ce qui est à peu près la charge moyenne des hommes qui montent le bois dans les maisons pendant une journée. L'effet vraiment utile du travail, dans le cas où on monte un fardeau, n'est que le quart de la quantité totale d'action d'un homme qui monte naturellement un escalier ; car il n'est véritablement qu'une heure et demie de la journée sous la charge.

On monte seulement 14 mètres dans une minute sur un escalier qui n'a que 20 à 30 mètres de hauteur. Le poids moyen de l'homme est de 70 kilogrammes ; si l'on multiplie 70 par 14, on a 980 kilogrammes d'action pour la hauteur d'un mètre. Si l'on monte plus haut, il faut diminuer de vitesse.

Une voie de bois pèse à peu près 734 kilogrammes ; un homme fort en porte 6 dans la journée à la hauteur de 12 mètres ; chaque voie en 10 à 12 fois.

On peut marcher 50,000 mètres dans une journée à peu près ; si l'on compte qu'un homme pèse 70 ; et qu'on applique la base du calcul de M. Coulomb, on trouve que le rapport d'un homme chargé est à celui qui ne l'est pas comme 7 à 4.

Un homme qui monte librement peut produire 2 fois au moins plus de travail que dans tout autre emploi de ses forces, comme en agissant sur la sonnette ou sur la manivelle. On conçoit l'application de ces calculs. Le mouton pour enfoncer des pilotis pèse 350 à 450 kilog. Il est levé avec les cordes à 20 décimètres de hauteur par miles pieds servent de rames. Tout le monde sait qu'il faut commencer par rafraîchir la tête pour que la pression de l'eau n'y porte pas trop précipitamment le sang en y augmentant la congestion; qu'il est bon de se mouvoir dans l'eau, et d'en sortir

nutes, et l'on emploie tant de monde, que chacun n'a que 19 kilogrammes à lever. On fait 60 à 80 coups de suite, et l'on se repose 3 ou 4 minutes. Un homme ne peut travailler que 3 heures par jour, à peu près un tiers de ce qu'il fait en montant un escalier sans charge.

Deux hommes lèvent à la Monnaie un mouton qui pèse 58 kilogrammes à la hauteur de 4 décimètres, et frappent 5,200 pièces dans une journée, ce qui est à peu près un cinquième du travail pour monter un escalier. Les forces dissipées pour l'attention doivent entrer en calcul pour expliquer la diminution du travail.

On a également cherché à calculer la quantité d'action d'un homme qui transporte de la terre dans une brouette, par exemple, dans les travaux des fortifications; celle d'un homme qui travaille la terre avec la bêche, ou d'un homme qui puise de l'eau. L'on conçoit que tous ces calculs ne donnent les résultats qu'à peu près, quoiqu'ils aient été fondés sur une longue expérience. Le travail avec la bêche pour remuer la terre est à peu près égal à celui qu'il faut pour lever 100 kilogrammes à la hauteur d'un kilomètre dans la journée.

M. Coulomb observe en même temps que le travail d'un homme dans la journée à la Martinique, n'est que la moitié de ce qu'il est en Europe.

Peut-être pourra-t-on un jour fixer la force relative de chaque âge, de chaque constitution, de chaque genre de travail, et établir ainsi sur des bases plus probables le degré d'efforts qu'on peut se permettre d'exiger. Qu'on me pardonne ces rêves d'une science qui doit se perfectionner toujours.

pour s'essuyer et s'habiller dès que l'on sent le froid. On finit, au reste, par s'habituer à l'eau comme à l'atmosphère. C'est à Copenhague que les matelots paroissent être le plus exercés; tous les ans on y distribue des prix. On en a vu nager jusqu'à 4000 pieds de distance, tout habillés, et parcourir 2200 pieds en 29 minutes; d'autres plonger et retirer de l'eau des fardeaux de la pesanteur d'un homme. On conçoit quelle importance les Romains mettoient à cet art, puisqu'ils disoient d'un homme absolument sans moyens, « il ne sait ni lire, ni nager » (*nec literas didicit, nec natare*); et Sidonius Apollinaris distinguoit les Gaulois des autres peuples appelés barbares, parce qu'ils savoient nager.

Ce n'étoit pas assez pour l'homme de s'exercer dans l'air et dans l'eau; ses forces et son adresse lui ont fait apprivoiser les animaux et inventer l'art de monter à cheval et de voltiger; sauter avec ou sans effort, sur une main ou sur les deux, dans toutes les directions; faire des pommades, des voltes, des échappés, des écarts, des revers, des croisés: tous ces exercices dans leur perfection ne sont guère concevables que pour ceux qui ont visité les amphithéâtres des Franconi et des Astley; comme il est impossible pour quiconque n'a pas vu les carnavals de Venise et des autres villes d'Italie, de se faire une idée de toutes les difficultés qu'on à su vaincre dans l'art de l'équilibre. L'exercice du cheval ne devrait cependant pas être permis avant l'âge de douze ans. L'attrait qu'il offre, le jugement, la présence d'esprit et les forces qu'il exige, les dangers auxquels il expose, en font une loi. L'art du cavalier consiste encore essentiellement à savoir se balancer sur son cheval sans gêner ses mouvemens. L'usage du cheval est souvent recommandé comme remède lorsqu'il est question de produire de petites secousses dans les viscères, de changer plus souvent d'atmosphère, et de se procurer du mouvement avec moins d'efforts musculaires.

Je ne m'étendrai pas sur la gestation, c'est-à-dire, sur le mouvement en voiture ou sur des vaisseaux ; on change d'air, mais ce n'est qu'un demi-exercice. Je ne parlerai pas non plus de l'art de ramer, de monter sur le mât, de serrer les voiles, de virer le cabestan ; tout cela exige une adresse et des précautions particulières indiquées par la pratique. Passons aux moyens de défense que l'homme, en changeant de lieux et de rapports, a dû trouver contre les passions de ses semblables.

Ce n'est que dans un état de civilisation fort avancé qu'il a pu apprendre à se garantir de l'humiliation et des sentimens haineux, suites d'une offense impunie, par une gymnastique qui donne pour ressource et pour calmant à la foiblesse corporelle et à la vanité de chacun, une supériorité acquise par l'adresse. La lutte des hommes du peuple changée insensiblement en art, se range sous la discipline des règles. Ces règles retiennent la force supérieure sous la dépendance de la véhémence des passions. Lorsqu'on songe à se servir de ses dispositions particulières avec avantage, ou à en compenser les défauts par l'adresse, ce sont les arts de défense qui paroissent y gagner le plus. La Grèce a probablement adouci ses mœurs par l'introduction des courroies de fer dans la lutte simple, et surtout, par l'exercice du disque, du javelot et de l'arc, qui met un intervalle entre les adversaires. On a vu, dans certaines provinces de l'Angleterre, l'art de boxer devenir moins meurtrier depuis qu'on y a fait aller des maîtres pour en enseigner les principes. L'homicide seroit-il devenu plus fréquent depuis qu'il est dans l'éducation des Français d'apprendre à manier les armes? Les appels annoncent les bottes et apprennent les parades. Si l'on compte la population actuelle des pays, et le nombre des combattans, on sera porté à croire que les guerres ont perdu de leur férocité par l'art qui affoiblit les passions, et par les connoissances qui apprennent à user de représailles de diverses manières. Les peuples civilisés ont même cru nécessaire de maintenir les luttes et l'usage des armes pour entretenir le courage individuel; et les nations ont trouvé une garantie dans cette même gymnastique qui paroissoit devoir les affoiblir.

FRIEDLANDER.

(*La fin au prochain Numéro.*)

SUR L'ÉDUCATION NATIONALE
DANS LES ÉTATS-UNIS D'AMÉRIQUE.

(CET ouvrage a été fait en 1800, à la demande de M. JEFFERSON, président des Etats-Unis d'Amérique; il a eu le suffrage de ce grand magistrat et de son respectable successeur.

On ignoroit entièrement alors en France, en Angleterre et aux États-Unis, qu'à peu près à la même époque, ou même un peu plus tôt, se formoient en Hollande les belles écoles primaires que M. CUVIER nous a fait dernièrement connoître dans un intéressant rapport.

L'auteur se trouve heureux d'avoir eu plusieurs idées semblables à celles des sages fondateurs de ces écoles. Quand sur des institutions très importantes, et qui demandent une profonde réflexion, des hommes animés de l'amour du bien public se rencontrent sans s'être rien communiqué, on doit croire que c'est par quelques raisons puisées dans la nature des choses.

La plus grande gloire en appartient à ceux qui les premiers ont commencé l'exécution, et l'ont fait avec succès. L'écrivain qui n'a cherché que dans son cœur les conseils qu'il a donnés aux Américains, est loin de disputer aux Hollandais cet honorable avantage.)

PREMIÈRE PARTIE.

DES PETITES ÉCOLES, OU ÉCOLES PRIMAIRES.

« Form the soft bosom with the gentlest art. »
POPE.

LES États-Unis sont plus avancés, relativement à l'éducation, que la plupart des autres sociétés politiques.

Ils ont un grand nombre de petites écoles; et la tendresse paternelle, dans ce pays, ne mettant les enfans que fort tard au travail des champs, il est possible de les envoyer chez le maître : ce que l'on ne sauroit faire en Europe, du moins, pour la pluralité.

Les jeunes Américains apprennent donc presque tous à lire, à écrire et à compter. Il n'y en a pas plus de quatre sur mille, qui n'écrivent pas lisiblement et même proprement : tandis qu'en Allemagne, en Espagne, en Portugal, en Italie, il n'y a guère qu'un sixième de la nation qui sache lire ; en France, même, pas plus d'un quart ; en Pologne environ deux hommes sur cent, et en Russie pas un sur deux cents.

L'Angleterre, la Hollande, et les cantons protestans de la Suisse approchent plus, à cet égard, des Etats-Unis, parce qu'on y lit beaucoup la Bible, qu'on y regarde comme un devoir de la faire lire aux enfans ; et que le culte, les sermons, la lithurgie en langue vulgaire y ont étendu et généralisé les idées morales. La controverse y a contribué aussi à exercer l'argumentation et à donner une habitude de logique.

Dans l'Amérique-Unie une grande partie de la nation lit de même la Bible, et toute la nation lit assidûment la Gazette. C'est à quoi s'occupent à haute voix les pères de famille en présence de leurs enfans, pendant les préparatifs du déjeuner, auxquels les mères emploient au moins trois quarts d'heure tous les matins. Et comme les longues gazettes des Etats-Unis sont remplies de toutes sortes de récits, d'observations politiques, morales, physiques, philosophiques ; de détails sur l'agriculture, les arts, les voyages, la navigation ; et d'extraits de tous les bons livres de l'Europe, elles font passer en revue une multitude d'idées, dont une partie profite aux jeunes gens, surtout lorsqu'ils arrivent à l'âge où leur père se décharge de la lecture sur ceux qui s'en acquittent le mieux.

C'est à ce genre d'éducation que les Américains des

États-Unis, sans avoir plus de grands hommes que les autres nations, doivent l'avantage très précieux d'avoir plus d'*hommes moyens;* et cet autre, que, si leur instruction peut sembler moins forte, elle est mieux et plus également répartie. — Mais ce n'est pas à dire qu'on ne puisse rendre meilleure cette instruction générale; et puisqu'on le peut, on le doit.

D'abord on peut épargner aux enfans le travail d'apprendre à lire, en leur montrant à écrire tout de suite. La lecture se trouve sue aussitôt que l'écriture, sans que l'enfant y ait pris aucune peine. Cela leur évite un grand ennui, et leur fait gagner six mois de temps, que l'on peut employer à leur donner quelques connoissances réelles, bien plus utiles pour leur meubler la mémoire et leur former le jugement, que la lecture et l'écriture qui ne sont que des *arts* destinés à faciliter l'acquisition des *sciences* (1).

---

(1) Il y a environ quarante ans que j'ai employé, pour enseigner à lire à mes deux fils, le soin de ne jamais leur en parler, et de leur montrer d'abord à écrire. La même méthode, appliquée aux autres enfans de mon village, leur a si bien réussi, qu'en peu de mois ils écrivoient sous la dictée, et lisoient très bien ce qu'ils avoient écrit, sans avoir fait de la lecture aucune étude particulière.

Une brochure à ce sujet, intitulée : *Vues sur l'Éducation nationale, par un cultivateur,* n'a pas eu de succès. Presque personne n'a voulu renouveler mon expérience. On s'en est constamment tenu, dans mon pays, aux diverses variétés du bureau typographique, qui depuis soixante-dix ans, sont encore des *nouveautés,* et n'ont pas même pénétré dans ces petites écoles, où la méthode de M. Choron n'a fait aussi que peu de progrès.

Nous ignorions à Paris que, chez la nation allemande, moins frivole que la nôtre, l'usage de l'écriture, comme première étude, avoit été plus heureux; et c'est avec un plaisir extrême que je viens d'apprendre, dans le second Numéro de ce Journal (tom. I, pag. 105), que, dès 1778, M. Joachim Henri CAMPE

Ensuite on peut leur montrer l'arithmétique par la géométrie, ce qui la rend beaucoup plus facile à comprendre et bien plus amusante, sans compter l'avantage d'acquérir à la fois par les mêmes opérations de l'esprit deux sciences importantes au lieu d'une seule.

Ces méthodes d'enseignement économisent le temps, développent l'intelligence loin de la fatiguer, et donnent le loisir, le moyen de placer dans la tête des enfans toutes les bases de la morale et de la physique, véritables objets de l'éducation, et ceux qui intéressent principalement l'homme, sa famille et sa patrie.

Mais, pour la morale et la physique, il faut se procurer des livres classiques propres à la première enfance. Toutes les nations en sont également dénuées.

Ces livres doivent contenir la suite des leçons que les enfans auront à écrire et à lire. Il faut bien que, pour apprendre à écrire et à lire, on leur fasse journellement écrire et lire quelque chose; et il n'en coûte pas plus que l'exemple, au lieu d'être arbitraire ou sans raison, renferme une instruction claire et utile, qu'on se bornera dans le commencement à transcrire; et sur laquelle ensuite le maître pourra raisonner et faire raisonner les élèves.

Le principe pour ces livres est qu'ils intéressent; qu'ils

---

avoit fait imprimer à Altona un excellent Mémoire où il développoit, avec beaucoup d'esprit, de raison et de goût, les avantages du procédé dont je me croyois le seul inventeur.

J'espère à présent que mes concitoyens, auxquels ce qui vient de l'étranger paroit toujours plus précieux, dédaigneront moins une idée qui a également frappé deux philosophes inconnus l'un à l'autre, que la différence de leur langue et quatre cents lieues de distance séparoient entièrement. Cette circonstance prouve que l'idée n'étoit pas sans justesse.

Lorsqu'elle sera généralement mise en pratique dans le Holstein et aux Etats-Unis d'Amérique, elle s'introduira en France, où elle est née.

satisfassent la curiosité des enfans, et qu'ils ne les rebutent pas.

Les enfans ont tous un extrême désir de s'instruire. Ils ne s'occupent pas d'autre chose. Sans cesse ils font pour cela des observations et des expériences : ils sont d'impitoyables questionneurs. Et ce qui leur donne le plus souvent du dégoût pour les études classiques et sédentaires auxquelles nous voulons les assujétir, c'est qu'elles les détournent des études chéries qu'ils font librement et très fructueusement dans leurs promenades et leurs jeux, ou en rôdant autour de nous avec une attention à laquelle nous ne prenons point garde, et dont nous ne croyons pas être l'objet.

Il n'y en a point, même de ceux qui dans la suite, et ordinairement par notre faute, deviennent bêtes, dont les observations physiques, morales, mécaniques, philosophiques, grammaticales et métaphysiques, ne soient prodigieuses.

La plupart d'entre eux ont à sept ans la moitié des idées qu'ils pourront recueillir et concevoir dans leur vie entière; et celles qu'on pourra le moins chasser de leur cerveau.

Nous éprouvons tous que ce qui est le plus profondément gravé dans notre mémoire, est ce que nous avons appris dès la première enfance, à commencer par notre langue natale.

Une mémoire neuve retient tout. Un esprit qui commence à s'exercer travaille de lui-même sur les choses qu'il peut saisir, et se les imprime dans l'entendement avec une force plus grande que celle qu'il pourra déployer quand les passions et les distractions seront venues à la traverse.

Notre habileté doit empêcher ce premier et volontaire travail des enfans de porter à faux; car de là dépendra toujours la justesse de leur esprit, et presque toujours la moralité de leur conduite quand ils seront devenus hommes.

Si les notions qu'ils ont prises dans leur premier âge sont et doivent être contrariées par celles qu'ils recevront ensuite, la plupart d'entre eux n'auront jamais que des opinions flottantes.

Il arrivera un plus grand mal à ceux dont le caractère est nerveux et décidé. Obligés de reconnoître qu'une partie de l'instruction de leur enfance étoit tissue d'erreurs, ils déchirent l'étoffe entière, et prennent en mépris les vérités mêmes avec lesquelles ces erreurs étoient mêlées.

Il faut donc avoir soin de profiter de l'heureuse disposition que la nature donne aux enfans pour leur inculquer même lorsqu'ils sont encore très jeunes, des principes qui, en occupant leur activité native et leur première sagacité, soient tellement justes qu'ils puissent être confirmés par tout ce que leur apprendra dans la suite l'étude pratique des hommes et des choses. Car alors l'expérience venant à l'appui de ce qu'on leur aura enseigné, le respect et la confiance pour leurs instructeurs augmenteront toute leur vie, et donneront un grand poids aux maximes de morale qu'ils en auront reçues. Leurs actions auront un système suivi. Ils s'appuieront sur des règles qui leur deviendront chères, comme les devant en partie à eux-mêmes, et en partie à des gens qu'ils reconnoîtront avoir eu lieu d'aimer et d'estimer.

Objets et Méthode de l'Enseignement.

Les livres classiques de l'enfance doivent lui donner tous les élémens de la morale, quelques uns de ceux de la physique et des mathématiques.

Il est bon et nécessaire, par rapport à la morale, qu'au sortir de l'école les enfans aient des idées nettes :

Sur la *liberté*, qui ne doit jamais s'étendre jusqu'à gêner celle des autres ;

Sur la *propriété*, qui s'acquiert par le travail, et peut se transmettre par l'échange, la vente, l'héritage ou la donation ;

Sur la *justice*, dont la première branche consiste à respecter la liberté et la propriété ;

Sur l'utilité des *secours réciproques* et la sainteté des *contrats* ;

Sur la *bienfaisance*, qui comprend la *compassion*, l'*indulgence* et la *restitution* envers les enfans, les vieillards et les infirmes, des *services* que nous avons reçus nous-mêmes, au moins dans le temps de notre enfance qui ne fut qu'un assemblage de foiblesse et d'infirmité.

Il faut que tout le monde sache comment et pourquoi ces *rameaux de la bienfaisance* sont eux-mêmes des branches *de la justice*.

Quant à la physique :

Les enfans ne doivent pas être entièrement ignorans des principales vérités de la *cosmologie*, et surtout de celles qui peuvent éclairer l'*agriculture* et les *arts*.

Ils ont besoin de recevoir une légère notion de l'*Histoire naturelle des bestiaux*, et *des plantes les plus usuelles* ; c'est une chose très amusante à tout âge, et ils trouveront, incidemment, quelques lumières sur la végétation, la culture et les engrais.

Il leur faut, sur l'*hygiène*, une idée des causes qui rendent l'air salubre ou insalubre ; et des raisons qui font que *le travail* est *si utile à la santé*.

Ce qu'ils doivent apprendre *de mathématiques*, dans les petites écoles, est très facile à comprendre, et tout aussi utile.

Il n'y a rien de plus aisé que de leur rendre cette étude agréable : tout l'art consiste à la leur faire commencer comme la nature elle-même l'auroit fait sans nous, et comme elle l'a réellement fait dans l'origine des temps.

Elle ne nous a pas offert une seule abstraction. Mais des objets, des *choses physiques*, qui nous ont intéressés, et que nous avons voulu connoître.

Les observations, les subdivisions, les abstractions ont été notre propre ouvrage. Il n'y avoit aucun autre moyen pour qu'ils ne nous déplussent ni ne nous fatiguassent.

Hé bien ! nos enfans sont faits comme l'étoient nos premiers ancêtres. Donnons-leur la même méthode de travail. Aidons-les seulement à suivre leur propre route, à exercer leur propre intelligence, sans exiger qu'ils croient à la nôtre. *Socrate* ne se piquoit que d'accoucher les esprits.

Quand nous faisons passer un jeune homme de la notion très métaphysique du *point* à celle de *la ligne*; de celle de *la ligne*, encore assez métaphysique, à celle de *la surface* qui enfin lui présente une image ; et de celle de *la surface* à celle *du solide*, nous renversons l'ordre naturel des connoissances. Nous tenons long-temps son esprit en l'air, sans qu'il voie où il se reposera : nous le lassons. *A quoi bon?* dit l'enfance : elle a grande raison. Il faut absolument lui montrer l'*à quoi bon*; ou il faut renoncer à être secondé par l'heureux courant de son activité naissante. Voudrions-nous que les enfans fussent attentifs, qu'ils fissent des efforts, qu'ils travaillassent sur notre parole, quand nous-mêmes ne travaillons que pour notre intérêt ou notre plaisir ?

Si, au contraire, nous imitions la nature ; si nous mettions sous les yeux de nos jeunes observateurs *les choses* avant *les idées*, et *les idées* avant *les mots*, nous suivrions la marche de leur intelligence et de toutes les intelligences, et nous aurions tout le succès que la force de leur esprit puisse comporter. Pour ces premières études *mathématiques*, il faut donc avoir des cubes et des parallélipipèdes d'une seule pièce, et d'autres de même dimension, composés d'une réunion de petits cubes dont quelques uns soient subdivisés en cubes plus petits ; il faut que les petits cubes et les plus petits soient les uns noirs, et les autres blancs, pour que les élèves puissent aisément les nombrer de leur place. Ensuite il faut compter devant eux, et faire compter par un ou plusieurs d'entre eux, les petits cubes qui serviront à former les gros. Il en résultera une démonstration incontestable du toisé de ces solides. Les enfans auront eu constamment une idée claire de ce qu'ils auront vu et de ce qu'ils auront fait. Nous leur aurons appris avec une étonnante rapidité, avec une imperturbable sûreté, et presque à la fois, les racines cubiques, les racines carrées, le toisé des solides, celui des surfaces, celui des longueurs, des largeurs, des épaisseurs, des lignes ; la soustraction, l'addition, la division, la multiplication, les proportions.

Nous leur ferons écrire par un chiffre le *numéro* de chaque cube, à mesure qu'on en fera la séparation ou la réunion ; et l'idée de la chose se liera, dans leur tête, à celle du chiffre. Ils ne calculeront pas à vide.

Quelques uns de nos cubes auront une de leurs faces divisée par la diagonale en deux triangles rectangles, l'un noir et l'autre blanc ; et le carré de l'hypothénuse sera bientôt démontré, ainsi que l'égalité des trois angles d'un triangle à deux angles droits.

Après avoir divisé des cubes en parties aliquotes cubiques, on en divisera d'autres en prismes, et d'autres en pyramides : jamais par la seule pensée, toujours en solides réels. On en formera des corps qui paroîtront d'abord moins faciles à mesurer que le cube. Mais, en les considérant comme des fractions de cubes, et ensuite leurs composés comme des assemblages de fractions de cubes qui lui seront déjà connues, l'enfant parviendra aisément à saisir les principes de leur toisé.

En lui offrant des figures semblables de dimensions égales et de diverses matières : de fer, de plomb, de pierre, de bois, et les pesant, ou en les plongeant dans l'eau devant lui, on éveillera sa pensée sur les *gravités spécifiques*, on lui donnera une petite idée du plaisir qu'eut *Archimède* lorsqu'il découvrit la solution du problême de *la Couronne de Hiéron*.

On iroit ainsi par les yeux à l'entendement, de la physique aux mathématiques; et revenant ensuite des mathématiques à la physique, toujours la figure, la machine, l'expérience à la main, on apprendroit aux élèves à connoître les propriétés du lévier et de ses différentes espèces ; celles du plan incliné, du coin, de la vis, du rouleau, des poulies, des moufles, des roues dentées; les causes et surtout l'effet de l'ascension de l'eau dans le vide.—Des enfans qui croiroient n'avoir que joué, sauroient mesurer leur champ, bâtir leur maison, construire une pompe ou un moulin.

En Amérique où les habitations rurales sont isolées, il est à désirer que les principes des *arts mécaniques* soient très répandus; et que chaque famille ait dans son sein au moins une espèce de *savant* : car on n'a pas toujours les hommes du métier à sa portée.

On n'en est pas encore, dans ce pays, à pouvoir ni devoir rechercher les avantages de la *division du travail*, qui font prospérer les manufactures et le commerce des grandes nations, en *stupéfiant* une partie de leurs citoyens, et confiant le destin d'une multitude de familles aux hasards si variables de la mode, à la garantie si injuste et si incertaine des priviléges exclusifs protégés à coups de canon, à l'espoir si peu raisonnable que les autres nations n'apprendront pas à travailler, et que l'on pourra garder les secrets des arts.

On en est, au contraire, à cette époque heureuse où il faut que tout homme aiguise son génie en sachant un peu de tout ; où l'espèce devient éclairée, bonne et robuste, et où des familles qui ont vécu dans l'aisance, peuvent long-temps *essaimer*, et léguer à d'autres familles, leurs égales, la rosée du ciel et la graisse de la terre qui ne dépendent de la fantaisie de personne, ne craignent la rivalité d'aucune nation, et multiplient les jouissances en raison de ce que toutes les nations prospèrent, ce qui ne laisse point de motif aux inimitiés.

Il ne faut donc pas craindre, en Amérique surtout, et il ne faudroit craindre nulle part, de rendre les écoles primaires un peu fortes.

La difficulté n'est pas de savoir comment tant d'idées, ou leur germe durable, entreront dans la tête des enfans depuis l'âge de sept ans jusqu'à celui de dix ou douze, et pourront s'y conserver et même s'y étendre, après que l'enseignement sera fini ; elle est de savoir comment on les distribuera pour qu'il y ait dans ces jeunes têtes un développement progressif, toujours sensé, et qui, ne s'arrêtant pas, leur offre constamment l'attrait de la nouveauté, et ne permette point à l'ennui de prendre la place du plaisir que leur donne naturellement l'instruction.

Quand l'enfant ne voit rien de nouveau et n'apprend plus, il méprise son maître et son étude. L'intelligence jeune et active des élèves devance aisément et presque toujours l'intelligence de leurs professeurs, devenue paresseuse. Nous fabriquons chez eux l'indiscipline ou la bêtise, quand, ne pouvant plus nous-mêmes donner à leur esprit une pâture qui le fortifieroit, l'amélioreroit, nous les renvoyons à des jeux que les progrès de cet esprit leur ont déjà rendus insignifians, ou à l'amusement de leurs petits frères : ce qui rabat leurs facultés et les *r'enfantine*, quelquefois de manière à ne s'en relever jamais.

Il est très commun dans les familles que les aînés aient moins d'esprit que les cadets; et c'étoit une des choses qui rendoit si ridicule le droit d'aînesse. Ce désavantage des aînés vient ordinairement de ce que les cadets n'ont jamais été obligés d'arrêter l'épanouissement naturel de leur esprit, de ce qu'ils ont toujours communiqué avec des gens qui leur étoient supérieurs; au lieu que les aînés, en se remettant au niveau de ces cadets qui étoient leur habituelle société, ont malgré eux ralenti leur marche : tellement que dans le même nombre d'années, il leur a été impossible de faire le même chemin.

Je ne vois que deux moyens d'éviter ce mal.

Le premier est de tourner les études des écoles primaires vers des objets d'*histoire naturelle* et de *mécanique* : de manière que l'enfant excité aux observations puisse trouver sans cesse, et se plaire toujours davantage, même long-temps après sa sortie de l'école, à chercher, dans la campagne, et dans les travaux dont il est coopérateur ou témoin, une étude et des faits qui tiennent son esprit en haleine, et ne le laissent pas raffoiblir.

Le second seroit de charger dans l'école, et hors de l'école, ceux qui grandissent, d'aider, avec quelque autorité, à l'instruction des plus jeunes. Si cela étoit bien conduit, il y auroit pour les uns et les autres beaucoup de plaisir avec une immense utilité; car celui qui instruit les autres ne se *rabêtit* point, comme celui qui joue au-dessous de son âge pour divertir un marmot. Au contraire, son esprit est animé, soutenu par le désir de se rendre intelligible. Il veut justifier son grade; il est forcé de mieux et plus profondément apprendre ce qu'il est bien aise d'enseigner. Or, le véritable but de l'éducation est moins de donner aux enfans des connoissances positives, que de les tenir en *pousse de sève*, travaillant sur eux-mêmes et par eux-mêmes sans cesser jamais de raisonner, et d'apprendre. Car alors cette heureuse habitude, étant devenue un caractère de leur existence, ne se perdra plus, et s'augmentera d'elle-même avec la force de leur esprit.

Ce sont les enfans qui ont toujours pensé et avancé, avec lesquels on fait les grands hommes qui ont constamment besoin de penser davantage et d'avancer encore; qui de trente ans à soixante, quelquefois jusqu'à la mort, font des progrès qui étonnent le monde, et qui l'éclairent, ce qui vaut beaucoup mieux.

Quant à l'*histoire* qui, certainement, auroit une grande utilité, et qui ne doit être ignorée par aucun citoyen, je suis embarrassé de la place à lui donner dans le cours des écoles primaires.

Elle est si étendue et si attrayante! Il est si commode d'écouter des faits, que l'on peut conserver dans sa mémoire et raconter à son tour, sans avoir besoin de faire aucun effort d'attention, ni de suivre aucun raisonnement, que je crains qu'un arbre si plantureux, dont les branches ont tant de vrilles, et qui se marcotte si bien, n'étouffe tous les autres.

Je désirerois donc que, dans les écoles primaires, l'histoire fût *une récompense* et non pas *une étude*; qu'on en donnât les livres pour prix aux élèves qui se seroient distingués. Cela me paroît suffire, avec l'attrait de la chose, pour en répandre la connoissance sur tous; car celui qui aura gagné le prix voudra jouir de sa couronne et s'en caresser: il saura par cœur le livre qu'il aura mérité; et la plupart des autres seront curieux de voir cette belle chose que l'on donne comme un trésor aux hommes d'élite. Ils emprunteront les livres de leurs frères et de leurs cousins. La lecture en sera volontaire : elle sera, comme doit l'être celle de l'histoire pour les gens qui ne sont pas destinés au professorat ou au gouvernement, *une récréation* ; mais, par cette raison même, l'histoire sera mieux lue et mieux sue. N'arrivant aux jeunes gens que dans un âge un peu au-dessus de l'enfance, et comme prix de leurs autres travaux, elle ne les détournera point de la physique et des mathématiques, dont ils auront appris déjà les parties qu'ils ont absolument besoin de ne pas oublier.

Je voudrois encore que ces livres destinés à servir de prix dans les écoles primaires, et à donner à la totalité de la nation un aperçu de l'histoire, ne fussent pas de véritables et complettes histoires : cela seroit trop long. Si nous voulons que le peuple la sache, ne lui en offrons que ce qu'il a le temps de lire et la faculté de retenir. *Tout seroit égal à rien.* Ne présentons à la jeunesse que deux espèces de livres classiques : des abrégés chronologiques très serrés pour donner une idée des temps, des lieux et des principaux personnages, et des recueils bien faits de traits et d'anecdotes : le tronc, les maîtresses branches, puis les fleurs et les fruits. Ne l'égarons point dans les rameaux et le feuillage. Il faut seulement que chaque fait, dans le recueil d'anecdotes, porte en marge un renvoi à l'abrégé chronologique, pour que l'enfant se rappelle aisément de quel pays et de quelle date est l'événement ou l'aventure qui vient de frapper son attention.

D. P. DE N.

(*La suite au prochain Numéro.*)

LETTRES D'UN PÈRE A SA FILLE,
SUR L'ÉTUDE DE L'HISTOIRE NATURELLE.

Troisième Lettre.

Vous me remerciez, ma chère Amélie, de la petite excursion que je vous ai fait faire dans le champ de la botanique. Les faits que nous avons remarqués sont curieux, il est vrai, et j'ai profité de l'occasion qui s'offroit de vous les exposer. J'aurois pu vous indiquer encore les étamines de la *pariétaire* qui se débandent, et jettent avec explosion la poussière de leurs anthères, en détendant vivement le ressort qui les tenoit courbées vers le centre de la fleur; vous montrer celles de l'*épinevinette*, qui se redressent successivement pour venir toucher le stigmate, et reprennent leurs places sur chaque pétale; j'aurois pu vous apprendre à provoquer vous-même ces mouvemens dans ces deux plantes, en touchant la base des étamines vers le centre de la fleur avec la pointe d'une aiguille ou d'un cure-dent. Si les circonstances sont favorables, c'est-à-dire, si les anthères sont sur le point de s'ouvrir, les étamines ne manqueront pas de vous donner ce petit spectacle. Vous pouvez encore faire rapprocher à votre gré les deux lobes ou lèvres du stigmate de la belle plante que vous avez sur votre terrasse, la *mimule* orangée, en les irritant avec une pointe. J'aurois pu vous citer aussi le fruit de la *balsamine* (*impatiens*) dont les pièces se disjoignent avec une vive élasticité pour se rouler sur elles-mêmes en dispersant les graines, et la capsule ligneuse du *sablier* qui saute en éclats quand une variation suffisante dans la température favorise la désunion de ses parties; enfin le *concombre sauvage* (*momordica elaterium*) qui, si on le détache de son pédoncule, lance avec force le suc assez fétide qu'il contient mêlé avec ses graines, ce qui joue un assez mauvais tour à ceux à qui on présente le fruit par la queue, sans le leur abandonner.

Une plante qui mérite encore particulièrement que je vous en parle ici, par rapport à une singularité fort remarquable, c'est la *vallisneria spiralis*. Cette plante prend racine au fond de l'eau. Elle est dioïque, c'est-à-dire, que les fleurs mâles ou à étamines, et les fleurs femelles ou qui doivent donner la graine sont sur des pieds différens. Les feuilles sont longues et étroites dans les deux individus, qui ne présentent aucune différence jusqu'à l'époque de la floraison; alors on peut voir qu'entre les feuilles sortent dans les deux plantes des hampes ou tiges fort différentes. En effet, dans la plante mâle la hampe est courte et se termine par une spathe ou sac à peu près comme vous en voyez aux fleurs d'iris ou de narcisse; cette spathe renferme une sorte d'épi auquel sont foiblement attachées les fleurs mâles. Dans la plante femelle, la hampe est mince et en spirale ou tire-bouchon. La nature de cette plante exige qu'elle fleurisse et soit fécondée en plein air. Lors donc que cette époque est arrivée, la tige femelle écarte les spires de sa tige, la fleur arrive à la surface de l'eau, et cette tige, ainsi susceptible d'alongement, permet à la fleur de suivre les accroissemens de l'eau, sans cesser de demeurer à sa surface; elle s'y ouvre, et y attend l'arrivée des fleurs mâles nécessaires à la fécondation. Ces fleurs sortent de la spathe qui les enveloppoit et qui se déchire, elles quittent l'épi auquel elles ne tenoient que par de légers filamens, et leur légèreté les porte à la surface de l'eau, où elles flottent autour de la fleur femelle, s'épanouissent et l'entourent, en lui formant une sorte de cour. Mais bientôt la fleur femelle, fécondée, se referme, rapproche les tours de sa spire, et redescend au fond de l'eau, où elle doit déposer ses graines quand elles seront mûres. Je crois que vous vous amuseriez beaucoup de ce joli phénomène, et que vous prendriez plaisir à voir cette multitude de petites fleurs blanches se jouer autour de la petite fleur violette qui semble les attirer. Mais tout le monde n'est pas également disposé à s'en amuser; car cette plante se plaît tellement dans quelques parties du canal du Midi, et s'y multiplie avec une telle abondance, qu'elle finit par gêner la navigation qu'on est obligé d'interrompre pour travailler à la détruire. Le hasard a bien fait connoître un moyen sûr de la tuer, mais, malheureusement, il n'est guère praticable. Un bateau chargé de sel ayant été submergé dans un endroit où la vallisnéria étoit très abondante, elle périt dans une assez grande étendue; on ne l'y a pas revue depuis.

La nature de ces plantes, qu'on pourroit très bien nommer amphibies, puisqu'ayant leurs racines sous l'eau il faut que leurs sommités viennent chercher l'air, les oblige à prendre quelquefois une longueur prodigieuse. On connoît une espèce de *fucus*, ou varec, qui vient dans les mers d'Asie et d'Afrique, et qui est fort justement nommé fucus gigantesque. Implanté au fond des mers, où il est attaché par une tige ordinairement grosse comme le doigt, fistuleuse et membraneuse, il s'élève à travers les eaux en se ramifiant, et arrive ainsi à leur surface; pour qu'il puisse s'y soutenir, ces rameaux se terminent par des espèces de vessies remplies d'air et en forme de poire que leur légèreté retient ainsi à la surface des eaux. Un autre, né de même au fond de la mer, et tout aussi petit à son origine, s'élargit en montant, et se termine à la surface par une boule creuse de la grosseur d'un melon, surmontée par une touffe de feuilles qui ont quelquefois vingt à trente pieds de long. Apparemment que l'air et la lumière sont nécessaires à la fructification de ces plantes. Ces végétaux s'établissent dans des mers de cinq à six cents pieds de profondeur, et quoique d'une consistance très foible, ils acquièrent ainsi une élévation verticale bien supérieure à celle des plus grands végétaux qui croissent sur la terre; ces chênes, ces sapins, ces palmiers, dont les plus hauts ne vont jamais au delà de cent à cent cinquante pieds.

Il y a bien aussi sur terre des plantes foibles, des plantes sarmenteuses qui acquièrent une très grande étendue en longueur; des lianes (1) qui ont jusqu'à cinq cents pieds de développement, qu'elles n'obtiendroient probablement pas si elles n'étoient soutenues par de grands arbres qu'elles entourent, qu'elles enveloppent, et qu'elles finissent quelquefois par étouffer; elles arrivent ainsi jusqu'au sommet des arbres les plus élevés, puis, n'étant plus soutenues, elles retombent jusqu'à terre; où elles attachent quelques racines, se relèvent, remontent le long d'un arbre voisin, et continuent ainsi leur marche, formant des arcades, des treillis, dont la complication rend souvent impénétrables les antiques forêts de l'ancien et du nouveau monde. On y trouve quelquefois d'énormes colonnes spirales creuses fort singulières; elles sont formées par des lianes qui, ayant pris un grand accroissement autour d'un arbre qu'elles avoient enveloppé, peut-être étouffé, et auquel elles ont survécu, sont restées ainsi debout, tandis qu'il est tombé en poussière, et présentent de bizarres monumens d'une architecture sauvage, ou plutôt de grandes cages cylindriques naturelles, habitées à la fois par des oiseaux, des écureuils et des serpens.

Je terminerai ici aujourd'hui mon étalage de curiosités végétales, auquel je me suis un peu abandonné, parce que j'ai vu qu'elles ne vous déplaisoient pas. Je ne renonce pas à y revenir, si l'occasion s'en présente.

Je suis bien aise que l'idée de l'automatisme des bêtes

---

(1) Le mot *liane* ne désigne aucune plante en particulier; ce nom est donné en général aux plantes ligneuses, traînantes ou grimpantes qui ont besoin de l'appui d'une autre. Le poivrier est une liane, la vigne est une liane, plusieurs jasmins sont aussi des lianes.

vous ait révoltée; vous avicz sous les yeux votre petite Thisbé toute occupée de ses deux petits chiens, leur prodiguant les soins les plus empressés et les témoignages de la plus vive tendresse : comment voir là une machine? Je crois que c'est pour toutes les mères qu'est fait ce beau vers :

Le chef-d'œuvre d'Amour est le cœur d'une mère.

Peut-être même est-il quelques femmes auxquelles il s'appliqueroit moins bien qu'à ces femelles d'animaux qui leur donneroient de beaux exemples d'amour maternel, de dévouement pour leur progéniture, de soins attentifs pour leur bien-être, et de courage pour leur défense. Vous verrez, même parmi les insectes, les mères occupées de cacher leurs petits pour les dérober aux dangers, et amassant soigneusement la subsistance future de ces petits êtres que souvent elles ne doivent pas voir, puisque beaucoup d'entre elles sont destinées à mourir aussitôt après avoir placé convenablement les œufs en apparence inanimés qui doivent perpétuer leur race. Il étoit digne d'une mère comme vous, Amélie, de prendre parti pour toutes, et de repousser un système froidement conçu qui semble méconnoître dans les mères ce cœur plein d'amour, le plus cher présent de la nature.

Vous me demandez ce qu'il faut entendre par les mots *litophytes* et *zoophytes*. J'avois évité d'employer avec vous ces mots un peu scientifiques; mais puisque vous les avez entendus dans la conversation, il faut que vous sachiez bien le vrai sens qu'on doit leur donner. Ces mots, comme la plupart des termes de science, viennent du grec. Litophyte est formé des mots *lithos* (pierre) et *phyton* (plante), et veut dire, par conséquent, *plante-*

pierre. Zoophyte est formé de *zoon* (animal), et du même mot *phyton*, et signifie *animal-plante*. Vous voyez d'après cela, que ces mots prennent un sens fort différent, suivant les opinions très diverses de ceux qui s'en servent. Je crois vous avoir suffisamment exposé le peu de fondement de celle qui admet des êtres participans de la nature végétale et de la nature minérale, ou de la nature animale et de la nature végétale, et formant ainsi le passage d'un règne à l'autre; êtres qui répugnent à la raison, et dont l'existence est démentie par l'observation. Vous entendrez donc, avec la plus grande partie des naturalistes, par zoophytes, des animaux qui ont quelque rapport très éloigné avec les plantes par leur mode de nutrition, mais qui n'en sont pas moins de vrais animaux, comme les vers intestinaux, les oursins, etc.; et par litophytes une famille particulière de la classe des zoophytes. Là se trouvent les madrépores, les tubipores, millépores, nullipores, animaux composés d'une matière gélatineuse qui enveloppe les masses calcaires produit de leurs sécrétions, et qui leur servent à la fois de noyau et d'asile, où ils rentrent quand il leur plaît, et d'où ensuite on les voit se montrer à tous les pores, à toutes les issues de la surface, comme autant de fleurs régulières, mais mobiles et animées; animaux dont l'organisation est tellement mystérieuse et inconnue, qu'on ne peut savoir si ce qu'on voit est un animal ou une peuplade d'animaux contigus, puisqu'on peut les morceler, les diviser indéfiniment, sans leur ôter la vie; de sorte qu'il est impossible, comme dans les minéraux, de déterminer ce qui constitue un individu. Mais la vie et la sensibilité sont là qui rejettent fort loin la pensée d'en faire des plantes ou des minéraux. On les a appelés aussi saxigènes (1) ou producteurs de rochers, parce que leur accumulation produit en effet des rescifs et des rochers sous-marins quelquefois d'une immense étendue. La famille voisine des coraligènes ou *cératophytes* (plantes de corne), renferme les coraux, corallines, éponges, alcyons, etc. Cette famille a été ainsi nommée, parce que les êtres qui la composent offrent des apparences de végétation de la nature de la corne, comme les tiges intérieures de plusieurs coralines, les bases des coraux, toute la substance des éponges.

Ces rapports apparens entre les productions de règnes différens ont flatté la sagacité de ceux qui les ont aperçus, et de là est née la prétention téméraire d'en imaginer d'autres, de pénétrer trop avant dans les vues de la nature, d'assujétir ses grands desseins à nos petites vues, et d'attribuer à la sagesse infinie les rêves de notre imagination. Cette démangeaison de tout expliquer, de donner la raison de tout dans les ouvrages de la nature, a égaré les meilleurs esprits, et leur a fait quelquefois dire des choses fort ridicules. J'en ai sous la main quelques exemples dont je veux vous amuser.

Dans la quatrième de ses jolies lettres sur la botanique, Rousseau explique à sa cousine l'inégalité des étamines dans les crucifères, et la trouve très bien dans les quatre glandes du réceptacle, dont deux, situées au pied de deux étamines, les forcent à un détour qui les raccourcit en apparence, et fait arriver leurs anthères au-dessus du niveau des quatre autres; puis il ajoute : « Si vous me » demandez encore pourquoi ces glandes? je vous ré- » pondrai qu'elles sont un des instrumens destinés par

---

(1) Mot mal fait, puisqu'une de ses racines, *saxum* (rocher), est latine, et l'autre, *ginomai* (je nais), est grecque.

» la nature à unir le règne végétal au règne animal, et
» les faire circuler l'un dans l'autre. » Ne crierez-vous
pas au sacrilége, quand je vous dirai que cela me paroît
bien absurde? J'espère pourtant que votre bon esprit
vous ramènera à mon sentiment. Où a-t-il vu que la
nature veuille unir le règne végétal au règne animal,
et les faire circuler l'un dans l'autre? Peut-il assurer
que ces glandes, dans les végétaux, remplissent les
mêmes fonctions que les glandes animales? Et ne voyez-
vous pas que, par suite de ce beau système, s'il vous
parloit des concrétions pierreuses qui se trouvent dans
les poires, il vous diroit que ce sont un des instrumens
destinés par la nature à unir le règne végétal au
règne minéral, et à les faire circuler l'un dans l'autre?
Est-ce donc là cet esprit si sage qui, un peu plus loin,
donne ces maximes excellentes : « Voilà comment, en
» nous trompant quelquefois, nous finissons par appren-
» dre à mieux voir. L'étude nous mène ainsi jusqu'à la
» porte de la pratique, après quoi celle-ci fait la faci-
» lité du savoir. » (Lettre V.) Voilà des idées d'une
justesse parfaite, énoncées avec une rare précision.

Je prendrai le second exemple chez un naturaliste
fort distingué, qui, dans un Traité d'Entomologie (1)
plein de recherches fort belles et d'un savoir profond,
a cru devoir, dans quelques discours généraux, mettre
plus d'éclat que dans la partie purement descriptive et
scientifique. En conséquence, dans un de ces discours sur
les différens modes de nutrition des insectes, il propose
d'expliquer ainsi pourquoi la nature a donné au papillon

---

(1) Ce mot vient encore du grec, et signifie la science qui a
pour objet les insectes. On appelle entomologistes ceux qui s'en
occupent. Les racines sont *temnô, je coupe*, parce que les insectes
sont comme partagés en anneaux ou sections ; et *logos, discours*,
et, par extension, *science*.

une trompe en spirale qui prend une fort grande longueur lorsqu'il la déroule : d'abord, c'est « pour qu'il
» atteigne plus facilement jusqu'au fond du calice des
» fleurs pour en extraire les sucs les plus délicats et les
» plus analogues à l'élégance de sa physiologie, sans
» risquer de blesser les organes de sa vue. » Il suivroit
de là que la nature ne s'est pas occupée du soin des
yeux des autres insectes, dont la trompe est beaucoup
plus courte; l'auteur continue : « Ne seroit-il pas permis
» d'ajouter qu'une conséquence de cette vue essentielle
» de la nature, est qu'en courtisant ainsi, la tête dégagée, une fleur épanouie, le joli séducteur peut lui
» témoigner toute sa tendresse, et en recevoir les
» douces émotions, sans lui dérober ni l'éclat de ses
» yeux, ni aucune des grâces qui brillent sur sa personne ; et c'est ainsi que, dans le plan de la nature,
» la satisfaction des premiers besoins est toujours la
» source ou le produit du plaisir. » C'étoit bien la peine
de vouloir expliquer les vues de la nature pour lui en
prêter d'aussi pitoyables ? Se seroit-on attendu, dans un
bon ouvrage d'histoire naturelle, à trouver le tableau
suranné des galanteries du papillon ? Et voilà comment la
manie de pénétrer trop avant dans les desseins de la
nature conduit un savant estimable à pécher contre le
bon sens et le bon goût.

Les partisans exclusifs des causes finales (on appelle
ainsi ceux qui entreprennent de donner la raison de tout
dans les ouvrages de la nature) sont presque toujours
conduits, par cette prétention inconsidérée, à quelques
résultats absurdes et ridicules. Sans doute nous devons
croire que la sagesse infinie qui a tout disposé dans cet
univers, n'y a rien fait sans raison ; mais avec notre intelligence bornée, avec nos sens bornés et grossiers, et les
instrumens même les plus parfaits que notre industrie

ait imaginés pour en augmenter le pouvoir, nous voyons bien peu avant dans les mystères de la création, et nous risquons de nous égarer bientôt si nous voulons nous mêler de les expliquer. Un savant très recommandable disoit, en parlant des physiologistes, qu'ils ressembloient aux facteurs de la poste, qui savent bien la situation des rues d'une grande ville, la place et le numéro des maisons, mais ignorent complètement ce qui se passe dans l'intérieur. Le meilleur usage que nous puissions faire de notre raison, c'est d'en bien reconnoître les limites. Le vrai savant ne rougit pas de dire : Je ne sais pas. Défiez-vous du savoir de ces gens qui ont réponse à tout. C'est un mauvais exemple qu'ont donné les anciens. Ils sont nos maîtres dans les arts de l'imagination et du goût, et c'est chez eux que les poëtes, les orateurs, les historiens doivent encore chercher les meilleurs modèles; mais trop peu avancés dans les sciences physiques et naturelles, ils mettoient leur imagination à la place de l'observation dans des études où il faut soigneusement se défendre du prestige de l'imagination. Si les sciences naturelles ont fait de grands progrès de nos jours, c'est qu'on y a appris à observer, à voir, à revoir sans se lasser, seul moyen de bien voir; et qu'en multipliant les observations on a pu accumuler des faits bien constatés, les comparer, les vérifier les uns par les autres, et en conclure enfin quelques lois de la nature. Hors de cette route, il n'y a qu'égarement; et tel homme qui, en la suivant, s'est montré utile à la science, dès qu'il la quitte, s'engoue de ses idées, et vous débite sérieusement des folies. Il essaiera, par exemple, de vous persuader que la terre est un animal dont les forêts sont la chevelure ou la crinière, les fleuves sont ses veines et ses artères, les mouvemens réguliers du flux et reflux sont occasionnés par sa respiration, les tremblemens de terre sont quelques petits frissons qu'il éprouve par fois, les cratères des volcans sont des sécrétoires par lesquels il repousse ce qui l'incommode; enfin les animaux qui vivent à sa surface, et l'homme même, sont assimilés à la vermine parasite qui s'établit sur un animal, et vit à ses dépens.

J'ai cru devoir insister un peu sur cet article, Amélie, afin de prémunir votre bon esprit contre la tentation trop commune de se faire l'interprète de la nature dans les choses qu'il ne nous est pas donné d'expliquer. Elle nous offre assez d'intérêt dans l'observation et l'admiration de ses merveilles, ne gâtons pas cette aimable étude par une ridicule ambition de l'esprit. N'avez-vous pas éprouvé assez de plaisir à comparer les formes si variées des feuilles des végétaux? faut-il que vous sachiez encore pourquoi les unes sont découpées et oblongues, les autres rondes et entières? pourquoi celles-ci sont couvertes de poils, celles-là, lisses et même vernissées? tout cela sous le même ciel et sur le même terrain? pourquoi les racines de cette plante sont fibreuses, et celles de sa voisine tuberculées? Sans doute le suprême ouvrier a eu quelques raisons de faire ainsi; mais à qui en a-t-il fait confidence? Il se moque d'une vaine curiosité, véritable maladie de l'esprit dont je crois bien que votre sagesse vous a garantie; mais on se trouve par fois dans un air contagieux contre lequel il est toujours bon d'avoir avec soi quelque antidote. A.

AH! SI J'ÉTOIS FÉE!
CONTE.

« AH! si j'étois fée! » disoit Angelina, en lisant une lettre d'une de ses amies, qui lui parloit d'une fête de campagne à laquelle elle comptoit aller le lendemain, et s'amuser beaucoup.

« Eh bien ! que ferois-tu ? » lui demanda Mad. de Lérac, sa mère.

« Je prendrois mon char attelé de colibris, et demain, en deux heures, je serois à la fête. »

« Mais, tu n'es pas priée. »

« Si j'étois fée, je serois bien reçue partout. »

« Peut-être que non. Et je ne connois rien de plus désagréable que d'arriver où on ne vous veut pas. »

Mais ce qui paroissoit le plus désagréable à Angelina, c'étoit d'être contrariée.

« Ah ! si j'étois fée ! dit-elle encore un instant après, comme j'aurois fini d'un coup de baguette ma bande de feston, au lieu d'en avoir encore pour une heure. »

« Que ferois-tu pendant cette heure ? il n'est pas encore temps d'aller à Frascati, où ton père t'a promis de te mener ce soir. »

« Non ; mais je n'aime pas, quand je dois avoir du plaisir, à être obligée de m'occuper de mon ouvrage : j'aimerois mieux penser à Frascati. »

« Oui, aller à la fenêtre pour voir si ton père arrive ; revenir de là à la pendule, pour voir si l'heure avance : cela seroit en effet bien amusant. »

Angelina n'étoit pas, en ce moment, en train de s'amuser ; elle laissoit tomber languissamment son ouvrage, bâilloit, et se plaignoit du chaud.

« Tu fais, lui disoit sa mère, tout comme si tu étois fée, et que ton ouvrage fût fini. »

« Oui, mais il ne l'est pas, » répondit en bâillant Angelina.

« Et il pourra bien ne pas l'être, » disoit Mad. de Lerac. Enfin, au bout d'un quart d'heure, elle avertit sa fille que l'heure avançoit, qu'il falloit qu'elle eût fini son ouvrage avant de sortir; que si son père arrivoit, et étoit obligé de l'attendre, il pourroit bien s'impatienter, sortir sans elle, et remettre la partie à un autre jour. Cette idée réveilla Angelina, qui se mit à travailler de toutes ses forces, trouvant que la pendule alloit bien vite. L'heure sonna, elle n'avoit pas fini : « Ah ! mon Dieu, s'écria-t-elle, comme c'est court, une heure ! » et elle trembloit de voir arriver son père. Il n'arriva heureusement que comme elle faisoit le dernier point; et Angelina, toute en nage, mais animée de l'activité qu'elle avoit mise à son ouvrage, ne pensoit plus à avoir trop chaud.

« Conviens, lui dit sa mère, que si tu avois été fée, l'heure ne se seroit pas passée si vite. » Angelina, en ce moment, ne se seroit pas donnée pour toutes les fées du monde. Elle prit ses gants, son chapeau, partit avec ses parens pour Frascati, où elle s'amusa beaucoup, et elle disoit en revenant : « Si j'étois fée, j'aurois un palais qui ressembleroit à la maison de Frascati; les jardins en seroient illuminés de même tous les soirs; on y verroit du monde de tous les côtés; on y trouveroit des glaces dans tous les coins; il y auroit des gaufres pendues à tous les arbres, des bassins d'eau de groseille, avec des gobelets auprès pour puiser, et je m'y promènerois tous les jours. »

« Afin de perdre le plaisir que tu pourrois avoir à t'y promener de temps en temps. »

« Tous les jours, maman, ce seroit bien mieux. »

« Tu vas tous les jours aux Tuileries, qui sont bien plus belles que Frascati; tous les jours, à ton dîner, à ton déjeuner, tu manges des choses que tu aimes mieux que les glaces, les gaufres et l'eau de groseille, et tu n'y penses seulement pas. Il en seroit bientôt de même de Frascati. Tu es bien heureuse de n'être pas fée. »

« Maman, ce ne peut pas être une chose heureuse que de ne pouvoir faire ce qu'on désire. »

« Encore faudroit-il être bien sûre de le désirer. » Et Angelina ne put encore comprendre qu'il y avoit des choses qu'on croyoit désirer, parce qu'un mouvement d'humeur ou de fantaisie vous empêchoit d'y bien réfléchir, et dont on étoit extrêmement fâché quand elles arrivoient. Elle se coucha, et s'endormit. Encore agitée de la soirée, elle rêva beaucoup. Il lui sembla qu'elle étoit avec Ursule, fille d'une ancienne femme de chambre de sa mère, et qui venoit quelquefois jouer avec elle; il lui sembla encore qu'Ursule la taquinoit, la tourmentoit, ce qui arrivoit bien aussi quelquefois, qu'elle lui arrachoit son ouvrage, lui coupoit ses livres, battoit son chien, ouvroit la cage de son serin pour le faire envoler, et prenoit avec cela des airs si moqueurs, si insultans, qu'Angelina, qui ne pouvoit les supporter, pleuroit de dépit, frappoit du pied, auroit voulu la battre. Mais Ursule, qui lui paroissoit légère comme un oiseau, étoit d'un saut à l'autre bout de la chambre, où elle lui faisoit quelque nouvelle niche. Enfin, dans son désespoir, Angelina s'imagina qu'elle étoit fée, et désira qu'il parût sur-le-champ un dragon pour emporter Ursule hors de la chambre, lui faire bien peur, et même lui enfoncer un peu ses griffes dans la peau. Elle fit trois tours avec un éventail qu'elle tenoit à la main, et que, dans son rêve, elle prenoit pour une baguette; elle chanta une chanson qui lui paroissoit nécessaire pour achever le charme, et tout d'un coup elle vit paroître, non pas un dragon, mais la mère d'Ursule qui couroit vers sa fille, la main levée pour la battre. Ursule, toute pâle, tombe à genoux les mains jointes, et en demandant grâce, du moins Angelina le voyoit-elle ainsi dans son rêve. La mère d'Ursule lui paroissoit furieuse; il lui sembla tout d'un coup qu'elle avoit à la main un grand bâton dont elle vouloit frapper sa fille. Angelina se jeta au-devant d'elle pour l'en empêcher; mais elle lui échappoit comme Ursule lui avoit échappé auparavant, et elle la voyoit à tout moment près d'atteindre sa fille qui, de son côté, parcouroit la chambre à genoux en demandant grâce. Enfin, il lui sembla qu'elle la prenoit par le bras, et levoit sur elle le terrible bâton, et Ursule, en ce moment, avoit l'air si malheureuse, qu'Angelina, désolée, se réveilla en sursaut, en criant : *Au secours!*

Sa mère qui étoit déjà levée, et qui se trouvoit dans la chambre à côté, accourut, et Angelina lui raconta son rêve, et tout le chagrin qu'elle avoit eu de voir Ursule demander grâce inutilement à sa mère.

« Mais, lui dit Mad. de Lerac, tu souhaitois de la voir emporter par un dragon, c'étoit bien pis.

Peut-être, il est vrai, ne l'aurois-tu pas désiré si tu avois été éveillée. »

« Oh! je vous demande pardon, maman; si j'avois été aussi en colère contre Ursule, j'aurois bien pu souhaiter la même chose. Si vous saviez comme elle étoit insupportable! »

« Alors, probablement, tu n'en aurois pas eu tant de pitié en la voyant poursuivie par sa mère. »

« Je vous assure bien que si; tenez, cela me fait encore de la peine, seulement à penser. »

« Et moi, dit Mad. de Lerac, sais-tu quel rêve j'ai fait? J'ai rêvé que tu étois grande. »

« Ah! maman, cela est presque aussi joli que d'être fée. »

« Tu avois des domestiques. »

« J'avois des domestiques à moi? »

« Oui, mais tu n'en jouissois pas du tout; car, selon ton habitude de croire que la chose qui te passoit par la tête dans le moment étoit ce que tu désirois le plus au monde, tu les envoyois courir pour des choses dont tu te souciois fort peu, et tu ne les avois plus pour celles qui te plaisoient vraiment, ou qui étoient vraiment nécessaires; de sorte qu'ils étoient harrassés le soir, et qu'ils n'avoient pas fait la moitié de leur service. »

« J'étois une drôle de personne dans ce temps là. »

« A peu près comme à présent; lorsque tu déranges ta bonne, beaucoup trop complaisante, pour te chercher un livre dont tu ne te soucies plus dès que tu l'as trouvé; quand tu l'importunes pour t'enseigner un ouvrage que tu laisses là aussitôt que tu lui as fait perdre son temps pour te l'apprendre. En sorte qu'elle ne peut pas raccommoder la robe dont tu as besoin, et que tu es ensuite désolée de ne pas avoir; ou bien qu'elle est obligée de retarder le moment de ta promenade. Dans mon rêve aussi, je te voyois une chose dont tu te croyois extrêmement tentée, et en sortant de la boutique, tu pensois à vingt choses qui t'auroient plu davantage, et tu t'apercevois que celle dont tu avois cru avoir tant d'envie ne te faisoit pas, au fond, le moindre plaisir. »

« Mais, maman....... »

« Mais, ma fille, tu penses que pour voir cela je n'avois pas besoin de rêver. Il t'arriva encore autre chose dans mon rêve. Tu fis connoissance avec une jeune personne ou une jeune femme de ton âge, je ne sais lequel des deux; elle te parut charmante, et le premier jour que tu la vis, il te sembla que tu voulois en faire ton amie intime. Tu lui fis toutes les avances possibles, tu l'engageas à négliger ses autres amies pour te voir davantage ; enfin, tu l'accoutumas à ne rien faire sans toi, à te venir continuellement chercher, et à passer avec toi presque toutes ses journées. Quand cela fut ainsi, cela commença à t'ennuyer, tu t'aperçus que tu ne l'aimois pas, à beaucoup près, autant qu'il le falloit pour te rendre agréables toutes les obligations que tu t'étois imposées envers elle : c'est à peu près ce qui t'arrive quand tu tourmentes la mère d'Ursule pour qu'elle te la laisse toute la journée, et qu'ensuite tu ne sais qu'en faire pendant la moitié du temps. Enfin, comme ton amie t'importunoit et te dérangeoit souvent, comme tu la contrariois quelquefois, en ne voulant pas faire ce qui lui plaisoit, il vous arriva de prendre toutes deux de l'humeur, de vous quereller, et enfin de vous brouiller. Dans le temps où tu croyois l'aimer beaucoup, tu lui avois dit tout ce qui te passoit par la tête, tu lui avois laissé voir toutes tes fantaisies et tous tes défauts, en sorte que quand elle fut brouillée avec toi, elle alloit partout se moquant de toi, racontant à tout le monde ce que tu avois fait et pensé de ridicule; ce qui te mettoit dans des colères terribles : enfin, dans un des momens où tu étois le plus irritée contre elle, tu appris une mauvaise action qu'elle avoit faite. »

« Quelle mauvaise action, maman ? »

« Je ne sais, mon enfant; dans mon rêve, je ne voyois pas tout cela bien clair. Comme il te paroissoit, dans ce moment, que tu la haïssois autant que tu avois cru l'aimer, il te sembla que tu étois bien aise de ce qu'elle avoit fait quelque chose de mal, et que tu désirois qu'on le sût. Cependant, tu ne le disois pas; mais il arriva qu'une fois, dans un moment où tu étois fort en colère, tu entendis dire du bien d'elle d'une manière qui te choqua tellement, qu'il te sembla que tu avois un grand désir de diminuer la bonne opinion qu'on avoit d'elle; que tu laissas entrevoir ce que tu savois. On te le nia, on te contraria : il te parut que tu tenois excessivement à ce qu'on te crût; alors tu dis tout ce que tu savois, et en appuyant tellement sur les circonstances qui prouvoient la vérité de la chose, qu'on te crut en effet, et que l'histoire que tu avois racontée se répandit dans tout Paris ; on ne parloit pas d'autre chose, et on disoit que c'étoit toi qui l'avois racontée. Cela fit tant de tort à ton ancienne amie, que beaucoup de personnes cessèrent de la voir ; et sa famille, je crois aussi son mari, furent si irrités contre elle, qu'elle en tomba malade de chagrin. Il me sembla que je te voyois auprès de son lit : elle étoit pâle et maigre ; elle ne te disoit rien, mais elle te regardoit d'un œil mourant qui me perçoit l'ame ; et toi, tu cachois ta tête dans tes mains d'un air désespéré. Il y avoit auprès d'elle une personne qui lui faisoit des reproches qui augmentoient son mal, et j'entendis autour de moi qu'on disoit : *C'est Angelina qui a fait tout ce mal là.* »

« En vérité, maman, dit Angelina, presque les larmes aux yeux, je n'en aurois jamais été capable. »

« Tu l'as bien été de désirer qu'un dragon emportât Ursule. »

« C'étoit un rêve. »

« J'ai rêvé aussi, ma fille ; mon rêve est-il plus invraisemblable que le tien ? »

« Mais, maman, ce n'est pas un rêve que vous me racontez-là. »

Sa mère, qui s'étoit assise sur son lit, l'embrassa en lui disant : « J'espère aussi, mon enfant, que ce ne sera pas une prédiction. »

« Ah ! maman, comment pouvez-vous avoir de pareilles idées ? »

« Tu te corrigeras, je n'en doute pas ; mais si, quand tu seras grande, et que tu auras plus de moyens de faire ta volonté, tu conservois cette habitude de tout oublier pour la fantaisie du moment, il en pourroit résulter des choses encore bien plus fâcheuses. Tu ne ferois d'ailleurs jamais ta vraie volonté ; car comment faire ce qu'on veut quand on passe sa vie en fantaisies qui vous en font à chaque instant oublier la moitié ? » Puis, voyant Angelina attristée par ces idées un peu sérieuses pour elle : « Lève-toi, lui dit-elle gaiement ; et puisque tu as tant d'envie d'être fée, je vais t'apprendre un moyen de le devenir. »

« Ah ! maman, vous plaisantez ? »

« Non : tu sais qu'un des grands avantages des fées, c'étoit de prédire l'avenir. »

« Comment le pourrois-je ? »

« En réfléchissant sur les choses que tu veux faire, tu pourrois en prévoir les suites d'une manière incroyable. Essaie, et tu verras si dans quelque temps on ne te croira pas sorcière. »

Angelina se mit à rire ; mais dès ce moment, sitôt qu'elle étoit prête à céder sans réflexion à un de ses mouvemens, sa mère lui disoit : « Ah ! si tu étois fée ! » Quand Angelina étoit de mauvaise humeur, cela l'impatientoit ; mais cela l'avertissoit pourtant que la chose qu'elle alloit faire pouvoit avoir des suites auxquelles il falloit réfléchir, et elle y réfléchissoit malgré elle. Elle en prit insensiblement l'habitude ; et la première fois qu'elle s'arrêta d'elle-même au milieu d'une fantaisie, en songeant à ce qui pourroit en résulter, sa mère l'appela *la fée prudente*.

P. M. G.

ANNALES DE L'ÉDUCATION.

DES IDÉES DE MONTAIGNE,

EN FAIT D'ÉDUCATION.

(IIIe Article.)

APRÈS l'enfance, ce que je connois de plus intéressant au monde, c'est la vieillesse; il y a dans la foiblesse de ces deux âges, dans les espérances que donne l'un, dans les souvenirs que laisse l'autre, quelque chose de profondément touchant qui pénètre l'ame d'un sentiment de bienveillance que la sécheresse et la légèreté peuvent seules méconnoître. La vie semble prendre, dans le berceau et au bord de la tombe, un caractère attendrissant et respectable pour ceux même qu'aucune relation personnelle ne lie à l'enfant qui y entre ou au vieillard qui en sort. Que sera-ce lorsque les nœuds du sang, de la reconnoissance et de l'habitude s'uniront pour changer en affection et en devoir cet intérêt naturel que les premiers et les derniers jours de l'homme sont en possession de nous inspirer? Quoi de plus puissant que la vue d'un fils, de cet être foible qui tient de nous l'existence, ce bien précieux que nul n'abandonne sans regret, même après n'en avoir joui qu'avec amertume? Quoi de plus sacré que la pensée d'un père, de celui qui, après nous avoir donné la vie, nous l'a si souvent conservé par ses soins et nous a appris à en user? Ces affections sont générales, journalières; chacun les éprouve, tout le monde en parle, et personne, peut-être, n'en connoît toute la force, toute l'étendue : le cœur de l'homme est trop foible pour les épuiser; elles le remplissent et débordent encore; la pensée, quand elle s'y arrête, trouve toujours à y ajouter; toujours les mêmes, elles se reproduisent sous mille formes diverses : c'est une source intarissable en coulant toujours, et la vie est passée avant que nous ayons senti tout ce qu'il étoit en nous de sentir.

Il sembleroit, au premier coup-d'œil, que des affections si naturelles et si fortes, si légitimes et si douces, pourroient n'avoir pas besoin d'être réglées par la sévérité de la raison : cependant, si je ne me trompe, elle peut seule nous faire bien juger de tous les devoirs qu'elles nous imposent, et nous en faire tirer tout le bonheur que nous avons droit d'en attendre. Nos sentimens sont soumis à l'influence de notre situation; leur nature est déterminée par les rapports mêmes dont ils naissent : ce sont ces rapports qu'il importe de bien connoître, et sur lesquels on ne sauroit trop réfléchir. Les hommes, dans leurs relations de famille, sont unis par leurs affections et par leur situation; leurs affections sont, en quelque sorte, le ciment de leur union; mais leur situation se compose d'une multitude de circonstances indépendantes du sentiment comme de la volonté, et qui influent puissamment sur le genre de cette union, sur ce qu'elle peut et doit être. Les parens et leurs enfans occupent dans ce monde des places différentes; leurs rapports, soit entr'eux, soit avec tout ce qui les entoure, ne sont pas les mêmes; une carrière qui commence et une carrière déjà avancée ne sauroient se rencontrer; le fils ne peut être pour le père ce que le père a été pour le fils : cette diversité de situation modifie les affections comme les devoirs, et pour en juger avec équité, le père et le fils doivent, dans leur esprit, se mettre réciproquement à la place l'un de l'autre, car sans cela ils n'apprécieront jamais avec justice ce qu'ils doivent et ce qui leur est dû. Si l'impartialité préside à cet examen, les parens qui réfléchiront sur la nouvelle situation de leurs enfans, devenus maîtres de leur existence, puisqu'ils sont capables de la gouverner, et appelés à une destination nouvelle qui leur imposera de nouveaux devoirs, n'exigeront rien au delà de ce qu'ils peuvent prétendre; tandis que les enfans, à l'aspect du long avenir qui, en s'ouvrant devant eux, éveille leurs espérances et appelle leurs forces, n'oublieront jamais la dette accumulée que le passé leur laisse à acquitter. Telle est, à mon avis, la part que la raison doit prendre dans notre conduite envers ceux à qui nous lient nos affections. Le manque de sensibilité est plus rare que le défaut de justice, et celui qui connoît bien jusqu'où vont et où s'arrêtent ses droits, n'est pas mal préparé à remplir les devoirs que lui imposent les droits d'autrui.

Montaigne, né dans un temps auquel des mœurs encore barbares, le défaut de lumières et l'influence de la jurisprudence romaine avoient donné les idées les plus fausses sur la nature et les conséquences des relations qui unissent les pères avec les fils, secoua le joug de ce préjugé comme celui de mille autres; et, remontant aux principes du droit naturel, qui est, non celui des premiers hommes vivans, comme on dit, dans l'état de nature, mais celui qui se fonde sur les lois naturelles et universelles de la raison éclairée, il prit ces principes pour base de ses idées sur l'éducation. Nous en avons déjà retrouvé l'influence dans la marche qu'il suit pour former dans son élève un caractère et un esprit indépendans: elle est encore plus marquée dans le chapitre *de l'Affection des pères aux enfans*, chapitre où la raison la plus forte, la rectitude la plus rigoureuse s'allient avec un singulier mélange d'insensibilité et de bonté, de sécheresse et d'abandon, difficile à comprendre pour quiconque n'a pas pénétré très avant dans le caractère et dans les méditations du philosophe.

Jamais père ne fut plus doux et plus facile que Montaigne; jamais fils n'avoit été plus respectueux et plus tendre. La douceur de son éducation, le bonheur de son enfance, les soins continuels dont il s'étoit vu l'objet lui avoient inspiré pour la mémoire de son père un respect plein de tendresse qu'il se plaît à exprimer dans ses écrits, comme il se plaisoit à le prouver par sa conduite. « Mon
» père est mort, dit-il, et s'est esloigné de moy et

» de la vie, autant en dix-huict ans que Metellus
» et Scipion ont faict en seize cens : duquel pourtant je ne laisse pas d'embrasser et practiquer
» la mémoire, l'amitié et société d'une parfaicte
» union et très vive... Il aymoit à bastir *Montaigne*
» où il estoit né ; et en toute celle police d'affaires
» domestiques, j'ayme à me servir de son exemple
» et de ses reigles.... Si je pouvois mieux pour luy
» je le feroy. Je me glorifie que sa volonté s'exerce
» encores et agisse pour moy. Jà Dieu ne permette
» que je laisse faillir entre mes mains aucune image
» de vie que je puisse rendre à un si bon père....
» Et n'ay point chassé de mon cabinet des longues
» gaules qu'il portoit ordinairement en la main. »
Qu'on s'arrête sur un souvenir si profond et si durable, qu'on le rapproche de la rapidité avec laquelle la mort tue dans le cœur des hommes les affections même qui ont paru les plus fortes tant qu'ont vécu ceux qui les inspiroient, on ne pourra s'empêcher de croire à la sensibilité du sincère Montaigne, qui, n'exagérant jamais aucun de ses sentimens, a pu dire : « Ceux qui ont mérité de
» moy de l'amitié et de la recognoissance, ne l'ont
» jamais perdue pour n'y estre plus. »

Mais si, après avoir trouvé dans son ame toute la tendresse d'un fils, nous y cherchons celle d'un père, quel sera notre étonnement ! « Il est aisé à
» veoir par expérience, nous dira-t-il, que ceste
» affection naturelle, à qui nous donnons tant
» d'authorité, a les racines bien foibles. Pour un
» fort léger profit, nous arrachons tous les jours

» leurs propres enfans d'entre les bras de leurs
» mères, et leur faisons prendre les nostres en
» charge..... Leur deffendant non seulement de
» les allaiter, quelque danger qu'ils en puissent
» encourir; mais encore d'en avoir aucun soing,
» pour s'employer du tout au service des nostres.
» Et voit-on en la pluspart d'entre elles s'engen-
» drer bientost par accoutumance une affection
» bastarde, plus véhémente que la naturelle, et
» plus grande sollicitude de la conservation des
» enfants empruntez que des leurs propres.... De
» ma part, ajoute-t-il, je ne puis recevoir cette
» passion de quoy on embrasse les enfans à peine
» encore nez, n'ayant ny mouvement en l'ame,
» ny forme reconnoissable au corps par où ils se
» puissent rendre aimables et ne les ay pas souf-
» ferts volontiers nourrir près de moy. »

Comment expliquer une froideur si entière, si étrange, si franchement avouée? Ainsi ce philosophe, qui vouloit ramener tous nos sentimens, tous nos principes, à des principes et à des sentimens naturels, a méconnu la plus naturelle, la plus universelle de nos affections, celle qui existe dans toutes les espèces vivantes, et sur laquelle repose leur durée; il a fait plus, il a soutenu qu'il avoit raison de la méconnoître. Cette extraordinaire opinion a sans doute sa source dans quelque opinion plus générale, d'où Montaigne a cru pouvoir la déduire; car ses sentimens même sont intimement liés avec ses idées; et pour bien juger son caractère, il importe surtout de connoître l'ensemble de ses réflexions. Essayons de découvrir la cause de cette insensibilité dont nous sommes, à bon droit, encore plus choqués que surpris.

Montaigne lui-même, si je ne me trompe, nous en donnera bientôt la clé : « J'ai, dit-il, le goust » estrangement mousse à ces propensions qui sont » produites en nous sans l'ordonnance et entre- » mise de notre jugement..... Une vraye affection » et bien reiglée devroit naître et s'augmenter avec » la cognoissance que nos enfans nous donnent » d'eux ; et lors, s'ils le valent, la propension na- » turelle marchant quant et quant la raison, les » chérir d'une amitié vrayment paternelle, et en » juger de mesme s'ils sont autres ; nous rendant » toujours à la raison, nonobstant la force natu- » relle. » C'est donc parce qu'il vouloit que la raison fût l'unique règle de nos affections, sans en excepter la tendresse paternelle, qu'il a prétendu que cette tendresse ne devoit pas raisonnablement se développer avant d'être justifiée par le mérite de son objet. J'admets, avec Montaigne, un principe dont l'importance et la vérité me paroissent incontestables. La raison et l'accomplissement de ses lois sont l'unique base solide sur laquelle puissent s'asseoir inébranlablement le bonheur et la vertu des hommes : leurs affections et leurs idées sont la source de ce bonheur et de cette vertu ; elles doivent donc être réglées par la raison.

Mais ce que ce rigoureux philosophe regardoit comme raisonnable, n'est pas toujours la raison dans toute son étendue. Montaigne paroît n'avoir jamais saisi l'ensemble de ces lois générales qui font servir les affections naturelles nées de la situation des hommes, à la satisfaction de certains besoins, de certains penchans vagues, mais inquiets, existans au fond de notre cœur même lorsque nous ne nous en rendons pas compte ; penchans qui, sans ces affections, n'atteindroient jamais à leur but, et qui sont les moyens par lesquels s'opère le développement progressif de l'espèce humaine. Il est inutile de dire que si, pour naître, l'amour paternel attendoit d'être mérité, l'espèce seroit bientôt éteinte, puisque c'est à une époque où les enfans n'ont et ne peuvent avoir aucun mérite que cet amour et ces soins leur sont le plus nécessaires. Il est donc raisonnable, même avant d'être justifié par son objet, puisqu'il est fondé sur la grande raison qui préside à l'ordre général des choses. Mais, indépendamment de sa nécessité, ce sentiment s'appuie sur d'autres principes inhérens à notre nature. L'homme aime la vie, et sa vie est éphémère : il a donc besoin d'avenir ; ce besoin existe dans son ame, souvent même sans qu'il le soupçonne : de là naissent le désir de perpétuer son nom, de régler sa succession, l'amour de la gloire, l'espoir de l'immortalité. Si l'homme est dans ce monde pour y vivre, une chaîne puissante le lie à ceux qui doivent y vivre après lui : le grand homme travaille pour sa renommée, et le père pour ses enfans, quoique ces travaux ne soient point nécessaires à leur propre existence. Toutes nos actions se rapportent, en dernière analyse, à la satisfaction de nos besoins et de nos penchans; mais nos besoins et nos penchans s'étendent au delà des limites de notre vie qui, bornée à elle-même et considérée comme l'unique but de notre être et de nos facultés, ne suffit point à les satisfaire. Cette grande chaîne qui unit entr'eux les hommes de tous les temps, et qui est peut-être le présage le plus sûr de notre destinée future, donne aux affections qui la forment, aux sentimens qui en sont les anneaux, un caractère sacré qui, en nous indiquant la cause secrète de ces sentimens et de ces affections, nous montre combien ils sont raisonnables, même quand ils ne sont pas raisonnés et réfléchis. L'affection des pères pour les enfans a donc un motif et un résultat indépendans du mérite de ces enfans : la légitimité de ce motif, l'importance de ce résultat sont fondées sur l'essence même de notre nature; nous goûtons ainsi le plaisir de ne pas mourir tout entiers; et le philosophe qui a reconnu dans le cœur de l'homme ce besoin de durée, qui y voit un principe d'activité, de bienveillance et d'union, se sent pénétré de respect pour des relations qui peuvent seules le satisfaire; et loin de s'étonner de l'empire qu'elles exercent avant d'avoir reçu la sanction de la raison, il découvre, dans cet empire, l'empreinte de cette raison suprême qui se sert de nos désirs les plus vagues, de nos besoins les plus éloignés, pour unir les générations entre elles, et amener, par degrés, l'accomplissement du vaste plan qu'elle semble s'être proposé dans l'existence de l'espèce humaine.

Montaigne n'éprouvoit pas, ou plutôt cherchoit constamment à étouffer en lui ce besoin d'avenir plus aisé à méconnoître qu'à détruire : il en étoit frappé, mais il le traitoit de folie, comme si une folie qui se reproduit dans tous les temps, dans tous les lieux, dans tous les individus, ne devoit pas avoir, dans la nature et la destination de l'homme, quelque fondement réel et raisonnable. Les longs travaux, l'amour de la gloire, lui paroissoient des absurdités; il vouloit plutôt nous apprendre à nous contenter de la vie, triste et courte comme elle est, que nous enseigner à la prolonger et à l'étendre. Nos affections naturelles et nécessaires n'avoient point à ses yeux ce caractère de sainteté et de grandeur qu'elles prennent aux yeux de celui qui, ne se regardant que comme une foible parcelle de cet ordre immense dont il embrasse l'ensemble, s'attache fortement aux liens par lesquels il tient à cet ensemble plutôt qu'à ce qui constitue son existence personnelle. Ne voyant ainsi dans l'union des pères et des enfans que ce qu'elle a d'accidentel, de non raisonné, et voulant soustraire l'homme à tout ce qui peut être machinal ou irréfléchi dans les mouvemens de son cœur, il n'a pas reconnu que, si ces mouvemens doivent avoir la raison pour règle, ils l'ont aussi pour principe, pour cause première, et qu'on peut leur apprendre à se bien diriger, sans leur contester leur valeur réelle et la légitimité de leur origine.

Et cependant ce philosophe qui se voyoit si *seul*,

pour qui l'avenir n'étoit rien, qui traitoit de chimère tout espoir, tout désir portés au delà du tombeau, c'est celui que nous venons de voir plein d'amour pour la mémoire d'un père qui n'est plus, bien décidé *à ne laisser faillir entre ses mains aucune image de vie qu'il puisse rendre à un si bon père.* Quelle importance avoit donc pour lui cette image ? quel prix y pouvoit-il attacher ? comment le passé n'étoit-il pas pour lui aussi nul que l'avenir ? C'est que l'homme, même le plus fort, au sein de l'opinion la plus fermement adoptée, ne peut se soustraire aux besoins secrets, mais impérieux, aux sentimens intérieurs, mais naturels, qui la contrarient, et qui devroient lui en indiquer la foiblesse.

Du reste, disons-le à l'honneur de Montaigne, cette triste erreur qui l'a empêché de sentir tout ce qu'il y a de raisonnable et de doux dans l'affection instinctive des pères pour les enfans, n'a aucunement nui à la justesse de ses idées sur l'éducation et sur les devoirs qu'impose la paternité. Il veut que nos enfans ne soient rien pour nous tant qu'ils ne sont pas capables ou dignes d'être nos amis; mais il sait ce que nous devons être pour eux lorsqu'avançant en âge et commençant à devenir hommes, ils acquièrent des droits à notre justice, comme ils en avoient d'abord à nos soins. Ce même chapitre, où règne une indifférence si froide pour la première enfance, adresse aux pères les plus beaux préceptes de bonté et de désintéressement qui puissent régler leur conduite envers leurs enfans déjà élevés et formés. J'ai eu plusieurs fois occasion de le dire, Montaigne étoit surtout juste; il connoissoit nos droits et nos devoirs mieux que nos sentimens : on verra que sa justice le conduit mieux que n'auroit fait, peut-être, la sensibilité la plus vive.

F. G.

(*La fin au prochain Numéro.*)

JOURNAL
ADRESSÉ PAR UNE FEMME A SON MARI, SUR L'ÉDUCATION DE SES DEUX FILLES.

Numéro XVI.

SOPHIE m'étonne depuis quelque temps, mon ami, par les progrès de sa raison; les leçons vont toutes seules, les heures sont observées, l'ouvrage pris quand il le faut, rangé où il doit être; enfin je n'ai plus à veiller sur ses actions; mais aussi je vais avoir bien plus à surveiller ses penchans, car c'est une chose qui a grand besoin d'être surveillée que la raison de neuf ans : elle n'est point le résultat des lumières de l'esprit, de la réflexion, d'un ensemble d'idées qui ait instruit l'enfant de la valeur relative des choses; c'est uniquement une disposition du caractère qui le porte à se soumettre à ce qu'il regarde comme la raison, qui lui en fait connoître le prix, mais sans l'éclairer sur sa nature. Un enfant étourdi, au moment où il fait une sottise, n'ignore peut-être pas plus la raison que celui qui évite cette même faute, mais il n'y pense pas, ou ne se soucie pas de s'y rendre; c'est le caprice du moment, qui n'a besoin que de la réprimande ou de la punition passagères, nécessaires pour arrêter un mouvement sans conséquence et sans liaison avec ses habitudes. Une faute d'un enfant réfléchi demande plus d'attention, car elle a été faite d'après un motif, une sorte de règle qu'il s'est établie dans ses idées; elle est déjà le résultat, ou elle a du moins l'appui d'un principe: il est important d'empêcher que ce principe ne se fortifie; que, des idées rétrécies de ce petit être foible et incomplet, ne se forment les habitudes qui dirigeront l'homme parvenu à toute sa force. Une étourderie prolongée fait faire plus de fautes; mais d'une raison prématurée, laissée à sa propre direction, il peut sortir, je crois, beaucoup plus de défauts.

Aussi, dans les rapports de mes filles entr'elles, m'occupé-je fort peu de ces caprices d'égoïsme qui prennent quelquefois à Louise : je la vois sans inquiétude séparer ses effets de ceux de sa sœur, fermer ses tiroirs, défendre qu'on touche à ce qui lui appartient : il est possible que ce qu'elle refuse maintenant de laisser même regarder, soit dans un quart d'heure donné, abandonné, offert avec instance et avec importunité. L'un de ces deux mouvemens n'a pas eu plus de motifs que l'autre; ni l'un ni l'autre n'a été le résultat d'une idée, n'a eu sa source dans un penchant particulier du caractère: c'est la modification du moment qui n'offre ni traces à effacer, ni racines à détruire. Ce qu'il faut tâcher de vaincre, de fixer quand cela sera possible, c'est cette mobilité qui passe sans motif, presque sans intervalle, d'une impulsion à une autre; mais chacun des effets qu'elle produit est tout-à-fait sans importance.

Il n'en est pas de même de Sophie : elle commence à sentir le besoin que toutes ses actions soient approuvées par sa raison. C'est sur cette disposition que je compte pour assurer la rectitude de sa conduite lorsque sa raison sera formée; mais elle pourroit avoir quelquefois l'inconvénient de fausser une raison encore foible, en la forçant à se plier aux penchans du caractère. Je surveille avec attention depuis quelque temps, dans ce caractère qui commence à se développer, une sorte de personnalité, une roideur de goût de propriété qui se déguise sous l'amour de l'ordre. L'ordre devient en effet chez Sophie une qualité dominante : il faut avoir soin qu'elle ne domine qu'à son rang, et ne nuise pas à la générosité qui lui est naturelle; on ne doit pas souffrir que les petites vertus gênent les grandes, ni qu'une manie puisse s'opposer à un sentiment. Mais je n'en suis pas encore à pouvoir agir efficacement, je ne puis rien toute seule; pour que je parvienne à corriger Sophie, il faut qu'elle le veuille, et l'on ne peut vouloir se corriger que lorsqu'on se reconnoît un défaut. Sophie est encore si loin de reconnoître le sien, que les premiers efforts que je ferois pour m'y opposer n'auroient probablement d'autre succès que de l'engager à le défendre.

Nous nous avouons le plus tard que nous pouvons les torts qui nous plaisent. Les enfans ont, comme nous, leurs subtilités de conscience, qu'il faut détruire avant de combattre le défaut qu'elles servent à soutenir, parce qu'en l'attaquant trop tôt on ne feroit peut-être que l'affermir sur sa base. Sophie se garde bien de penser que la personnalité, une préférence mal entendue de ses intérêts à ceux des autres, soit la source de cette attention inquiète que je lui vois porter sur tout ce qui lui appartient, ou, si elle y pense, elle ne voit pas qu'il puisse être nécessaire de rien changer à un sentiment qui ne blesse en rien la justice. Quand elle refuse de prêter ses livres à Louise, qui les déchire ou les déforme, elle se persuade avoir toute la raison de son côté, parce qu'elle a effectivement tout le droit. Si elle arrache ses ciseaux des mains de Louise, qui ne sait ni chercher ce qui lui appartient, ni ménager ce qui appartient aux autres, elle n'imaginera pas que personne puisse la blâmer; car, dit-elle, Louise n'a qu'à user des siens. Si je la contrarie dans ces occasions, si je l'oblige à céder, elle ne pensera qu'au droit de propriété auquel je la force à renoncer, et nullement au devoir de complaisance que je lui fais remplir. Le sentiment de mon injustice ne laissera pas de place au sentiment de son tort; je ne parviendrai plus à lui faire comprendre ce que j'ai commencé par lui donner le besoin de nier, et j'animerai tellement sa raison à la défense de sa volonté, qu'elle deviendra incapable de lui servir à un autre usage.

La fausse conscience est sûrement la source de mal la plus féconde qui puisse exister en nous. Peu de gens s'avouent tout le mal qu'ils font; beaucoup l'ignorent pour n'y avoir jamais pensé; beaucoup se le cachent pour n'y pas penser; bien peu auroient le courage de le soutenir s'ils osoient l'envisager. Le premier soin qu'on doive avoir dès que la raison des enfans commence à diriger leur conduite, c'est de leur apprendre à ne se pas tromper eux-mêmes, à descendre au fond de leur conscience au lieu de s'arrêter prudemment à la porte; mais que de ménagemens à prendre pour obliger cette porte à s'ouvrir! Le plus grand inconvénient, je crois, des éducations sévères et impérieuses, surtout pour les enfans capables de réflexion, c'est de la fermer, au moins pour long-temps, de détruire chez les enfans cette bonne-foi intérieure qui ne peut résulter que d'une parfaite liberté d'esprit, d'une impartialité envers nous-mêmes que doit nécessairement troubler une contrainte qui nous rend intéressant à nos propres yeux. Comment espérer que l'enfant se condamne lui-même quand il aura à se défendre contre nous? Tout en lui est en mouvement, tout est dressé contre l'ennemi le plus menaçant; sa conscience même se met de son parti contre une punition qui ne lui paroît pas proportionnée à sa faute, contre une volonté qui ne lui paroît pas conforme à ses droits; il perd l'habitude de s'en servir contre lui-même, et s'accoutume à se tenir, d'accord avec elle, en état de guerre contre la vérité qui pourroit détruire ou ébranler la satisfaction et la certitude intérieures dont il a besoin pour se défendre contre les injustices extérieures auxquelles il se croit livré. Devenu libre, il pourra se légitimer à lui-même la possession indéfinie d'une liberté dont il a été si long-temps privé; et le compagnon de ses infortunes deviendra, dans la prospérité, un complaisant dont il craindra par-dessus tout qu'on ne réveille quelquefois la probité. La vérité, quand la force de la raison la fera parvenir jusqu'à son ame, n'excitera en lui que le dépit et l'aversion; et il se croira en droit de regarder comme une preuve d'inimitié tout effort fait pour troubler le repos où le laissera ce qu'il appellera sa conscience.

Je n'ai point, dieu merci, donné à Sophie, contre sa raison et contre moi, un si puissant auxiliaire; j'ai toujours assez ménagé son humeur pour lui laisser la faculté de voir le tort tout entier de son côté; ou si le moment de la colère a quelquefois suspendu en elle le sentiment de la justice, mon indulgence et ma patience ont laissé ensuite la place aux remords, et j'ai eu soin que le sentiment de sa faute ne pût jamais être absorbé par celui de la punition : elle n'a donc jamais eu le besoin de se refuser à l'évidence du tort que je lui reprochois; et tant qu'elle n'a eu à sentir que mon empire, la douceur qu'elle y trouvoit a laissé sa conscience libre et pure d'artifice. Mais elle trouvera la raison plus sévère que moi; il faut craindre qu'elle ne cherche et ne parvienne à la corrompre en faveur de ces défauts dont l'existence douteuse sert si bien l'amour-propre qui cherche à les ignorer. La tâche d'avoir raison devient ici pour moi plus difficile ; il ne s'agissoit que de ne pas aveugler sa conscience, il faut l'éclairer et la convaincre. Et comment convaincre un esprit qui n'adopte pas les bases sur lesquelles vous êtes obligé de vous appuyer ? Sophie part du sentiment de ses droits. Que trouverai-je dans ce sentiment dont je puisse me servir pour lui prouver qu'il faut quelquefois savoir les abandonner ? Lorsqu'elle ferme à clef sa boîte à ouvrage, où Louise vient très souvent prendre des épingles ; quand elle exige que sa sœur lui rende une aiguille qu'elle lui a perdue ; quand elle refuse de lui donner, autrement que par échange, quelques aiguillées de fil dont elle a besoin ; si je lui dis que ce sont là les procédés de l'avarice, elle me dira que ce sont ceux de la justice et de l'économie ; qu'elle n'est point obligée de fournir Louise d'épingles, de fil et d'aiguilles, et il faudra que je lui fasse comprendre qu'on est quelquefois obligé aux choses qui ne sont pas d'obligation, et qu'il y a par delà les vertus indispensables, des vertus tellement nécessaires, que là où elles manquent, se trouve un défaut. Mais on ne comprend les vertus désintéressées que quand on les possède : pour reconnoître les obligations qu'elles nous imposent, il faut avoir besoin du prix intérieur qu'on en reçoit. L'avare n'a pas besoin des plaisirs de la générosité, ni l'homme dur des plaisirs de la bonté ; ce n'est qu'élevés au dessus de la sphère de l'égoïsme que nous pouvons en apercevoir toutes les petitesses; tant que nous y vivons, il nous paroît suffire à nos plaisirs et à nos besoins comme à nos vertus.

Je suis donc occupée à tâcher d'éveiller dans Sophie un sentiment qui l'aide à comprendre son défaut et une vertu qui le combatte : cette vertu existe en elle ; si elle n'existoit pas, je ne pourrois la créer ; je n'ai qu'à lui en apprendre l'usage, à lui en présenter l'application et à l'avertir des penchans généreux qu'elle oublie dans son cœur, au moment où une manie d'ordre, une fantaisie de personnalité viennent occuper son imagination.

Ma situation de mère me donne de grands moyens. Il ne peut être question, entre Sophie et moi, de cette égalité de droits dont elle se fait un rempart contre les invasions que sa sœur voudroit continuellement tenter sur sa complaisance. Un besoin habituel de la mienne établit ma supériorité d'une manière incontestable, et me donne, dans tous nos marchés, de quoi les rendre avantageux pour elle. N'eussé-je à donner qu'un remercîment, il vaut déjà beaucoup : ainsi, si je parviens à me rendre personnelle la complaisance que je demande pour Louise, si je me charge de l'obligation, Sophie aura beaucoup moins de peine à céder, car elle se croira beaucoup mieux récompensée. D'ailleurs, où trouver des armes contre la prière de celui à qui l'on sait le pouvoir de commander, ne lui en reconnût-on pas le droit ?

Je suis cependant obligée d'agir avec précau-

tion. On pourroit apercevoir un projet d'envahissement, m'accuser de partialité; je ne dois pas m'exposer à être repoussée; je perdrois une grande partie de mes avantages; car si je me montrois fâchée, on pourroit me prouver que j'ai tort de l'être, et je tomberois dans les inconvéniens que je veux éviter. Si je paroissois sans mécontentement et sans rancune, j'ôterois la crainte de me désobliger. J'ai pourtant déjà remporté de petites victoires : Louise, l'autre jour, demandoit inutilement un livre à Sophie; elle s'est adressée à moi pour se le faire donner. « Il est à ta sœur, lui
» ai-je dit, je ne puis l'obliger à te le donner pour
» que tu le gâtes. » Louise s'est éloignée confuse; son humiliation commençoit à attendrir Sophie. Plus sûre d'avoir raison depuis qu'elle se croyoit approuvée de moi, elle en étoit devenue meilleure, et raisonnoit sa sœur au lieu de la brusquer; mais Louise n'obtenoit que des raisonnemens. Au bout d'un instant j'ai dit : « J'aurois pourtant bien voulu
» que cette pauvre Louise eût quelque chose pour
» s'amuser; il est bien dommage que tu n'aies pas
» à lui en prêter un qui ne coure aucun risque. » Sophie étoit trop contente de moi pour ne pas chercher à m'obliger; elle a regardé dans ses livres, et a choisi d'abord le plus vilain, mais il ne plaisoit pas à Louise; elle en a offert un plus beau; et enfin, tant il est difficile de s'arrêter dans l'exercice de la générosité quand son mouvement a commencé à nous entraîner, elle a donné son Robinson, qui étoit celui qu'elle avoit d'abord

refusé, en recommandant bien seulement qu'on ne le gâtât pas. Louise, enchantée, a promis tout ce qu'on a voulu; et pour garantir l'exécution de sa promesse, je l'ai fait asseoir près de moi; j'ai veillé à ce qu'elle ne pliât pas les pages, à ce qu'elle ne tordît pas la couverture. Sophie, flattée du soin que je mettois à ce qu'elle ne fût pas la victime de sa complaisance, a voulu me rendre politesse pour politesse, et n'a seulement pas regardé, quand Louise lui a rendu le livre, s'il étoit un peu plus ouvert qu'à l'ordinaire. Nous étions en train de bons procédés. J'ai observé que, sans le Robinson, Louise se seroit ennuyée, nous auroit tourmentées, et nous auroit empêchées de finir ce que nous avions à faire; et Sophie, toute fière d'avoir été utile, en a éprouvé un plaisir qui n'a sûrement pas laissé de place au petit chagrin d'avoir prêté son livre, et peut-être même de s'être engagée ainsi à le prêter encore.

Hier Louise avoit froid, et, selon sa coutume de s'approprier ce qui lui est commode, vouloit prendre le schall de Sophie; le sien étoit dans sa chambre; sa bonne avoit emporté la clef: cependant Sophie étoit inexorable. J'ai voulu prêter à Louise un schall à moi, acheté depuis peu de jours, et j'ai reproché à Sophie, qui se scandalisoit de mon imprudence, que j'aimois mieux risquer de gâter mon schall que d'enrhumer Louise. Sophie n'a pu s'empêcher de sentir alors combien ses raisons étoient misérables auprès de celle-là, et de me dire qu'il valoit mieux lui mettre le sien, qui étoit moins bon. Louise auroit bien voulu se refuser à cet arrangement ; il lui paroissoit moins commode d'avoir affaire à Sophie qu'à moi ; mais Sophie tenoit au service qu'elle vouloit me rendre ; elle a fièrement assuré que Louise n'avoit rien à craindre de ses reproches, et a pris sur elle, quand sa bonne est rentrée, de ne pas lui demander de rapporter à Louise son schall pour que Louise lui rendît le sien.

J'espère, en ne laissant échapper aucune occasion de ce genre, lui donner l'habitude de penser qu'un des devoirs, comme un des plaisirs de la propriété, est de la faire contribuer à l'utilité des autres : qu'elle sente seulement le mérite de cette préférence des intérêts des autres à nos propres intérêts, et ma tâche est remplie. Sophie est ambitieuse, elle ne verra pas un mérite sans vouloir le conquérir ; il n'est pas en elle de s'arrêter tranquille sur cette pensée : *je puis faire mieux et ne le ferai pas* ; je suis sûre du moins de ses premiers efforts ; mais, pauvre Sophie ! elle ne voit guère le piége où je l'entraîne ; une fois sa raison convaincue, je reprends toute l'autorité de la mienne ; plus de ménagemens à garder, de détours à prendre ; sa conscience, attirée dans mon parti, la remet sous ma domination ; si je vois quelque manie de personnalité reprendre le dessus, si je vois hésiter sur quelque sacrifice commandé par le désintéressement, j'oserai dire, *il le faut ;* et l'on ne songera pas à se révolter contre ces paroles, qui ne disent pas *je le veux*, mais seulement, *tu dois le vouloir*.

Que j'arrive seulement à faire regarder ma voix comme la voix de la raison, et je crois pouvoir répondre qu'elle ne parlera pas souvent en vain.

P. M. G.

Ve LETTRE AU RÉDACTEUR.

SUR LE MAINTIEN, SUR L'EXERCICE DU CORPS EN GÉNÉRAL, ET CELUI DES MEMBRES EN PARTICULIER.

(*Conclusion.*)

Nous avons vu que les arts même de la guerre devenoient moins meurtriers lorsque, par les progrès de la civilisation, ils étoient soumis à des règles, et véritablement réduits en arts; la société, prise en masse, n'acquiert pas moins de moyens de conservation dans les arts de la paix; et s'ils paroissent, au premier abord, moins favorables à la constitution physique des individus que l'état sauvage, il faut dire aussi, qu'en réalité, ce dernier ne peut jamais exister avec une grande population, qui n'augmente qu'à mesure qu'on se civilise. Consultons encore une fois l'histoire, pour voir comment naissent les arts de la paix, avec leurs inconvéniens et leurs avantages; transportons-nous, en imagination, auprès de ce premier homme qui, sans être cultivé, possédoit en lui-même le type de toutes les dispositions. Examinons comment l'influence du climat, de la nourriture, des besoins, et surtout des occupations diverses, a dû amener le développement de chaque disposition séparée, aux dépens des autres. Nous trouverons toujours des compensations dédommageant la société de ce que perdoient les individus. La force gagna de la solidité en labourant la terre en plein air ; à la chasse, il falloit y réunir l'adresse ; mais dans les pays où les bêtes sauvages ne suffirent plus à fournir à l'homme des peaux pour le couvrir, la maison devint le berceau des métiers qui ont besoin d'être garantis de l'influence de l'atmosphère. La mode, en Chine, rapetissoit les pieds de ses habitans, de manière à les empêcher de marcher, et exerçoit les mains des femmes à la filature ; le plateau du milieu de l'Asie suivit cet exemple ; aussi est-ce de Canton et de Cachemire que nous viennent les tissus les plus fins, qui exigent le travail le plus minutieux et le plus sédentaire. Si l'on passe de l'Inde en Egypte, l'ame s'agrandit ; on s'exerce à donner de la régularité à d'énormes rochers, et l'on bâtit, avec symétrie, les temples des Dieux, sur une échelle que nous n'avons pu encore atteindre : ils deviennent les modèles de nos maisons et de nos hôtels. Le Levant, les côtes orientales de la Méditerranée, donnent des signes aux pensées par l'invention de l'écriture ; elle devient le moyen de communication des peuples les plus éloignés, les rend capables de se prêter leurs secours et de se faire part de leurs découvertes. L'adresse enfin, se liant à l'imagination plus réglée de la Grèce, qui étudioit les proportions de l'architecture et les lignes de la beauté, apprend à sculpter et à conserver cet idéal de la figure humaine dans ses diverses perfections, qui devoit servir de modèle aux siècles suivans. L'Italie, et les autres pays de l'Europe, continuent à cultiver, dans leurs temps de prospérité, les beaux arts dont ils ont reçu la tradition; et à mesure que l'aisance augmente en Europe et se répand sur toute la population, on trouve nécessaires et l'on invente des machines, des automates, pour ainsi dire, qui filent, qui font le tricot même. On calcule les moyens de diminuer les entraves, de se donner plus de repos, et surtout plus de liberté dans l'emploi du temps. Quelle immense quantité d'exercices sont nés de dispositions si fortes et si grossières dans leur origine ! quelle multiplicité de castes se sont formées, qui marient aujourd'hui les exercices musculaires aux spéculations de la pensée, et les rêves de l'imagination à l'adresse corporelle ! Dans cet amalgame, nous cherchons en vain, il est vrai, les dispositions primitives dans toute leur vigueur; les uns crient à la dégradation du genre humain, qui jadis produisoit de vrais géans, tandis que les autres parlent d'une perfectibilité indéfinie. A travers cette lutte des partis, l'éducation physique cherche des principes qui ne soient tirés ni d'un monde primitif ni d'un avenir caché, et elle adapte ces principes aux circonstances dans lesquelles nous ont mis ces diverses époques de l'état social. Du reste, de quelque côté qu'on envisage le sujet, on en revient toujours à la campagne, où s'éteignent toutes les prétentions à un développement particulier où exclusif : c'est là que l'on retrouve l'état de force qui convient le mieux au corps. Dans les villes, où l'on enferme de bonne heure les enfans dans une chambre, et où l'on essaie de calmer leur ennui en leur apprenant, bien avant cinq ans, à s'occuper de jeux sédentaires, à lire et à écrire, on exerce les forces de l'ame, on cultive une adresse partielle aux dépens du mouvement général, l'esprit aux dépens du corps. Tout ce qu'on peut faire alors de raisonnable, c'est de retrancher, autant qu'il est possible, de ces sortes d'exercices, ce qui peut gêner, presser quelque viscère, ou arrêter la croissance. L'enfant étudiera, par exemple, sans avoir la poitrine appuyée contre la table, sans tenir la tête trop long-temps penchée, sans être appliqué trop long-temps à la même chose, sans rester trop long-temps sur ses pieds ou sur son séant. On le laissera aller, autant qu'on pourra, dans un jardin ou dans une grande cour. Les villes devroient avoir des places où l'on pût planter, bêcher; où il y eût des poutres, des balançoires, des mâts de Cocagne et des fossés. On choisiroit dans ces jeux gymnastiques ceux qui pourroient le mieux réparer, par des institutions générales, ce qui manque aux dispositions particulières, et préparer à des travaux auxquels la plupart des hommes sont destinés dès la septième année. Une éducation plus libérale cherche à multiplier les idées et les talens de l'étude, à familiariser l'enfant avec les élémens des métiers; surtout avec les beaux-arts; la menuiserie, le tour, sont ordinairement choisis de préférence. J'aurai occasion de parler du dessin et de la musique, lorsque j'en serai à traiter des sens.

La danse tient trop directement au sujet dont nous sommes occupés pour ne pas trouver ici sa place. Elle est au-dessus des autres arts, en ce qu'elle exerce les muscles de tout le corps; elle peut réparer une partie des inconvéniens de la vie sédentaire; elle participe à leurs désavantages lorsqu'elle fatigue par des règles uniformes (1). La danse naturelle, à moins d'être forcée, est sans contredit la plus convenable; elle s'exécute avec cette gaîté qui amène l'épanchement des forces, et en aide le développement. Quand on applique à l'enfance ce qu'on fait plus tard pour les adultes, on crée des enfans de théâtre qui ressemblent à de véritables marionnettes, et dont les jointures paroissent comme disloquées. Je doute que jamais ces êtres s'élèvent au-dessus du rôle des danseurs de corde, qui, en nous étonnant, nous effrayent par leurs sauts périlleux, sans montrer autre chose que les exercices de l'école dont ils sont sortis. Les enfans cherchent eux-mêmes des combinaisons nouvelles; on n'a qu'à les aider, et à les corriger s'il le faut. Leurs cabrioles, leurs glissés, leurs tournoiemens, offrent les grâces de l'innocence qui se lie avec les sentimens enfantins, et les agrémens d'un maintien naturel. Les exercices réguliers de la danse ont cependant acquis une grande importance dans la

––––––––––
(1) Anaxagore, interrogé par les habitans de Lampsaque comment il vouloit qu'on honorât sa mémoire: *Que vos enfans*, dit-il, *jouent en liberté le jour où j'aurai cessé de vivre*.

société; ils arrêtent l'impétuosité de la joie. Aux approches de la puberté surtout, ils produisent dans leur genre le même effet que les armes pour les passions haineuses. La passion de l'amour se voile avec respect; l'art appaise l'impétuosité du sentiment; on se montre avec la fierté ou avec la modestie du talent, qui ne se croit pas indigne d'une conquête. C'est ainsi que les arts contribuent à la civilisation. Quand cette civilisation est très avancée, la danse devient un langage de signes exprimant des pensées; c'est de là que vint aux prêtres égyptiens l'idée de la danse *astronomique;* c'est d'après cela que la Grèce représentoit les Muses guidées par cet Apollon qui échauffe la terre, et qui est en même temps le Dieu de l'adresse et de l'harmonie. Peu à peu l'ame prend encore plus d'empire, et le geste bien placé, le jeu de la physionomie deviennent d'autres exercices, qui se règlent d'après les convenances de la société; il ne faut point les regarder comme inutiles : la répression, la modération, du moins, des mouvemens outrés des passions, retenues par l'habitude du monde, n'est-elle pas un des meilleurs moyens de réunir les hommes en société? Mais ici l'éducation physique touche de trop près à l'éducation morale, pour que j'en suive les traces plus loin.

Ce que la Grèce appeloit *gymnastique athlétique, militaire* et *gymnastique médicinale* (1), étoit inti-

---

(1) La gymnastique médicinale consistoit en exercices et en frictions. Les directeurs des écoles de gymnastique faisoient en partie les fonctions de chirurgiens et de mé-

mement lié aux institutions politiques ou civiles de ses peuples, et à leur genre de vie. Ce que nous pourrions ainsi appeler chez nous devroit avoir les mêmes rapports. C'est ce mélange d'exercices divers, enfantés dans des siècles si différens, que j'ai cherché à réunir sous les points de vue les plus généraux, pour montrer leur ensemble et leur but le plus direct. Les causes des difformités, les moyens de favoriser le maintien, le degré et la variété des exercices, de la marche, de la course, du saut, des jeux, des métiers et des arts, ont été successivement rappelés à la mémoire pour être ramenés au principe général du perfectionnement des individus et de la société. Les dispositions primitives, d'un côté, à la paresse, à la mollesse, à la lenteur d'esprit ; de l'autre, à la mobilité, à l'emportement, à l'étourderie, ont demandé des directions opposées. De ces différentes dispositions et de l'éducation, des nations entières tirent des talens également divers, tantôt pour des métiers sédentaires, tantôt pour le mouvement général, ainsi que pour les vertus de l'ame et les facultés de l'esprit. On peut quelquefois rétablir dans les in-

---

decins, pour les luxations, les plaies, et autres accidens qui pouvoient arriver pendant la durée des exercices. Ils s'occupoient aussi de la diète nécessaire pour élever les athlètes, et en général ils étoient souvent consultés. Les Anglais ont aussi des hommes qui s'occupent de prescrire la diète des chevaux qu'on élève pour les courses, des jockeis qui les montent, et des boxeurs qui se font voir de temps en temps, et qui donnent lieu aux paris dont nous entretiennent les journaux.

dividus l'équilibre des forces physiques et intellectuelles ; mais jusqu'à présent, chez les diverses nations qui composent la population de l'Europe, la civilisation n'est point parvenue à rendre cet équilibre général, et les gouvernemens doivent y tendre, en surveillant l'éducation physique et la gymnastique populaire, de manière à en rétablir les avantages et à en prévenir les inconvéniens.

Telles sont à peu près les considérations générales qui m'ont paru appartenir à ce sujet. Je n'ai pas cru devoir me perdre en descriptions ou en préceptes minutieux sur chaque jeu séparément, et sur des précautions qu'on n'entendroit qu'autant que j'aurois décrit d'avance les inconvéniens qu'elles doivent prévenir. Dans ma prochaine lettre, je vous parlerai de l'exercice des sens.

FRIEDLANDER.

*Suite de l'*Essai

SUR L'ÉDUCATION NATIONALE

DANS LES ÉTATS-UNIS D'AMÉRIQUE.

LIVRES CLASSIQUES *à faire pour les Écoles primaires, et Moyens de se les procurer.*

Voyons donc quels livres nous aurons à faire composer, car aucun d'eux n'existe.

Nous avons remarqué qu'il en faut de deux espèces ; d'abord pour le cours, ensuite pour les prix.

DE L'EDUCATION.

Le premier livre pour le cours doit être l'*Abécédaire*, qui contiendra la suite des exemples et des leçons que les enfans auront à écrire, à lire, et à transcrire au net, jusqu'à ce qu'ils écrivent et lisent parfaitement.

Il doit commencer par les lettres propres à former des syllabes qui soient ou deviennent aisément de petits mots significatifs, à portée de l'enfant, relatifs à ses idées les plus communes.

Il faut le mettre, le plus promptement qu'il soit possible, dans le cas d'écrire quelque chose qui lui fasse plaisir, et lui montrer l'utilité de savoir tracer ces caractères qu'on appelle des lettres.

Il faut qu'il s'aperçoive qu'il écrit *pour son propre usage*, non pas seulement pour obéir, ou pour plaire à son père ou à son maître. Gardons-nous de la servitude et de l'ennui.

Les mots dont l'enfance a déjà les idées, qui ne sont composés que de peu de syllabes, et n'exigent que peu de lettres, peuvent néanmoins amener successivement toutes les lettres de l'alphabet, et indiquer leur emploi : les moins usitées viendront les dernières.

Cet emploi doit être multiplié, autant qu'on le peut, avec les mots dont l'enfant connoît les lettres, ce qui le familiarise avec elles.

Quand il demande, ou quand on lui propose quelque mot qui nécessite des lettres encore inconnues au jeune écrivain, il faut s'attacher à ceux qui n'en ont besoin que d'une ou deux nouvelles.

A chaque lettre nouvelle, il faut s'arrêter, pour que l'enfant, ou les enfans, apprennent à la bien faire avant de la placer dans le mot.

Il n'a ainsi d'étude un peu laborieuse que pour une

lettre à la fois, et il en est payé, sans beaucoup de retard, par le mot qu'il vouloit écrire.

Puis on a une pause ou un temps d'exercice amusant, sur les autres mots qu'il comprend, et dans lesquels entrent la lettre ou les lettres dont il vient d'acquérir la connoissance.

Cette attention de s'arrêter, pour faire lisiblement une lettre de plus, et pour écrire les mots usuels qui en ont besoin, est surtout indispensable lorsqu'il s'agit des lettres qui s'expriment par deux caractères réunis, comme le *th*, le *sh*, le *gh*, l'*ugh* anglais; et les *ch*, *gn*, *eu*, *oi*, *ou*, *ui*, *an*, *in*, *on*, français.

Ces lettres de deux caractères sont presque les seules difficultés de l'art d'écrire et de lire. Il faut affoiblir ces difficultés, en ne les présentant qu'une à une, au lieu de les accumuler en faisceau, comme dans les abécédaires et les syllabaires employés jusqu'à présent.

Les rédacteurs du nouveau syllabaire doivent beaucoup penser à l'ordre de leurs leçons, pour que l'enfant pense facilement aux idées qu'elles lui offriront, les combine sans effort, les lie ensemble avec clarté.

Quand un chemin solide, et pourtant agréable, l'aura ainsi conduit aux phrases écrites, qui ne seront que l'expression de ses propres pensées, il marchera sur des fleurs, et à grands pas.

La porte sera ouverte pour les discours un peu plus longs, mais de nature à parler toujours à son esprit ou à son cœur.

Après que les enfans en auront bien compris, et plusieurs fois transcrit correctement un certain nombre, les leçons auront à les remettre sur la trace des raisonnemens qu'ils auront faits, et dont à peine ils se seront aperçus. Ils y trouveront les notions les plus simples de la grammaire générale et de la grammaire particulière à la langue de leur pays. Ils auront appris à écrire cette langue (ce que nous savons si imparfaitement et si tard) comme ils ont appris à la parler, par l'usage; mais ils reconnoîtront aussi ce fait très important, que tout usage est fondé en raison, ou au moins sur une raison.

On tâchera enfin, selon l'ordre le plus naturel, avec la clarté la plus aimable, avec tout l'attrait que peut offrir l'union des vérités utiles et des sentimens honnêtes, de déployer tous les principes de la morale, quelques bases de la physique et des mécaniques, une très succincte idée de la cosmologie et de la géographie, un grand nombre de faits d'histoire naturelle.

Et le livre doit être court: car il faut que, dans l'espace de deux ou trois années au plus, les enfans puissent le copier plusieurs fois de leur main.

Il serait bon que la plupart d'entre eux l'apprissent par cœur.

Il faut qu'il ne les ennuie pas dans l'âge le plus tendre, et qu'à tout âge ils puissent le r'ouvrir et le lire avec plaisir; qu'il ait du charme pour les pères, pour les mères, pour les adolescens, pour toute époque de l'enfance et de la vie.

Le second livre sera celui de *physique* et de *mathématiques*.

Il doit commencer par la *physique*, qui est le grand objet de la curiosité de l'enfance; venir à la *géométrie*, comme au moyen de mesurer les choses physiques, et ensuite à l'*arithmétique*, comme à l'expression des mesures.

L'arithmétique, commencée par la géométrie, ressemble à la lecture commencée par l'écriture: elle ne donne aucune peine, parce qu'on a eu *les choses* mêmes devant les yeux; et qu'on aime mieux faire le compte des choses qu'on a vues, que de calculer en l'air, et par abstraction, ou sur la supposition de choses imaginaires qu'on n'a ni vues, ni maniées.

C'est dans le livre de physique et de mathématiques, que doivent se trouver les principes de mécanique, et les notions de physique plus détaillées dont l'*Abécédaire* ne doit donner qu'un avant-goût très léger.

Ce livre n'est pas aisé à bien faire. Mais l'*Abécédaire* présente encore cent fois plus de difficulté.

Pour les Récompenses ou les Prix.

Nous avons vu qu'il faut :
1°. L'Abrégé Chronologique de l'Histoire;
2°. Le Recueil ou les Recueils de Traits et d'Anecdotes.

Le premier ouvrage ne surpasse la force d'aucun homme de bon sens ayant de la précision dans le style.

Pour le second, il suffit d'avoir un goût sûr, de la sensibilité, de la vertu, des principes arrêtés sur la science du gouvernement.

Quant aux deux livres du *Cours*, la chose est bien différente.

Celui de Physique et de Mathématiques, tel qu'il doit être pour des enfans de huit à dix ans, est extrêmement difficile.

La difficulté du plan, et encore plus de la rédaction d'un *Abécédaire*, tel que nous le désirons, destiné à des enfans de six à huit ans au plus, est au-dessus de tout ce que l'on peut imaginer.

Je ne connois encore qu'un seul livre qui ait la grâce, la légèreté, le sens profond, l'art de dissimuler l'art, que ce genre d'ouvrage demande. Il est de FRANKLIN. C'est *la Science du bonhomme Richard*. Il a été imité en France par l'honnête *Mathon de la Cour*, dans le *Testament de Fortuné Ricard* : mais à quelle énorme distance pour le talent ! et combien peu applicable à l'enfance ! Le *Testament* n'a pour objet que de montrer l'utilité de l'économie dans les dépenses, et de la cumulation des intérêts avec les capitaux ; puis d'indiquer les choses utiles que pourroit faire un gouvernement avec quelques milliards.

Jean-Jacques a travaillé pour les précepteurs, et pour appliquer à l'éducation cette belle maxime : *laissez faire*. Peut-être l'a-t-il poussée trop loin, ou ses lecteurs l'ont-ils mal entendue ; car, il est arrivé à tous les enfans qu'on a essayé d'élever selon sa méthode, qu'aucun d'eux n'a aimé le travail, dont aucun d'eux n'a eu l'habitude. L'art de se retrouver dans les bois en coupant un arbrisseau, et le bel article des haricots d'Emile sont, dans tout ce livre enchanteur, les deux seules choses dont notre livre *abécédaire* puisse s'enrichir, et qu'il doive transcrire, tandis qu'il peut faire usage du *bonhomme Richard*, presque en totalité.

Fénélon, plein de raison et de charme, est difficile à extraire.

Locke n'a pas six phrases à nous donner.

Berquin......; peut-on nommer Berquin après Jean-Jacques, après Fénélon, après Franklin, après Locke ? Berquin avoit les meilleures intentions, mais les lumières les plus courtes, et l'instrument le plus foible. Il n'a écrit que pour les villes, les grands, les riches, et n'a su leur inspirer qu'un sentiment vague de bienfaisance, encore, qui ne porte guère qu'à *l'aumône*, la plus vile, la moindre partie de la bienfaisance, souvent aussi nuisible qu'utile.

Madame de Genlis, avec beaucoup d'esprit, un style élégant et très correct, un assez grand nombre de connoissances variées, une extrême activité, l'amour de la gloire et de la renommée, la passion du travail, a le malheur de perdre l'effet de ses nombreux écrits : parce que tant de talens l'obligent de sentir elle-même, et ne peuvent l'empêcher de laisser voir aux autres, qu'elle a pris une fausse route, qu'elle se commande *un métier*, qu'elle joue *un rôle*, et que n'osant le quitter, elle en force le geste ; que ce qu'elle exprime si ingénieusement n'est pas dicté par sa propre pensée ; qu'il ne tiendroit qu'à elle d'avoir plus de philosophie, de logique et de raison ; et qu'elle a parfois du regret qu'il n'en soit pas ainsi. Voulez-vous me persuader? montrez votre bonne foi plutôt que votre faconde. Madame *Le Prince de Beaumont* valoit mieux.

PLUTARQUE et MONTAIGNE peuvent être mis à grande contribution ; ils ont fait ROUSSEAU.

Miss MARIA EDGEWORTH a mille choses excellentes.

Mais l'art d'employer les matériaux, est ici la montagne à dévorer, la mer à boire : les recueillir n'est rien. Ecrire pour les enfans, se mettre à leur portée, leur être aimable sans devenir trop puéril, et instructif sans les ennuyer ; se bien rappeler sa propre jeunesse, demande une sagacité d'esprit, une finesse de logique, une force d'imagination, une justesse de tact, une gaieté de caractère, que DIEU n'accorde pas souvent à ses créatures. La pluspart des hommes qui les auroient, quand il en seroit beaucoup, aimeroient mieux les employer à plaire aux mères, et à se faire considérer par les pères, à influer dans leur canton, à obtenir les places du gouvernement, ou tout simplement à faire leurs affaires personnelles, et à se divertir. Chacun croit se devoir à sa famille, c'est-à-dire, à soi-même. La passion de servir les autres familles est extrêmement rare, surtout séparée de celle de leur commander.

Les livres classiques ne seront donc point faits, si on les abandonne au seul attrait de leur utilité. Je dirai à ma honte qu'il y a plus de trente ans que j'y songe, et qu'à la demande du grand duc Léopold, j'ai fait à ce sujet *un programme* pour l'Académie de Florence, avec le ferme dessein de concourir moi-même et de remporter le prix, sans avoir jamais pu m'en occuper de suite, ni, dans les essais que j'ai passagèrement tentés, rien écrire qui m'ait paru supportable.

Comment donc oserai-je conseiller de faire ce que je n'ai pu moi-même exécuter? Ce sera dans ma conscience: elle dit qu'il y a beaucoup d'hommes plus forts que moi.

Il faut, par un mélange de gloire et de profit, réveiller la capacité ignorée ou endormie, de ce que l'on pourra trouver de plus habiles gens dans les deux hémisphères. Il faut leur montrer qu'ils compteront parmi les grands bienfaiteurs de l'humanité, et (ce qu'il est triste d'avoir besoin de leur dire) qu'ils auront aussi fait un travail qui leur sera pécuniairement utile. Car il y a des gens de mérite qui sont très pauvres, et que la plus honorable entreprise ne pourroit seule déterminer, parce qu'ils sont indispensablement obligés d'employer tout leur tems *ad lucrandum panem et nutriendas proles.*

Il faut payer cher un travail si pénible, si nécessaire, et dont si peu de gens sont capables.

Je proposerois de donner *deux mille dollars* (au moins *dix mille francs*, pour le meilleur livre *abécédaire*;

Et *huit cents dollars* (ou *quatre mille francs*) pour celui qui approcheroit le plus du meilleur;

Mille dollars (ou *cinq mille francs*) pour le meilleur

livre classique de physique et de mathématiques, propre aux petites écoles ;

Et *cinq cents dollars* pour le second ;

Cinq cents dollars aussi pour le meilleur Abrégé chronologique d'histoire générale ;

Autant pour le meilleur Recueil d'anecdotes et de traits historiques ;

Et deux ans pour le *Concours*, qui seroit jugé dans les six premiers mois de la troisième année.

Quand on aura ainsi fait produire de bons essais, je proposerois qu'on fît imprimer, tant les mémoires couronnés, que ceux qui, après eux, auroient mérité le plus d'éloges, et que les morceaux les plus frappans, ou les mieux faits de ceux qui auroient ensuite paru les plus dignes d'attention ; et qu'on donnât des prix aussi forts que les premiers, et gradués de la même manière, aux auteurs qui, sur chacun des quatre sujets, auroient le mieux combiné ces matériaux importans. Car, j'ai peine à croire qu'il soit possible d'avoir, du premier jet, ceux qui sont à désirer, et je regarde leur perfection comme une chose si essentielle, leur imperfection comme un si dangereux inconvénient, que je voudrois ne rien négliger pour préparer une véritablement bonne nourriture à l'esprit des jeunes gens, qui sont l'espoir de la patrie.

J'imagine qu'avec cette dépense et ces soins, on pourroit espérer d'obtenir en quatre années les ouvrages nécessaires, et une vingtaine d'autres où se trouveroient beaucoup de choses bonnes à recueillir, dont les écoles secondaires ou les collèges pourroient faire un utile usage.

Mais avec la malheureuse connoissance que j'ai du cœur humain, et la trop grande conviction où je suis de l'extrême difficulté de l'entreprise, j'avoue que je ne vois aucun autre moyen de se procurer, pour les écoles primaîtres, de bons livres classiques. Et sans ces bons livres classiques, destinés et convenables à la première enfance, j'ignore absolument comment on pourroit, en aucun pays, se flatter d'établir une bonne éducation nationale.

Il y a de quoi rire et pleurer en voyant les livres que l'on met partout entre les mains de la jeunesse. Si quelques uns d'entre nous valent quelque chose, et si le gros des hommes est assez bon, la gloire en est à DIEU qui a fait de l'homme un animal pour qui, à tout prendre, la justice a quelque attrait, et à qui les peines d'autrui inspirent de la compassion. Mais nous ne le devons guère à la sagesse de nos parens et de nos professeurs.

Nos aïeux étoient des barbares !

Nous sommes des pauvres, des avares, et des gens d'un foible caractère.

Je ne connois dans le monde aucun gouvernement, dont le zèle ne fût très amorti par l'idée et la proposition de dépenser *dix à douze mille dollars* (cinquante à soixante mille francs), pour se procurer quatre petits livres à l'usage des enfans de sept ans.

Voyons si nous pourrons vaincre cette terreur. En affaires publiques, en choses nécessaires, on ne doit rencontrer aucune difficulté qui ne fasse jaillir une ressource plus considérable.

Il faut que ce soit le congrès des Etats-Unis qui propose et donne les prix pour les livres classiques qui serviront à tous les Etats.

Lorsque ces livres seront faits, on les imprimera pour le compte de la nation, sous les ordres et l'administration d'un comité de l'instruction publique, dont nous détaillerons plus bas l'utilité, les fonctions et les droits (1).

(1) Le *Conseil de l'Université* est actuellement en France une institution de la même nature que le *Comité d'instruction publique* proposé aux Etats-Unis.

Tout enfant sera obligé d'en avoir un exemplaire pour aller à l'école. Il s'en débitera donc un million d'exemplaires par année. Le prix sera fixé seulement à *cinq cents* (*cinq sous*) au-dessus des frais d'impression et de brochage, en parchemin ou carton. Il en résultera donc un revenu de *cinq millions de cents*, ou de *cinquante mille dollars* (*deux cent cinquante mille francs*) par année.

Sur cette recette, dès la première année, on remboursera la dépense des prix à la trésorerie nationale.

Le surplus de la première année, et la totalité des *cinquante mille dollars*, dans les années suivantes, sera partagé entre les seize Etats, en proportion de leurs contributions directes, à l'effet d'être, par chacun d'eux, employé en dépenses pour l'instruction publique.

Ainsi, loin que les livres classiques aient rien coûté, ils seront au nombre des sources de revenu qui faciliteront les autres mesures que peut exiger l'éducation nationale.

Mais avant que les livres classiques soient composés et imprimés, comment fera-t-on ? On fera comme on pourra, comme on fait aujourd'hui ; peut-être un peu mieux, si le comité d'instruction n'a pas inutilement posé sur la route quelques bons principes.

D. P. D. N.

LETTRES

SUR LA PHYSIQUE ET LA CHIMIE,

Adressées au Rédacteur.

Seconde Lettre.

Mon cher ami, dans ma première lettre, j'ai parlé en général des divers effets de la chaleur sur les corps solides, liquides, aériformes. Nous avons vu que tous ces corps se dilatent quand la chaleur augmente, se contractent quand elle diminue, et qu'au delà de certaines limites, cette accumulation ou cette diminution finit par vaporiser les corps ou par les solidifier. Lorsque les variations de la chaleur ne sont point poussées jusqu'à ces extrêmes, les dilatations et les contractions qu'elle produit offrent, comme nous l'avons reconnu, un excellent moyen de mesurer les changemens de son intensité. C'est sur cela qu'est fondé l'utile instrument appelé *thermomètre*, dont je vais expliquer aujourd'hui la construction et l'usage.

Mais je dois vous avouer qu'en voulant donner sur cet objet des idées nettes et précises, je me suis vu forcé d'approfondir quelques détails plus que je n'aime à le faire ordinairement. Il m'a fallu décrire et expliquer plusieurs procédés qui sont très familiers aux physiciens et aux chimistes, mais qui sembleront peut-être minutieux aux gens du monde. Cela m'a donné un ton doctoral et technique dont je suis presque fâché; car il ne convient ni à mon peu de savoir, ni à mon habitude favorite, qui est de chercher dans l'étude un amusement plutôt qu'un travail. Mais après y avoir bien pensé, j'ai vu qu'il me seroit impossible de faire autrement, et qu'ayant à rapporter des phénomènes qui sont pour ainsi dire les fondemens de la chimie et de la physique, il falloit, pour en tirer des notions exactes et précises, se résoudre à développer quelques détails nécessaires, et qui semblent moins arides par l'importance des résultats que l'on en déduit. Après vous avoir prévenu sur ce point, j'entre en matière, et je vais chercher avec vous comment il faut s'y prendre pour construire un bon thermomètre.

A la rigueur, tous les corps pourroient être employés à cet usage, puisque tous sont sensibles aux variations de la chaleur ; mais pour rendre l'instrument exact et commode, il y a un choix à faire entre eux. Si nous employons un corps solide, par exemple une barre métallique, ses dilatations et ses contractions seront trop petites pour pouvoir être facilement observées. Si nous voulons les apercevoir, il faudra les agrandir par des rouages et des leviers qui en rendront l'observation très minutieuse, et même souvent inexacte. Si, au contraire, nous employons, pour construire notre thermomètre, une substance aériforme, par exemple l'air, ou quelque autre gaz, les dilatations et les contractions seront tellement considérables, qu'il deviendra très incommode de les mesurer, quand les variations de la chaleur auront quelqu'étendue. Les variations de volume des liquides, plus grandes que celles des corps solides, et moindres que celles des gaz, offrent un moyen terme exempt de ces inconvéniens opposés, et par conséquent nous sommes conduits à chercher notre thermomètre dans cette classe intermédiaire de corps.

Il en est un parmi eux que ses qualités physiques et chimiques rendent éminemment propre à cet usage; c'est celui que l'on nomme *mercure*, ou vif-argent, parce qu'en effet il ressemble à de l'argent qui seroit rendu coulant par la chaleur. Le mercure supporte, avant de bouillir et de se réduire en vapeur, plus de chaleur que tous les autres fluides, excepté certaines huiles ; et l'on peut aussi, sans qu'il se gèle, l'exposer à des degrés de froid qui solidifieroient tous les autres liquides, excepté certaines liqueurs spiritueuses, comme l'esprit-de-vin ou l'éther. En outre, le mercure a l'avantage d'être plus sensible que tout autre liquide à l'action de la chaleur ; et enfin les variations de son volume sont, comme nous le verrons par la suite, parfaitement régulières et proportionnelles aux variations de la chaleur, du moins dans l'étendue qu'embrassent les phénomènes, qu'il est plus ordinaire d'observer. Toutes ces propriétés doivent nous porter à nous servir du mercure dans la construction de nos thermomètres, préférablement à tout autre corps.

Mais pour que tous les thermomètres à mercure aient une marche semblable, et soient *comparables* les uns aux autres dans tous les pays du monde, on conçoit qu'il faut que la substance employée soit constamment la même, et qu'elle ait des propriétés constamment semblables. On y parvient en employant le mercure dans son plus grand état de pureté. Le mercure pur est un véritable métal liquide qui pèse treize fois et demi autant que l'eau à volume égal. On ne le trouve presque jamais tel dans les mines ; il est ordinairement engagé dans des combinaisons chimiques, qui le rendent solide, et dont il faut le dégager par les procédés de la métallurgie ; quelquefois cependant, on trouve naturellement le mercure à l'état liquide ; mais alors il est ordinairement mêlé d'argent, de plomb ou d'étain, métaux avec lesquels il se combine facilement. Quand on l'a obtenu dans cet état, pour l'avoir parfaitement pur; il faut d'abord le dégager de la terre, des pierres et des autres saletés qui peuvent s'y trouver grossièrement mêlées. Pour cela, il suffit de le renfermer dans un morceau de peau de chamois, d'en former pour ainsi dire un nouet, et de le serrer fortement entre les doigts. Le mercure pressé s'échappe à travers les pores imperceptibles de la peau, et se tamise en une fine pluie d'argent, abandonnant dans cette opération tout ce qui n'étoit que mélangé, et non pas combiné avec sa substance.

Pour séparer maintenant les métaux qui peuvent être alliés avec lui, on profite de ce que ces métaux sont à peine vaporisables par les plus grands feux que nous puissions produire, tandis que le mercure bout et se réduit en vapeur à un degré de chaleur qui n'est pas très considérable. On chauffe l'alliage dans des vases fermés, disposés de manière à pouvoir condenser par le refroidissement les vapeurs qui s'y forment, et à recueillir le liquide qui en résulte. La chaleur volatilise le mercure sans pouvoir vaporiser les métaux qui étoient combinés avec lui. Il se fait donc une séparation. Les métaux restent fixes au fond de l'appareil, et le mercure pur se retrouve dans le réfrigérant. Si les vases sont fermés *hermétiquement*, c'est-à-dire, de manière qu'aucune vapeur ne puisse s'échapper, la somme des poids du mercure et du résidu fixe doit égaler le poids de l'alliage employé.

L'opération que nous venons de décrire s'appelle une distillation; on l'emploie à chaque instant en chimie pour défaire les combinaisons et séparer les substances les unes des autres, en vertu de leurs degrés de volatilité divers. L'appareil qui sert pour faire cette expérience s'appelle un appareil distillatoire ou un *alambic*. On peut former un véritable alambic en plaçant la substance que l'on veut distiller dans une *cornue* de verre ou de porcelaine, et recevant les vapeurs dans un ballon de verre que l'on fait communiquer à la cornue, au moyen d'un tuyau de verre que l'on appelle une *allonge*. On lute (1) ce tuyau au col de la cornue par un bout à celui du ballon de l'autre, et l'appareil se trouve complètement fermé. On allume un feu de charbon sous la cornue (2) qui contient la substance que l'on veut distiller, et l'on plonge au contraire le ballon dans de l'eau froide ou dans de la glace pilée, afin de condenser, par le refroidissement, les vapeurs qui se forment. On conçoit que

---

(1) On appelle en chimie, lut, une composition pâteuse, qui s'applique aux ouvertures des appareils, pour les boucher. Il y en a de diverses espèces. Les uns servent pour empêcher la sortie des vapeurs liquides, il faut alors qu'il entre des substances huileuses dans leur composition. D'autres fois, il suffit d'arrêter des vapeurs sèches; alors on peut employer d'autres espèces de lut. Souvent on se contente de coller des bandes de papier sur les jointures des vaisseaux de verre que l'on veut luter ensemble. Les préparateurs habiles joignent ces vaisseaux avec des bouchons de liège percés à leur centre, et usés avec tant de justess', eq u'ils suffisent pour établir la continuité la plus exacte entre les diverses parties d'un appareil. Relativement à la manière de composer les différens luts, il faut consulter les traités de chimie.

(2) Quand on n'est pas familiarisé avec les opérations chimiques, on a peine à comprendre que l'on puisse faire bouillir de l'eau, du mercure, ou d'autres liquides dans des cornues de verre ou de porcelaine, sans que ces vases se brisent; mais avec un peu d'habitude on y réussit aisément. Tout le secret consiste à chauffer graduellement et lentement les vases dont on se sert; plus ils sont minces, mieux ils vont au feu, parce qu'ils s'échauffent plus également. Lorsqu'ils sont chauds, on peut les laisser sur un feu de charbon même très ardent, pourvu que ni la flamme, ni le charbon embrasé, ne touchent pas directement leur surface; car alors le point de contact, se trouvant beaucoup plus vivement chauffé que le reste, la chaleur ne peut pas se répandre également dans toute la matière du vase, d'où résultent des dilatations inégales qui le brisent infailliblement. Par la même raison il ne faudroit pas employer un vase qui auroit des parties très épaisses, et d'autres très minces.

l'allonge est nécessaire pour éloigner la cornue, que l'on chauffe, du ballon que l'on refroidit. Il est bon qu'elle soit en verre ou en porcelaine, substances qui transmettent difficilement la chaleur; et de plus, il est utile que sa direction s'abaisse en allant de la cornue au ballon, afin que les vapeurs qui s'y condensent puissent s'écouler plus facilement sans retomber dans la cornue, où il faudroit les vaporiser de nouveau.

Lorsqu'on a ainsi obtenu le mercure bien pur, il faut l'enfermer dans un appareil qui rende ses dilatations et ses contractions sensibles, et qui permette de les observer facilement. Pour cela on souffle à la lampe d'émailleur une boule de verre creuse à l'extrémité d'un tube de verre très fin. On remplit de mercure la boule et une partie du tube par un procédé que j'indiquerai tout à l'heure. Comme la capacité de la boule est très considérable relativement au diamètre intérieur du tube, on conçoit qu'une très petite dilatation dans le volume du mercure qu'elle renferme, se manifeste dans le tube par un allongement considérable de la colonne de mercure; on peut donc rendre sensibles par ce moyen les très petites variations de chaleur. Alors on ferme à la lampe le bout du tube qui étoit resté jusqu'alors ouvert, et le thermomètre est fait.

Mais, pour qu'il soit exact, il faut apporter encore beaucoup d'autres soins dans sa construction. Il faut que le tube soit d'un calibre égal dans toute sa longueur, afin que les dilatations égales du mercure de la boule, soient marquées par des accroissemens égaux dans la hauteur de la colonne. Quand on veut avoir un bon thermomètre, on choisit parmi un grand nombre de tubes de verre ceux qui approchent le plus de cette égalité. Pour les éprouver, on y introduit une goutte de mercure qui s'allonge en un cylindre dont on mesure la longueur. On promène ce cylindre dans les différentes parties du tube; et, comme son volume reste toujours le même, il doit, si le tube est partout d'égal diamètre, occuper partout une égale longueur.

Il y a aussi quelques précautions à prendre pour faire entrer le mercure dans la boule du thermomètre. Comme le tube par lequel on peut l'y introduire, est très étroit, on éprouve ici l'espèce de difficulté dont j'ai parlé dans ma première lettre, à cause de la résistance de l'air intérieur; mais on l'évite par le moyen que j'ai indiqué. On chauffe la boule de verre; l'air qu'elle contient se dilate, s'échappe : on profite de cet instant pour plonger l'orifice ouvert du tube dans le mercure qu'on veut y introduire, et ensuite, lorsque la boule se refroidit, la pression de l'air extérieur l'y fait monter.

Enfin, lorsqu'on veut que le thermomètre mesure d'assez grandes variations de chaleur, par exemple, qu'il s'étende depuis la chaleur de l'eau bouillante jusqu'aux plus grands froids que l'on puisse éprouver dans nos climats, il faut qu'il y ait entre la capacité de la boule et la longueur du tube, certaines proportions que l'expérience apprend aisément à reconnoître. Si l'on a mis trop de mercure, ou si le tube n'est pas d'une longueur suffisante, il arrivera, dans les fortes chaleurs, que le mercure remplira tout le thermomètre, ira frapper le sommet du tube, et le brisera. Si au contraire on n'a pas mis assez de mercure, il arrivera dans les grands froids qu'il rentrera tout entier dans la boule, et que l'on ne pourra plus observer ses contractions.

Il faut éviter que de petites bulles d'air s'entremêlent dans la colonne de mercure ou s'introduisent dans la boule, car leurs dilatations différentes de celle du mercure et leur compressibilité altéreroient la régularité des mouvemens observés. Aussi, lorsqu'on veut avoir de bons thermomètres, on chauffe la boule jusqu'à y faire bouillir le mercure, avant que le tube soit fermé. Par ce moyen, on chasse infailliblement tout l'air. On peut aisément reconnoître si un thermomètre a été fait avec cette précaution. Il suffit de le renverser de manière que la boule vienne en haut. S'il est purgé d'air, et si l'intérieur du tube n'est pas d'une finesse extrême, le mercure que rien ne soutient, tombe librement et remplit tout le tube; mais si tout l'air n'a pas été chassé, la colonne ne tombe point ou du moins ne tombe point jusqu'au fond du tube, parce que l'air qui s'y trouve résiste en vertu de sa force élastique, et l'empêche d'y arriver.

Voilà donc notre thermomètre fait; il faut maintenant l'employer aux expériences.

Supposons d'abord que nous le plongions dans un vase plein d'eau liquide que nous aurons refroidie en y jetant une certaine quantité de glace pilée ou de neige. Nous verrons aussitôt le mercure du tube descendre dans le thermomètre, et s'arrêter jusqu'à un certain terme fixe, après lequel il ne variera plus, du moins tant que l'eau du vase ne sera pas entièrement gelée, ou que la glace ne sera pas entièrement fondue. Cependant, si l'air extérieur est plus chaud que l'eau employée à notre expérience, il est clair qu'il lui communique continuellement de la chaleur. Puisque le mercure du thermomètre n'indique point cette communication, c'est une preuve que cette chaleur ne lui parvient pas. Elle est donc employée toute entière à fondre la glace ou la neige que l'eau contient, et l'accumulation de la chaleur a lieu ainsi jusqu'à ce que le mélange renfermé dans le vase soit entièrement liquide; alors et seulement alors, la chaleur communiquée à l'eau se transmet au thermomètre, et le mercure commence à monter dans le tube.

Mais déjà de ces faits nous devons tirer deux conséquences extrêmement importantes pour la théorie de la chaleur.

La première, c'est que la glace ou la neige fondante amène le mercure du thermomètre à un état constant et déterminé. Marquons sur le tube de notre thermomètre le point fixe où s'arrête ainsi la colonne de mercure. Nous appellerons ce point le terme de la congélation.

La seconde, c'est que toute la chaleur que l'on peut communiquer à un mélange d'eau et de glace fondante est employée toute entière pour achever de les fondre sans agir en aucune manière sur les corps extérieurs, et par conséquent sans être aucunement perceptible à nos sens.

De là nous voyons qu'il faut distinguer deux états de la chaleur : l'un est celui sous lequel elle se cache dans les corps sans être perceptible aux sens en aucune manière. Nous l'appellerons *chaleur latente*. L'autre est celui dans lequel la chaleur se manifeste par des dilatations qui la rendent perceptible. Nous la nommerons alors *chaleur sensible;* et l'effet de cette sensation sur nos organes se nommera la *température.* Il est facile de fixer précisément chaque température par le moyen du thermomètre: Il suffit de marquer sur le tube le point où la colonne de mercure s'arrête dans chaque cas.

Mais on conçoit que ces points seront en général différens pour chaque thermomètre que l'on construira. Leur position dépendra des rapports de capacité de la boule et du tube, ainsi que de la quantité plus ou moins grande de mercure qu'on y aura introduite. Par conséquent, si l'on se borne à ce que nous avons fait jusqu'à présent chaque observateur ne pourra retrouver les mêmes températures qu'en se servant du même thermomètre qui les lui aura une fois indiquées. S'il le brise toutes les expériences sont perdues; il ne pourra jamais fixer, pour les autres observateurs, les termes dont il voulu parler. On évite cet inconvénient en cherchant dans les expériences un autre point de température constante différent de la glace fondante, et regardant l'intervalle qui les sépare comme une mesure, comme une unité commune aux observateurs de tous les pays, et qui se divise ensuite en un certain nombre convenu de parties égales ou de degrés égaux. Ce second point fixe adopté généralement, est la température de l'eau bouillante.

En effet, lorsqu'on plonge le thermomètre dans un vase rempli d'eau bouillante, le mercure monte rapidement jusqu'à un certain terme, et s'y fixe. Quelque chaleur que l'on applique ensuite au vase, à quelque force qu'on le pousse, tant que toute l'eau ne sera pas vaporisée, tant qu'il restera de l'eau liquide, le thermomètre ne variera plus. Ici donc, toute la chaleur introduite dans l'eau est employée à la vaporiser, de même que dans notre première expérience sur la glace fondante toute la chaleur introduite étoit employée à fondre la glace. Ce phénomène est général dans la théorie de la chaleur. Tous les termes de fusion et de vaporisation des corps sont fixes pour chacun d'eux, quoique différens pour les différentes substances. Le thermomètre le prouve par son immobilité quand on le plonge dans ces corps, lorsqu'ils changent ainsi d'état. Cette chaleur, qui se cache alors à nos sens, n'est pas pour cela perdue, elle reparoît toute entière, et redevient sensible lorsqu'on ramène les corps à leur premier état, par exemple lorsqu'on réduit l'eau en glace, ou la vapeur en eau. C'est même en vertu de cette dernière propriété, que l'on chauffe si aisément de grandes cuves pleines d'eau, par le moyen de la vapeur qu'on y condense. Ainsi, en résumant ces deux classes de phénomènes, on voit que toutes les fois que les corps passent de l'état solide à l'état liquide ou de l'état liquide à l'état aériforme, une certaine quantité de chaleur disparoît aux sens et au thermomètre, comme si elle se combinoit avec la substance même des corps; et au contraire, dans le retour de l'état aériforme à l'état liquide, ou de l'état liquide à l'état solide, toute cette chaleur reparoît et semble se dégager.

Ces phénomènes s'accordent aussi avec l'opinion générale des chimistes et des physiciens, qui considèrent les corps comme des assemblages de particules extrêmement petites, dont chacune, prise à part, seroit imperceptible à nos sens, et qui sont tenues en équilibre entre deux forces contraires, une attraction mutuelle qui tend à les rapprocher les unes des autres, et une force répulsive produite par la chaleur, qui tend sans cesse à les écarter. Dans cette hypothèse, on conçoit qu'il faut que la chaleur augmente dans un corps, pour qu'il passe de l'état solide à l'état liquide, ou de l'état liquide à l'état gazeux, puisque les molécules qui le composent sont alors maintenues à des distances plus considérables; réciproquement, il faut qu'il perde cet excès de chaleur pour que ses molécules se rapprochent et le rendent de nouveau liquide ou solide comme il l'étoit auparavant.

Revenons maintenant à notre thermomètre : nous avons reconnu la nécessité d'un second point fixe, qui nous donne une échelle de degrés égaux et comparables; nous avons choisi pour cet objet la température de l'eau bouillante; marquons ce point sur le tube. De là, jusqu'au point de la glace fondante, il y a sur chaque thermomètre un certain intervalle; divisons cet intervalle en quatre-vingts parties égales, et marquons les sur le tube, en écrivant 0 à côté du terme de la glace, et 80 à côté du terme de l'eau bouillante : nous aurons le thermomètre le plus généralement usité, et qu'on appelle ordinairement thermomètre de Réaumur.

Cette convention étant une fois connue, toutes les expériences faites avec le thermomètre deviennent comparables entre elles. Lorsqu'un physicien de Paris, par exemple, écrit qu'il a observé tel phénomène à une température de dix degrés de Réaumur au-dessus de 0, ou du terme de la glace fondante, le physicien de Londres ou de Pétersbourg, sait précisément de quelle température il veut parler, et la reproduit dans son laboratoire, s'il veut répéter les mêmes expériences. On prolonge ordinairement la division au dessous du terme de la glace fondante, car le mercure ne se gèle que fort au-dessous de ce terme, et l'on peut aussi la prolonger au-dessus du terme de l'ébullition de l'eau, car le mercure est encore bien loin de bouillir à cette limite. Il faut seulement, quand on désigne une température en degrés du thermomètre, avoir soin de dire si ces degrés sont comptés au-dessus ou au dessous du terme de la glace fondante, qui est toujours représenté par 0.

Les physiciens français, convaincus par leur expérience journalière de l'utilité de la division décimale pour tous les calculs usuels, ont introduit cette division dans leurs thermomètres, comme l'avoit fait déjà depuis long-temps le suédois Celsius. Ils prennent de même, pour points fixes, les termes de la glace fondante et de l'eau bouillante; mais ils divisent cet intervalle en cent parties égales qu'ils nomment grades. Ils marquent 0 au terme de la glace fondante, cent grades au terme de l'eau bouillante, et ils prolongent également cette division au-dessus et au-dessous de ces points. Il est visible que les thermomètres centésimaux sont encore comparables entre eux et aux thermomètres de Réaumur; il est extrêmement facile de convertir les indications de ces instrumens les unes dans les autres, puisqu'ils partent des mêmes termes, et que chaque degré centésimal, ou grade, vaut huit-dixièmes de degré du thermomètre de Réaumur.

Les Anglais se servent d'une autre division imaginée et employée d'abord par Farenheit, physicien de Dantzig, qui a beaucoup contribué au perfectionnement des thermomètres. Dans cette division, le terme de la glace fondante est marqué 32, le terme de l'eau bouillante 212; l'intervalle de ces deux termes se trouve donc divisé en 180 parties, au lieu de 80 qu'on emploie dans le thermomètre de Réaumur. Ainsi chaque degré du thermomètre de Farenheit vaut quatre-neuvièmes de degré de Réaumur, ce qui suffit pour comparer les indications données par l'un ou l'autre de ces instrumens. On conçoit, d'ailleurs, que le nombre des divisions adopté dans ces différens systèmes, est tout-à-fait arbitraire : il suffit qu'il soit convenu et compris entre des termes fixes. Par exemple, le point zéro de la division de Farenheit ne répond pas à la température de la glace fondante, mais à une température beaucoup plus froide produite par un mélange de neige et de sel marin ordinaire, dans des proportions déterminées.

La première invention du thermomètre date de la fin du seizième siècle : on la doit à un Hollandais nommé Drebbel, mais elle étoit alors fort imparfaite. Plusieurs physiciens distingués ont travaillé depuis à donner à cet utile instrument toute l'exactitude et toute la sensibilité dont il est susceptible. Tant de recherches employées à fabriquer un petit instrument de verre peuvent paroître minutieuses, si l'on n'y voit qu'un objet de pure curiosité ; elles sont de la plus haute importance, si l'on fait attention aux conséquences qui en dérivent, et aux connoissances que nous en tirons sur les phénomènes de la nature ; les applications du thermomètre dans la physique, la chimie et les autres sciences naturelles sont innombrables. Les indications qu'il nous donne sont la base de toute la théorie de la chaleur ; il est le régulateur de toutes les opérations chimiques ; l'astronome le consulte à chaque instant dans ses observations, pour calculer les déviations que les rayons lumineux émanés des astres éprouvent en traversant l'atmosphère qui les brise et les courbe plus ou moins selon sa température. C'est encore au thermomètre que nous devons toutes les connoissances que nous avons sur la chaleur animale, produite et entretenue par la respiration. C'est lui qui fixe dans chaque lieu la température moyenne de la terre et du climat, qui nous montre la chaleur terrestre diminuant depuis l'équateur jusqu'aux pôles constamment glacés ; c'est encore lui qui nous apprend que la chaleur décroît à mesure que l'on s'élève dans l'atmosphère vers la région des neiges éternelles, ou qu'on s'enfonce dans les abîmes des mers, d'où résultent les changemens progressifs de la végétation à diverses hauteurs. Lorsqu'on voit tant de résultats obtenus par le seul secours d'un peu de mercure enfermé dans un tube de verre, et qu'on songe qu'un petit morceau de fer suspendu sur un pivot a fait découvrir le Nouveau-Monde, on conçoit que rien de ce qui peut agrandir et perfectionner les sens de l'homme, ne doit être d'une légère considération ; et ce motif me servira d'excuse à moi-même pour la multiplicité des détails, dans lesquels je viens d'entrer.

J'espérois pouvoir arriver aujourd'hui à ces grandes et utiles applications du thermomètre. Je voulois aussi parler des thermomètres construits avec d'autres liquides, principalement de celui dans lequel on emploie l'esprit-de-vin, liqueur que les chimistes nomment *alcool*; mais la nécessité de donner des idées précises sur la fabrication d'un instrument qui est d'un emploi si fréquent, même dans l'usage ordinaire, m'a entraîné au delà des limites que ma lettre devroit occuper. Je réserve donc pour une autre fois l'exposé des expériences que l'on peut faire avec le thermomètre, et j'espère que la variété des résultats, autant que leur importance, offrira quelques dédommagemens de la peine qu'il aura fallu prendre pour bien connoître l'instrument qui sert à les obtenir.

C.

LES DIFFICULTÉS
DE LA LANGUE FRANÇAISE,

Résolues d'après l'autorité de l'Académie, et accompagnées de discussions qu'on a eu soin d'appuyer de l'exemple de quelque grand écrivain, afin d'éclaircir les endroits obscurs, et ceux sur lesquels l'Académie ne paroît pas s'expliquer suffisamment; par *A. F. Pornin*, professeur de littérature à l'Ecole de Pont-le-Voy. Seconde édition.

Un vol. in-12. Prix : 3 fr., et 4 fr. par la poste. = A Paris, chez Bechet, libraire, quai des Augustins, n° 63; et chez Le Normant.

Si la langue française a encore des *difficultés*, ce n'est pas la faute des grammairiens, qui travaillent, depuis plus de cent cinquante ans, à les lever. Jamais langue, je crois, n'a été plus retournée, plus travaillée, plus discutée que la nôtre: elle y a certainement gagné en clarté et en précision; mais aujourd'hui, du moins, on devroit la laisser un peu tranquille, et ne pas revenir sans cesse sur des questions coulées à fond depuis long-temps par Vaugelas, et Bouhours, et Ménage, et Regnier-Desmarais, et tant d'autres. A force de battre l'eau la plus claire, on finit par la troubler, et la plupart des grammaires modernes seroient réduites à bien peu de pages, si on en retranchoit tout ce qui n'est qu'une fastidieuse répétition de ce qui a déjà été répété cent fois. Lorsqu'on rencontre dans la langue quelque difficulté, quelque obscurité, soit dans les mots, soit dans la syntaxe, qui a échappé aux regards attentifs de tant d'examinateurs, qu'on la présente et qu'on l'éclaircisse, à la bonne heure; mais qu'on renouvelle des difficultés éclaircies, qu'on remette sur le tapis des questions souvent résolues, à quoi bon? On devroit, du moins, si l'on vouloit absolument les rappeler, ne pas en grossir des volumes, et les exposer rapidement, comme des résultats que les grammaires, les dictionnaires et la nation ont adoptés et reconnus.

C'est là probablement ce que M. Pornin a voulu faire dans ses *Difficultés de la langue française*. Aussi son ouvrage, considéré sous ce rapport, peut-il avoir de l'utilité et quelqu'intérêt: c'est un recueil assez complet des difficultés qui peuvent naître, soit des différens sens des mots, selon leur union avec telle ou telle particule, soit des synonymes, soit des homonymes, ou des éternels participes. Ce recueil n'a guères que trois cents pages; et cependant, si l'on en ôtoit tout ce qui est réellement inutile; si l'on en effaçoit ces *Difficultés* qui n'en sont plus, ou qui n'ont jamais pu en être; si l'on réduisoit tout enfin aux termes les plus simples, ce que devroit faire tout homme qui reprend des questions déjà résolues, et qui destine son livre à l'enseignement, je doute qu'il en restât cent pages bien pleines. On pourroit, il est vrai, y ajouter encore, remplir des lacunes, suppléer des omissions; car, dans ce livre comme dans mille autres, beaucoup de choses y sont qui n'y devroient pas être, et beaucoup de choses qui y devroient être n'y sont pas.

Par exemple, l'auteur a consacré un chapitre de cinquante pages aux verbes ou aux noms *que l'on pourroit confondre à raison d'un rapport synonyme ou homonyme apparent*; et ce chapitre commence par les mots *arborer*, *abhorrer*, que l'auteur explique et distingue avec beaucoup de soin : qui a jamais confondu *arborer* et *abhorrer*? Qui a jamais dit, *j'arbore mon ennemi* ou *j'abhorre un étendard*? Si c'est là une des *difficultés de la langue française*, je plains vivement cette pauvre langue et ceux qui l'étudient; car chaque mot offrira des difficultés pareilles. J'ignore si, dans quelque province, les paysans disent *arborer* pour *abhorrer* et *vice versâ*; mais à coup sûr, aucun de ceux qui ouvrent un livre n'a besoin qu'on lui apprenne que ce sont là deux mots différens. Continuons. A la page suivante, nous trouvons un article semblable sur *affermer* et *affermir* : où donc a-t-on jamais dit *j'ai fait affermer ce plancher* et *j'ai affermi mes terres* ? Quelqu'un se seroit-il avisé aussi de confondre *flairer* avec *fleurir*, et de dire *j'ai fleuri cela de loin*, ou *les lilas commencent à flairer* ? Passons aux substantifs. Nous y verrons que les mots *affluence* et *influence* ne signifient pas la même chose, et qu'on dit *il y avoit à ce spectacle une grande affluence de peuple*, et *une bénigne influence*. Encore une fois, où donc s'est-vu le contraire ? à qui l'auteur adresse-t-il ces hautes *difficultés* ?

Tout cela est de trop ; je ne crois pas que personne me le conteste. Voyons si, dans quelques endroits, on pourroit se plaindre qu'il n'y a pas assez.

Je prends le chapitre premier destiné aux *verbes qui ont différentes significations, selon les prépositions dont ils sont suivis, et qui quelquefois même ont un régime direct*. Le mot *casser* se présente ; l'auteur en explique très bien les différens emplois, *casser les bras à quelqu'un*, *un homme cassé de vieillesse*, etc. ; mais il oublie cette locution particulière et remarquable, *sa voiture a cassé en route*. Vient le mot *emprunter* ; selon M. Pornin, quand ce verbe est pris dans le sens propre, il régit *à* ; on doit dire *emprunter à quelqu'un mille écus* ; mais il se construit aussi avec *de*, et l'on dit également, *j'ai emprunté ce livre de l'un de mes amis* ; à quoi bon introduire des différences qui n'existent pas réellement ? On trouvera aussi dans ce chapitre tantôt des distinctions peu fondées, tantôt des distinctions incomplètes ou insuffisantes, comme dans les verbes *comparer*, *demeurer*, etc.

L'ouvrage de M. Pornin n'est cependant ni insignifiant, ni inutile ; beaucoup de véritables difficultés y sont rassemblées et éclaircies ; c'est un manuel assez commode pour un instituteur, qui veut présenter rapidement et succinctement à ses élèves ce qui pourroit les embarrasser, soit dans le sens, soit dans le rapprochement des mots ; l'auteur paroît bon grammairien ; il a traité avec justesse les questions des participes, quoiqu'avec trop peu de simplicité et de brièveté ; il cite assez souvent des autorités qui prouvent qu'il est familier avec nos auteurs classiques ; mais il auroit pu être à la fois et plus complet et plus court. C'est le cas de presque toutes les grammaires.

F. G.

DIALOGUE.

CAROLINE, *Mad.* DE BOISSY *travaillant*.

Mad. de Boissy. Caroline, avois-tu besoin de cette ceinture que tu t'es fait donner tantôt par ton oncle, en lui demandant de te prêter de l'argent pour l'acheter ?

Caroline. Je suis toujours bien aise de l'avoir, maman, puisqu'elle ne me coûte rien....

Mad. de B. Tu savois donc que ton oncle t'en feroit présent ?

Caroline. Maman, je ne lui ai demandé que de me prêter l'argent.

Mad. de B. Je le sais bien ; mais, comptois-tu le lui rendre ?

Caroline. Certainement, s'il l'avoit voulu.

Mad. de B. Mais, croyois-tu qu'il le voulût ?

Caroline embarrassée. Maman, je ne sais pas.

Mad. de B. Dis-moi franchement, quand tu as demandé à ton oncle de te prêter de l'argent pour acheter cette ceinture dont tu n'avois pas besoin, et que tu n'aurois probablement pas achetée si tu eusses été seule, ne savois-tu pas que c'étoit un moyen de te la faire donner ?

Caroline. Mon Dieu, maman, vous me faites examiner ma conscience comme si c'étoit pour aller à confesse.

Mad. de B. C'est toujours ainsi qu'il faut l'examiner, ma fille.

Caroline. Oui, quand on a fait quelque mal.

Mad. de B. Ou pour savoir si on en a fait.

Caroline troublée. Mais, quel mal puis-je donc avoir fait ? Mon oncle étoit bien le maître, et il étoit assurément bien vrai que je n'avois pas d'argent dans mon sac.

Mad. de B. Il y avoit pourtant une chose qui n'étoit pas vraie, et que tu voulois lui faire croire, c'est que tu avois réellement l'intention d'acheter cette ceinture de ton argent.

Caroline toujours embarrassée. Mais, maman, mes intentions ne font rien à personne.

Mad. de B. Apparemment que tu crains qu'elles ne fassent quelque chose, puisque tu les caches. Tu n'aurois pas voulu que ton oncle te devinât ; ainsi, quand tu avois une pensée, tu tâchois qu'il t'en crût une autre. Tu ne lui aurois pas demandé ce ruban, parce que tu sais qu'on ne peut recevoir que quand les autres ont autant de plaisir à nous faire un présent que nous à le recevoir; et alors ils y penseront tout aussitôt que nous : tu as donc voulu laisser croire à ton oncle que tu avois la délicatesse de ne pas désirer un présent qu'il ne pensoit pas à te faire, et en même temps tu cherchois un moyen détourné de l'y faire penser. Tu t'es arrangée pour obtenir à la fois et l'estime que mérite la délicatesse, et le présent qu'il auroit fallu sacrifier pour la mériter. Il est clair que l'un ou l'autre ne t'appartient pas, et que tu as volé dans le marché.

Caroline choquée. Ah! maman, on ne vole que quand on fait tort à quelqu'un; et je n'ai fait tort à personne.

Mad. de B. Tu as extorqué à ton oncle un présent qu'il ne vouloit peut-être faire qu'à une personne qu'il croyoit incapable de subterfuges. Tu as trompé l'intention qu'il avoit de te faire un plaisir auquel tu ne t'attendois pas.

Caroline. Il ne peut pas le savoir; ainsi son plaisir, à lui, n'en sera pas moins grand.

Mad. de B. Caroline, croirois-tu ne pas voler si tu prenois de l'argent dans les coffres d'un homme riche qui ne s'en sert pas et n'en sait pas le compte? Si tu ne lui fais pas à lui-même un tort qu'il puisse sentir, tu le fais à ceux à qui cet argent doit revenir un jour après lui, et qui n'auront pas la même richesse ni la même indifférence. De même; si tu ne fais pas un tort positif à ton oncle en usurpant une estime qu'il ne te doit pas, tu le fais au moins à ceux auxquels il pourra t'égaler dans son estime, ou bien qu'il mettra au-dessous de toi: car, ou tu partageras avec eux une estime que tu ne mérites pas, et qui est toujours plus flatteuse quand on l'obtient seul, ou tu diminueras la consolation qu'ils auroient de trouver un exemple de plus pour les excuser. Mets-toi bien dans la tête qu'on ne trompe jamais sans faire tort à quelqu'un, et qu'il n'y a pas de profit injuste qui ne soit pris sur le prochain.

Caroline. En vérité, maman, celui-là est si petit.

Mad. de B. L'occasion est peu de chose, mais le principe est le même, et tu ne voudrois pas plus voler des aiguilles que des diamans. D'ailleurs, mon enfant, la chose qu'on prend la peine de dérober, il faut bien qu'on y mette quelque prix, qu'on y trouve quelqu'avantage; et qui peut vouloir d'un avantage qu'il n'a pas mérité? Écoute, Caroline, tu commences à devenir grande; il faut que tu saches tout ce qu'on doit à soi-même, et aux autres de droiture et de probité dans les plus petites choses, combien il est humiliant d'avoir envie de tromper les autres, ou de croire qu'on en a besoin.

Caroline. Maman, je n'ai jamais eu envie de tromper personne, je vous assure.

Mad. de B. Je crois bien qu'on ne se dit pas, *je veux tromper*, on auroit horreur de soi-même; mais sans dire des choses absolument fausses, on passe sa vie à tâcher d'en faire croire aux autres qui ne sont pas vraies. Si l'on a froid, si l'on a chaud, si l'on est fatiguée, on se récrie sur ce que l'on souffre; on l'exagère pour attirer leur attention, pour qu'ils vous plaignent, ou du moins qu'ils pensent à vous. On rit plus fort qu'on n'en a envie, pour faire penser qu'on est bien gaie. On s'approche d'une glace, et on dit : *Comme le soleil m'a déjà noircie!* pour qu'on vous réponde qu'il n'y paroît pas, et qu'on vous fasse un compliment sur votre teint. On se plaint d'une robe qui va mal, on dit : *Comme je suis fagotée aujourd'hui!* parce qu'on espère trouver quelque flagorneur qui vous dira que tout vous sied. On exprime un bon sentiment, pour en obtenir des éloges.

Caroline. Mais, maman, si le sentiment est vrai?

Mad. de B. Ma fille, il y a toujours de la fausseté dans la manière dont on s'y prend pour en obtenir des éloges; car les bons sentimens ne sont pas destinés à nous faire louer, mais à nous faire bien agir. On ne les estime que quand ils remplissent leur destination. On n'estimera pas la bienfaisance d'une personne qui ne fait le bien que pour obtenir des éloges; ni les sentimens fraternels de celle qui cherche uniquement, en les montrant, à être louée de son attachement pour ses frères et ses sœurs. Ainsi, en exprimant ses sentimens pour en être louée, on s'appliquera, avec grand soin, à faire croire qu'on n'en parle pas dans cette intention. Alors, si on obtient la louange, il est clair qu'on l'aura volée.

Caroline. Mais il faudra donc veiller sur tous ses mouvemens, car ces choses là pourront échapper sans qu'on y pense?

Mad. de B. Il suffira, pour qu'elles n'échappent plus, de penser une bonne fois à deux ou trois choses; d'abord, que c'est marquer bien peu d'estime et de considération pour soi-même que de consentir à tromper les autres, pour qu'ils veuillent bien faire attention à vous; ensuite, que l'on se met vis-à-vis d'eux dans une position bien humiliante, en quêtant un éloge ou un compliment, ou une marque d'attention qu'ils ne vous accordent le plus souvent que par politesse, ou pour vous faire plaisir, comme on donne un sou au pauvre qui demande dans la rue; enfin, que ces sortes de ruses, quand elles sont découvertes (et elles le sont plus souvent qu'on ne croit) peuvent couvrir de ridicule ou même de honte, et que la plus petite fausseté fait toujours courir un risque bien plus grand que le plaisir qu'elle procure. Dis-moi si ta ceinture te fera jamais un plaisir égal au chagrin que tu aurois, si ton oncle venoit à découvrir le subterfuge dont tu t'es servie pour te la faire donner?

Caroline. Ah! maman, vous êtes parvenue à me la faire prendre en aversion. Je ne la regarderai seulement plus.

Mad. de B. Tu as tort, ma fille; il faut la regarder et y penser, pour qu'elle te rappelle la nécessité d'agir toujours avec droiture.

P. M. G.

ERRATA du N° III.

Pag. 151, lig. 10, d'en bas, *exercice*; lisez *exercices*.

179, lig. 9, d'en bas, *la trouve très bien*; lisez *en trouve très bien la cause*.

Idem. lig. 6, d'en bas, *dessus*; lisez *dessous*.

ANNALES DE L'ÉDUCATION.

DES IDÉES DE MONTAIGNE,

EN FAIT D'ÉDUCATION.

(IVe et dernier Article.)

LES hommes aiment la propriété et la puissance; les enfans, dans leurs premières années, sont nécessairement soumis à l'autorité de leurs parens, et peuvent, en quelque sorte, être regardés comme leur propriété, puisqu'ils dépendent d'eux pour tous les besoins de la vie; mais cette propriété n'est point réelle, et cette autorité doit finir. C'est à quoi les parens ont souvent peine à se résoudre, bien que chaque jour les achemine vers cet inévitable résultat. Cette tendresse qui leur a dicté les soins qu'ils ont prodigués à ces êtres foibles, dont ils ont vu toute la foiblesse, et dont la force toujours croissante les frappe peu, comme on n'est pas frappé des progrès de la taille d'un enfant qu'on voit tous les jours; ce dévoûment qui remplit l'ame des pères et des mères, cet empire si doux à exercer sur les objets de nos affections, se décident difficilement à faire place à cette justice rigoureuse qui restreint et fixe nos droits à mesure que s'étendent la capacité, l'existence, et par conséquent les droits de ceux qui nous touchent de près. Montaigne connoissoit peu ces sentimens vifs et puissans qu'éprouvent les parens à la vue de leurs enfans à peine nés : il a sans doute eu besoin de moins d'efforts pour arriver à cette justice ; mais il n'en a que mieux connu sa nécessité et son étendue. Ses conseils sont ceux d'un juge sévère qui ne nous flatte point, ne nous dissimule rien, et que nous devons d'autant plus écouter qu'il nous en coûte davantage pour nous résoudre à l'entendre. Quand nos sentimens sont en lutte avec notre raison, nous devons nous féliciter d'avoir près de nous un homme éminemment raisonnable, dont l'esprit ait su se soustraire à l'influence de ces sentimens qui troublent ou embarrassent le nôtre, et qui place sans cesse devant nous ce miroir de la vérité, dont nous sommes si enclins à détourner les yeux. Le philosophe, qui se borne à méditer sur notre nature, comprend les foiblesses des hommes, les explique et les excuse ; mais dès qu'il conseille, il doit les combattre, car il écrit pour les guérir.

La justice de Montaigne commence de bonne heure. Ses enfans sont encore très jeunes, et déjà il prévoit que s'il ne se les attache que par ces liens de dépendance et d'autorité, dont leur situation leur fait encore un besoin, cet attachement sera foible ou de peu de durée, puisque cette situation doit cesser. Il sait que nous ne devons avoir avec eux que la sévérité qui leur est nécessaire : dès que nous dépassons cette limite, nous outrepassons nos droits, et toute rigueur inutile est une injustice à

ses yeux. « C'est aussi folie et injustice, dit-il, de
» priver les enfans, qui sont en âge, de la fami-
» liarité des pères, et vouloir maintenir en leur
» endroit une morgue austère et dédaigneuse, es-
» pérant par-là les tenir en crainte et obéissance....
» Je veux mal à cette coustume d'interdire aux en-
» fans l'appellation paternelle, et leur enjoindre une
» étrangère, comme plus révérentiale, nature n'ayant
» volontiers pas suffisamment pourvu à nostre
» authorité (1). Nous appelons Dieu tout puissant
» *père*, et desdaignons que nos enfans nous en ap-
» pellent. J'ay réformé ceste erreur en ma famille...
» Quand je pourroy me faire craindre, j'aimeroy
» encore mieux me faire aimer. »

Il sentoit que l'affection est le seul lien sur
lequel on puisse compter, quand tous les autres
doivent se rompre un jour, et la bonté lui paroissoit avec raison non moins utile que juste. Il avoit
même, pour une conduite différente, cette répugnance que doivent sentir une ame honnête et un
esprit droit, pour toute union où la volonté n'a
point de part, qui ne repose que sur la nécessité
ou la contrainte. « Un père est bien misérable,
» dit-il, qui ne tient l'affection de ses enfans que
» par le besoin qu'ils ont de son secours, si cela se
» doit nommer affection; il faut se rendre respec-
» table par sa vertu et par sa suffisance, et aymable
» par sa bonté et douceur de ses mœurs. Les

---

(1) *Comme si la nature n'avoit pas assez bien pourvu
à notre autorité.*

» cendres mesmes d'une riche matière, elles ont
» leur prix; et les os et reliques des personnes
» d'honneur, nous avons accoutumé de les tenir
» en respect et révérence. Nulle vieillesse peut estre
» si caduque et si rance à un personnage qui a
» passé en honneur son aage, qu'elle ne soit véné-
» rable, et notamment à ses enfans, desquels il
» faut avoir reiglé l'ame à leur devoir par raison
» non par nécessité et par le besoing, ni par ru-
» desse et par force..... J'essayeroy, par une douce
» conversation, de nourrir en mes enfans une
» vive amitié et bienveillance non feinte en mon
» endroit; ce qu'on gaigne aisément envers des
» natures bien nées. »

Ces idées, d'une bonté vraiment paternelle, formoient un singulier contraste avec les idées et les
habitudes du seizième siècle : on ne sauroit douter
que l'absurdité de ces habitudes, en frappant vivement l'esprit observateur de Montaigne, n'eût
contribué à lui faire sentir la justice et le besoin
d'une méthode absolument contraire : il ne falloit
pas même avoir son génie pour arriver à cette
vérité. Des mœurs rudes et grossières, des idées
fausses, de ridicules préjugés peuvent détourner
dans l'homme le cours des sentimens naturels, et le
priver des douceurs dont ils sont la source, mais
non les détruire : la nature se réveille et éclaire la
raison quand arrive une de ces occasions puissantes
qui font taire les habitudes et les préjugés devant la
voix impérieuse du cœur. Un soldat farouche peut
sentir alors ce que développe si bien notre philo-

sophe. « Feu M. le mareschal de Montluc, dit-il,
» ayant perdu son fils, qui mourut en l'isle de
» Madères, brave gentilhomme à la vérité et de
» grande espérance, me faisoit fort valoir, entre
» ses autres regrets, le desplaisir et crève-cœur qu'il
» sentoit de ne s'estre jamais communiqué à luy ;
» et sur ceste humeur d'une gravité et grimace pa-
» ternelle, avoir perdu la commodité de gouster et
» bien cognoistre son fils, et aussi de luy déclarer
» l'extresme amitié qu'il luy portoit et le digne ju-
» gement qu'il faisoit de sa vertu. — Et ce pauvre
» garçon, *disoit-il*, n'a rien veu de moy qu'une
» contenance refroignée et pleine de mespris ; et a
» emporté cette créance que je n'ay sçeu ny l'aimer
» ny l'estimer selon son mérite. A qui gardoy-je à
» descouvrir cette singulière affection que je lui
» portoy dans mon ame ? estoit-ce pas luy qui en
» devoit avoir tout le plaisir et toute l'obligation ?
» je me suy contraint et gehenné pour maintenir
» ce vain masque ; et y ay perdu le plaisir de sa
» conversation et sa volonté quant et quant, qu'il
» ne me peut avoir portée autre que bien froide,
» n'ayant jamais reçu de moy que rudesse, ny
» senti qu'une façon tyrannique. — Je treuve que
» ceste plainte estoit bien prise et raisonnable : car
» comme je sçay par une trop certaine expérience,
» il n'est aucune si doulce consolation en la perte
» de nos amis, que celle que nous apporte la science
» de n'avoir rien oublié à leur dire, et d'avoir eu
» avec eux une parfaite et entière communi-
» cation. »

Il y a dans ce récit, dans les regrets du vieux Montluc, dans les réflexions de Montaigne, cette sensibilité naturelle et vraie que la raison approuve, et qu'on ne sauroit étouffer ou contrarier sans absurdité. Nous n'avons plus besoin aujourd'hui de combattre le triste préjugé qui, au seizième siècle, s'opposoit à la manifestation de sentimens si doux et si simples; mais les conséquences qu'en tire Montaigne, les applications qu'il en fait sont encore bonnes à répéter, parce que les hommes, même éclairés et adoucis, savent rarement être justes, et qu'on ne sauroit trop leur recommander ce désintéressement raisonnable, qu'ils sont si disposés à oublier, même quand ils en reconnoissent l'équité.

« Je treuve, dit Montaigne, que c'est cruauté et
» injustice de ne recevoir nos enfans au partage et
» société de nos biens, et compagnons en l'intel-
» ligence de nos affaires domestiques, quand ils
» en sont capables; et de ne retrancher et resserrer
» nos commodités pour pourvoir aux leurs, puisque
» nous les avons engendrés à cet effet. C'est injus-
» tice de voir qu'un père vieil, cassé et demy
» mort, jouisse seul à un coing du foyer des biens
» qui suffiroient à l'advencement et entretien de
» plusieurs enfans; et qu'il les laisse cependant, par
» faute de moyen, perdre leurs meilleures années,
» sans se pousser au service public et cognoissance
» des hommes. »

C'est un père qui tient ce langage, et ce père étoit un homme qui s'aimoit beaucoup, qui con-

noissoit ses droits, qui savoit les faire respecter, mais qui connoissoit et respectoit ceux des autres, de ses enfans comme d'un étranger. En donnant le jour à des hommes, nous contractons, pensoit-il, l'obligation *d'accommoder leur vie raisonnablement, de tout ce qui est en notre puissance.* Quand nous vieillissons, nos besoins diminuent, c'est-à-dire, qu'il est une infinité de choses qui ne nous sont plus nécessaires, puisque nous n'avons plus la force de nous en servir : c'est là ce que nous devons abandonner à ceux que leur âge appelle à en jouir. « C'est raison de leur en laisser l'usage,
» puisque nature nous en prive.... Un vieillard sage
» se dépouille pour se coucher, non pas jusques à
» la chemise, mais jusques à une robbe de nuict
» bien chaude : le reste des pompes, de quoy il
» n'a plus que faire, il doit en estrener volontiers
» ceux à qui, par ordonnance naturelle, cela doit
» appartenir..... Ce doit estre un grand conten-
» tement à un père vieil, de mettre luy-mesme ses
» enfans en train du gouvernement de ses affaires,
» et de pouvoir, pendant sa vie, contreroller leurs
» desportemens, leur fournissant d'instruction et
» d'advis suyvant l'expérience qu'il en a ; et d'ache-
» miner luy-mesme l'ancien honneur et ordre de
» sa maison en la main de ses successeurs, et de se
» respondre par-là des espérances qu'il peut
» prendre de leur conduicte à venir; et pour cet
» effect, je ne voudroy pas fuyr leur compagnie ;
» je voudroy les éclairer de près et jouyr, selon la
» condition de mon aage, de leur allegresse et de

» leurs festes. Si je ne vivoy parmi eux (comme
» je ne pourroy, sans offenser leur assemblée par
» le chagrin de mon aage et l'obligation de mes
» maladies, et sans contraindre aussi et forcer les
» reigles et façons de vivre que j'auroy lors) je
» voudroy au moins vivre près d'eux en un quartier
» de ma maison, non pas le plus en parade, mais
» le plus en commodité. » Et il cite à ce propos
plusieurs exemples de vieillards peu chéris et peu
respectés de leurs enfans pour n'avoir pas voulu,
se résignant à leur vieillesse, renoncer à des biens
dont ils ne pouvoient plus user et à une tâche
qu'ils étoient hors d'état de remplir.

Qu'on ne s'étonne pas de trouver dans ces conseils un certain air de sécheresse qui, loin d'en adoucir la justice sévère, y ajoute une triste âpreté: nous avons vu que Montaigne n'étoit point inaccessible à ces sentimens vrais et tendres que la nature a placés dans nos ames, et dont leur conformité avec la raison n'est pas le moindre bonheur; mais nous avons vu aussi quelles causes avoient empêché ces sentimens de se développer dans son cœur, et d'y acquérir cet empire qui semble leur être généralement accordé, et qu'on auroit tort de vouloir restreindre. La raison restoit presque seule dans cet homme singulier qui, tenant fortement à la vie, se désolant de sa brièveté, et n'ayant aucune des idées qui auroient pu lui donner des consolations ou des espérances, avoit cherché à rompre tous les liens qui pouvoient la lui rendre chère, pour n'avoir pas trop de peine à la quitter. On parle

toujours de la gaîté et de l'aimable insouciance de Montaigne; je le trouve triste, profondément triste, de cette tristesse raisonnée, qui, ne trouvant rien de propre à la guérir, ne sait que s'étourdir et se distraire. Il aime la vie, et rien dans la vie n'a de prix à ses yeux; le vide du cœur est pour lui le seul moyen d'échapper à la douleur; il se déprend de tout pour n'avoir rien à regretter; la mort sans cesse présente à sa pensée ne lui laisse de plaisir que celui de vivre, de vivre seul, sans affections et sans espérances : il s'applique à glacer son ame pour pouvoir la lui livrer à la fin, sans déchirement et sans effroi. Je ne saurois voir qu'avec une amertume profonde cet homme, d'un esprit si fort, d'un caractère si élevé, d'un cœur si droit et si juste, ne vivant que pour travailler à s'éteindre, se travaillant pour s'isoler, et s'isolant pour mourir. Un seul homme lui a paru digne de son affection; il l'a aimé comme il pouvoit aimer, d'une amitié rare, tendre, presque sublime; il le perd, et ne sait plus aimer personne : il *n'épouse* plus *que soi*; son siècle ne lui inspire que du mépris; ses enfans que de l'indifférence; pour se détacher de lui-même, il a besoin de se détacher de tout, et il ne sait que « se plonger la tête baissée, stupidement
» dans la mort, sans la considérer et recognoistre,
» comme dans une profondeur muette et obscure,
» qui l'engloutit d'un sault et l'estouffe en un instant,
» d'un puissant sommeil, plein d'insipidité et
» d'indolence! »

Quand on a vu Montaigne absorbé par cette

lugubre idée, quand on a suivi les raisonnemens par lesquels il y est arrivé, quand on a reconnu dans son insouciance l'indifférence réfléchie d'un homme qui a pris le parti de ne se soucier de rien de tout ce qui est hors de lui; quand on a découvert d'où venoit cette philosophie qui ne sait opposer que l'insensibilité au malheur, on ne s'étonne plus de trouver Montaigne froid et égoïste; on sait comment il en est venu là pour avoir méconnu cette haute destination morale de l'homme qui le lie à ses proches, à ses amis, aux générations futures, qui lui fait voir à quels travaux il doit s'appliquer, quel est le but de sa vie, quel en peut être le fruit, quelles espérances il peut concevoir pour ce genre humain dont il est membre. Montaigne ne s'étoit point élevé à ces grandes pensées qui l'auroient guéri du besoin de s'isoler, et auroient ajouté de la consolation à son courage. Son siècle, il est vrai, étoit peu propre à les lui donner, et ce dont on s'étonne, avec plus de raison, c'est qu'au milieu du triste système qu'il avoit adopté, il ait conservé cette inflexible droiture de caractère, cette hauteur de morale qui lui font placer la vertu au-dessus de tout. A ce nom de vertu, il s'échauffe, il s'élève; la franche admiration qu'elle lui inspire lutte dans son cœur contre sa propre doctrine; et le plus indifférent des hommes, épicurien par penchant, égoïste par principes, ne peut entendre prononcer le nom de Socrate, sans un généreux saisissement d'amour et de respect.

C'est là le phénomène; c'est là ce dont on doit

faire hommage au caractère naturel du philosophe, et à la force de sa raison qui, tout en jugeant mal de la valeur et du but de la vie, de la dignité et de la destination du genre humain, est restée attachée aux lois d'une morale sévère, a déclaré que l'honnête devoit être préféré à l'utile, et a du moins laissé à l'homme la vertu quand elle lui ravissoit l'espérance.

C'est cette raison supérieure, dont l'unique tort est de n'avoir pas saisi l'ensemble de l'histoire et des destinées de notre espèce, mais qui ne s'est presque jamais trompée dans les détails auxquels elle a appliqué ses forces, que nous avons reconnue dans les idées de Montaigne sur l'éducation. Toutes ces idées sont à lui; elles sont le fruit des méditations de cet esprit juste et ferme qui marchoit droit à la vérité, tout en ne croyant pas à son existence. Nous avons vu dans Rabelais ce que pouvoit indiquer le simple bon sens, quand on vouloit le consulter, sans remonter même aux principes de ses préceptes. Mais Montaigne nous a offert tout ce que pouvoit découvrir une tête saine, libre et forte qui creuse les lois de la nature humaine, pénètre jusqu'à leur origine, les suit dans leurs applications, et appuie toutes ses opinions sur une connoissance profonde de l'homme, de ses droits et du développement de ses facultés. Qu'on croie tout ce qu'il conseille, qu'on fasse tout ce qu'il recommande; on pourra avoir à y ajouter; on aura besoin de conduire l'élève plus loin qu'il ne l'a fait; mais il faut passer par la route qu'il a prise ; s'il n'a pas tout dit, tout ce qu'il a dit est vrai, et avant de prétendre à le devancer, qu'on s'applique à l'atteindre.

F. G.

JOURNAL

ADRESSÉ PAR UNE FEMME A SON MARI, SUR L'ÉDUCATION DE SES DEUX FILLES.

Numéro XVII.

LOUISE est revenue hier très scandalisée d'une visite que nous avons faite, et où elle a trouvé un petit garçon qui est certainement *bien méchant*, m'a-t-elle dit, car si on parloit de gâteaux ou de confitures, il disoit : *Moi, je suis gourmand, je mange tout ce que je trouve.* Si on citoit un enfant bien docile et bien appliqué : *Moi, je suis paresseux*, disoit-il, *je n'aime qu'à ne rien faire.* Louise pourroit bien aussi se laisser tenter par le gâteau qu'elle doit garder pour demain, ou par le fruit qu'elle trouve à terre sous un arbre, et braveroit volontiers l'indigestion pour un goûter qui lui plait. Elle seroit bien capable aussi de préférer le *far niente* à toute la science et à toute la gloire du monde, dût-elle passer son loisir à s'ennuyer. Mais être *gourmande* ou *paresseuse* ! c'est à quoi elle ne peut consentir ; et les raisonnemens qu'elle me fait sans cesse pour me prouver qu'elle ne mérite pas qu'on l'appelle ainsi, sont, comme on l'a dit de l'hypocrisie, que la pauvre Louise ne connoît guère, autant d'hommages que son *vice* rend à la vertu. Cependant, en attachant déjà du prix à la vertu pour l'honneur qu'elle rapporte, pour l'estime qu'on lui accorde, Louise ne l'aime pas encore assez pour lui sacrifier le plaisir, la fantaisie du moment. Ses sensations sont encore trop vives, et ses sentimens trop foibles. L'honneur attaché à n'être pas gourmande, est bien peu de chose en comparaison du plaisir que dans le moment elle peut trouver à l'être, et la honte de la paresse n'équivaut pas à la peine de la vaincre. Ces idées générales ne sont pas encore de force à lutter contre les occasions particulières qui viennent attaquer leur puissance. Aussi faut-il craindre de les y exposer, de peur que trop souvent vaincues, elles ne s'accoutument à se soumettre, et ne se résignent à être méprisées. Le petit garçon qui a si fort scandalisé Louise, s'est probablement entendu dire deux cents fois qu'il étoit gourmand et paresseux ; c'est probablement le seul frein qu'on ait opposé à ses fantaisies ; il n'y a pas d'enfans qui essuient plus de reproches que les enfans gâtés, précisément parce que c'est la chose qui les contrarie et les contient le moins, et que, de toutes les manières de se débarrasser des devoirs d'éducation, c'est celle qui, en satisfaisant l'humeur, coûte le moins à la foiblesse. Mais le propre de la foiblesse, c'est d'épuiser tous les moyens sans se servir d'aucun, parce que d'aucun elle ne sait tirer le parti qui pourroit le rendre utile. Un reproche qui pourroit faire rougir l'enfant accoutumé à résister à ses fantaisies, devient nul pour l'enfant ou trop petit ou trop mal élevé pour n'être pas disposé à y céder. On dit à celui-ci, au moment où il est tenté d'un gâteau, que s'il le mange, il sera un gourmand. *A cela ne tienne*, dit-il, *je serai un gourmand*; et cette idée ne lui ôte certainement pas la moindre partie de son plaisir. C'est ce plaisir qu'il se rappelle quand on lui reproche d'avoir été gourmand; et quand il parle de sa gourmandise, ce qu'il exprime, c'est l'idée des plaisirs qu'elle lui procure; je doute que, de long-temps, une autre idée se joigne pour lui à ce mot, et que la honte qui l'accompagne soit jamais bien puissante sur son esprit.

Louise, au contraire, s'est très rarement entendu reprocher sa gourmandise ou sa paresse. Il m'a toujours semblé qu'avant d'employer un mot avec les enfans, il falloit le leur faire comprendre; et ils ne comprennent pas le sens d'un reproche, avant de connoître dans toute son étendue la honte qui y est attachée. Cette honte qu'il peut y avoir à se livrer sans retenue à ses penchans naturels, ne peut se faire sentir à un enfant tant qu'il ne connoît pas les motifs plus nobles ou plus raisonnables auxquels il faut savoir les sacrifier. Il faut qu'il attache quelque honneur à la sobriété, pour être fâché qu'on lui reproche sa gourmandise; et, avant d'avoir pu se glorifier de son travail, il ne saura pas être honteux de sa paresse. C'est donc à lui donner de quoi rougir qu'il faut s'appliquer avant d'employer contre lui la honte et le reproche, et il est certain que, de long-temps, il ne rougira pour les mêmes causes que nous, et ne sera sensible aux mêmes motifs de bonne ou de mauvaise conduite.

Rousseau pense que, *dépourvu de toute moralité dans ses actions, l'enfant ne peut rien faire qui soit moralement mal.* Il est sûr du moins qu'il n'a pas notre moralité; mais n'a-t-il pas la sienne? S'il lui manque la connoissance réfléchie du bien et du mal, n'en a-t-il pas le sentiment? Il seroit difficile d'assigner l'époque de la vie à laquelle remonte l'origine de ce sentiment. L'enfant encore sur les bras est arrêté par un air fâché, enhardi par un sourire; et l'idée qu'il en conçoit est si distincte de l'effet machinal qu'il en peut recevoir, qu'on le voit quelquefois chercher d'un air inquiet, sur le visage de sa mère, si le ton grave qu'elle a pris est un jeu ou l'effet du mécontentement. Un enfant de quatre ans sait déjà très bien que ce qu'on lui défend est mal, et qu'il y a du mérite à faire ce qu'on lui ordonne. Il y a déjà pour lui dans la punition une amertume qui ajoute beaucoup à celle de la privation. J'ai vu Louise à cet âge, si je lui ôtois un fruit malsain ou un bâton pointu que je croyois dangereux dans ses mains, me protester, avec les larmes et les sanglots de la plus profonde douleur, qu'elle ne croyoit pas mal faire en y touchant; et ne se calmer que quand je lui avois fait comprendre que je l'en privois non par punition, mais par précaution. De quelque part que vienne à l'enfant cette idée de l'existence du bien et du mal, cette crainte de l'un et ce désir de l'autre, il a déjà une connoissance, un sentiment capables de régler plusieurs de ses actions, une moralité faite pour les conduire. Mais cette moralité n'est pas encore assez forte pour n'avoir pas besoin qu'on la soutienne sans cesse par les moyens qu'on a employés pour la former. Le sentiment d'un devoir s'amortira bientôt s'il n'est ranimé de temps en temps par les défenses ou les injonctions d'où il aura tiré son origine; et il est très certain qu'un enfant à qui on aura dit une fois une chose, si on oublie de la lui répéter, cessera bientôt de penser qu'elle soit nécessaire, et perdra la répugnance qu'il auroit à y manquer à mesure qu'il croira voir diminuer l'importance qu'on y attache.

La moralité de l'enfant est donc bien en lui, bien à lui, puisque c'est son propre sentiment qui dirige sa volonté en faveur du bien ou du mal dont il connoît la distinction ; mais c'est nous qui fournissons à cette moralité, en attendant qu'il puisse les tirer de sa propre raison, les motifs sur lesquels elle peut s'appuyer. C'est à nous à lui rappeler ces motifs, en réveillant les impressions d'où nous avons fait sortir le sentiment du bien et du mal. Notre mécontentement, l'éloignement momentané qu'on lui marque au moment où il vient de commettre une faute, voilà ce qui le pénètre du sentiment d'une mauvaise action; et combien d'hommes n'ont d'autre raison, pour juger une action mauvaise, que l'idée du mépris qu'elle attireroit sur eux ! Mais un enfant ne joint pas à l'idée d'une action répréhensible, la crainte de l'opinion qu'elle pourroit faire concevoir sur son compte. Tout est fini pour lui avec la faute réparée ou pardonnée, et il lui semble que le sentiment qu'elle a fait naître doit cesser aussitôt qu'elle. Si on dit à un enfant, au moment de sa désobéissance, qu'on ne l'*aime pas*, il pensera bien, le quart-d'heure d'après, qu'on l'aime parce qu'il est redevenu docile. Comme ses actions ne se lient point dans sa tête, il ne conçoit pas qu'on les rapproche dans l'idée qu'on a de lui, ni qu'on se serve de l'une pour ajouter au reproche de l'autre. Si j'accuse Louise d'avoir déjà perdu deux ou trois paires de gants, elle me répondra : *Maman, je n'en ai perdu qu'une aujourd'hui*; et si je lui parle d'une faute dont elle s'est plusieurs fois rendue coupable, elle me dira : *Mais je ne le fais pas à présent*. Jamais à l'idée d'une faute les enfans n'attachent celle d'un défaut ou d'une habitude; et le mot : *Je ne le ferai plus*, leur est beaucoup plus naturel que la pensée qu'ils recommenceront demain ce qu'ils ont fait aujourd'hui. Ainsi, ils ne s'appliqueront jamais à eux-mêmes une idée générale de vice ou de vertu. Un enfant ne pense point être bon, et ne s'imagine pas non plus qu'il soit méchant; aucune vue générale sur son caractère n'est jamais entrée dans sa tête; cependant, celle sorte de vue ne lui est point étrangère ; c'est même la seule manière dont il lui soit facile de concevoir le caractère des autres. S'il entend parler d'un personnage, soit historique, soit fabuleux, sa première question sera : *Etoit-il bon ?* ou bien *étoit-il méchant ?* et l'on aura quelque peine à lui faire comprendre qu'il pourroit avoir un défaut et quelques bonnes qualités, avoir commis une mauvaise action, et n'être pourtant pas méchant.

Ces deux manières de juger tiennent également à la foiblesse de son esprit, qui se refuse à la complication des idées. Un caractère mêlé de bon et de mauvais lui offriroit un ensemble composé de plusieurs parties très difficiles à réunir dans sa tête. L'action dont il s'est rendu coupable, s'il ne la considère pas isolément, si on veut la lui faire rattacher à l'ensemble de son caractère, va de même l'embarrasser d'une multiplicité d'idées dont il ne pourra pas se démêler. Ainsi, quoiqu'il ne se juge pas méchant, parce qu'il sait qu'il change, il ne suppose pas ce changement dans les autres ; celui qu'on lui a montré une fois méchant lui paroit devoir l'être toujours et en tout. Si je fais lire à Louise l'histoire d'un petit garçon qui a volé une pomme, c'est pour elle le petit garçon *gourmand*, qui ne peut certainement voir de pommes, comme l'ogre ne peut voir de petits enfans, sans les manger ; devant qui rien n'est sûr, et qui mérite à tous les instans, et dans toute son étendue, la honte attachée à ce caractère de gourmand dont elle se fait une si révoltante idée.

C'est cette idée que je ne veux pas détruire, en lui apprenant qu'un gourmand n'est autre chose que ce qu'elle est encore elle-même. Elle pourroit bien cesser de le trouver aussi coupable et aussi odieux; et si, dans les momens où elle ne sentiroit pas les atteintes de la gourmandise, elle se récrioit contre la ressemblance, elle s'y résigneroit dans les momens de la tentation; et apprendroit qu'elle a un grand défaut à vaincre au moment où il lui seroit le plus impossible de le détester. J'aime mieux lui laisser un peu d'orgueil qui augmente sa honte toutes les fois qu'elle succombera. « Pour celui, dit Rousseau, qui croit valoir » mieux que les autres hommes, c'est une excuse » bien mortifiante que de le consoler par leur » exemple. » Mais elle devient bien dangereuse s'il consent à l'accepter; et Louise n'en est pas encore à se rendre si difficile. Je la laisse donc se tromper encore un peu elle-même. Je ne lui reproche pas trop ses défauts, de peur de l'y accoutumer avant de lui avoir fait connoître tout ce qui doit les lui faire haïr; et je ne la présenterai de front au combat, que quand je pourrai lui montrer un prix digne de l'exciter à la victoire.

Si je m'applique à faire naître dans Sophie une bonne foi envers elle-même qui ne lui permette pas de s'abuser sur aucun de ses défauts, c'est qu'un défaut est déjà, aux yeux de Sophie, un ennemi dont elle sait qu'il faut se défaire; et qu'il suffit de lui désigner, pour que tôt ou tard elle s'excite à le combattre. En apprenant à aimer le bien, elle a acquis tous les motifs nécessaires pour vouloir éviter le mal. C'est l'amour du bien qu'il faut faire naître et fortifier dans sa sœur, avant de lui remettre le soin de résister au mal. J'ai quelque temps encore à soutenir sa conscience avant de la livrer à elle-même. Quand je pourrai m'en fier à elle, quand le désir de bien faire commencera à agir sur elle avec une certaine force, alors à ma volonté je tâcherai de substituer la sienne. Au lieu de lui faire craindre mon mécontentement, ou du moins ma désapprobation, je lui apprendrai à craindre le défaut qui les a excités; quand elle sentira quelque plaisir à se faire honneur de son activité, je pourrai la réveiller, en lui reprochant sa paresse; mais Louise ne saura qu'elle peut mériter d'être appelée gourmande ou paresseuse, que quand elle sentira les avantages qu'il y a à ne plus l'être.

P. M. G.

VIe LETTRE AU RÉDACTEUR.

DE L'EXERCICE DES SENS.

Nous nous sommes occupés, en dernier lieu, de l'exercice des muscles qui servent à l'homme pour changer de place; nous allons parler de l'exercice des sens, qui lui servent à recevoir, des objets qui l'environnent, différentes impressions. C'est par suite de ces impressions que la mobilité est excitée à agir. A mesure que l'homme se perfectionne, ces impressions se multiplient, se varient, et deviennent utiles à la conservation ainsi qu'à la propagation de l'espèce, dans toutes les circonstances, dans tous les lieux, et dans tous les degrés de civilisation.

La peau du corps, dont nous avons déjà parlé comme d'une surface qui exhale et qui absorbe des fluides, est en même temps parsemée de nerfs, qui forment des réseaux, des houppes, des papilles, plus ou moins sensibles, plus ou moins en rapport avec quelque partie intérieure du corps. Le moindre contact produit un chatouillement à la surface; et les filamens nerveux, en communiquant, par divers chemins, avec la moelle épinière et le cerveau, pour transmettre les diverses impressions au centre commun, produisent tantôt des sympathies, tantôt des réactions qui se manifestent quelquefois par la couleur de la peau, ou par divers mouvemens et diverses crispations. Le froid, par exemple, agit sur le bras; il y produit cette peau de poule que suit bientôt un tremblement général. Une impression morale vous réveille. Les yeux d'un être innocent rencontrent un objet qui l'effraye ou qui choque la pudeur, aussitôt le sang est arrêté dans les veines de la joue. Quoiqu'il y ait une différence remarquable entre les individus pour le degré de sensibilité de la peau, chacun a des parties spécialement chatouilleuses, telles que l'intérieur de la main et le dessous des aisselles. Le cou de l'enfant, surtout sous le menton, l'est au plus haut degré; il est aussi fort sujet aux maladies, et destiné, comme nous le verrons plus tard, à éprouver beaucoup d'altérations pendant le développement. Il est des femmes qui ont aussi le creux de l'estomac très sensible ; en échauffant cette place, en y touchant, même de loin, on produit, comme l'a déjà remarqué l'antiquité, et, comme le savent les magnétiseurs, une douce chaleur dans presque tout le corps, et à la longue un calme qui assoupit (1). On a voulu distinguer une infinité de sens partiels dans ces modifications différentes qu'offre la sensibilité générale ; il n'y a pas jusqu'au chatouillement particulier sous la plante du pied, qu'on n'ait voulu transformer en un sens spécial. On peut certainement affirmer que la peau distingue le froid, l'humidité, le calorique, et peut-être encore d'autres fluides, tels que l'électricité et le magnétisme, et qu'il en résulte des sensations différentes, qu'on pourroit attribuer à autant de sens ; mais sans nous perdre dans ces discussions subtiles, nous chercherons seulement si cette diverse sensibilité de la peau en général, ou de certaines parties en parti-

---

(1) Ce n'est pas ici le lieu de s'étendre sur les effets du magnétisme animal. Mais une foule de phénomènes qui sont un peu défigurés par la manière dont on les présente, et qui paroissent alors miraculeux, trouvent leur analogie et en partie leur explication, dans les phénomènes des sympathies et des associations souvent bizarres des idées, qui nous frappent moins parce qu'elles sont plus communes, comme dans les rêves et le somnambulisme naturel.

culier, est capable d'un exercice utile, et peut fournir quelques préceptes à l'éducation physique.

Il se trouve des enfans très sensibles au froid, à l'humidité, et aux autres impressions de l'atmosphère; il en est que la moindre égratignure affecte prodigieusement, tandis que d'autres éprouvent les plus fortes secousses sans émotion; on en voit même à qui il suffit de rester nus pieds, d'avoir la tête ou le cou à découvert pour être facilement incommodés: l'habitude, l'usage de l'eau froide, etc. pourront sans doute affoiblir peu à peu une sensibilité excessive, et des frictions avec des brosses plus ou moins fortes, exciter celle d'une peau trop dure. Mais il est toujours peu raisonnable d'augmenter cette sensibilité de la peau, de trop chatouiller les enfans, déjà fort disposés aux convulsions, aux crampes, aux exaltations. La propriété qu'a la peau de s'apercevoir du moindre attouchement, a cependant donné lieu à un exercice particulier pour les aveugles; ils apprennent à saisir, avec une vitesse surprenante, les mots qu'on leur écrit sur la main, ou sur une partie quelconque du corps. Au reste, probablement que la peau est l'un des premiers organes qui soient mis en activité dans l'enfant qui vient de naître.

Les cinq appareils ou organes que la nature nous a donnés pour distinguer les objets, ont chacun leur domaine particulier. Le toucher distingue la dureté et l'élasticité; le goût, la solubilité dans les fluides; l'odorat, les corps éminemment volatiles; l'œil, les émanations lumineuses; l'oreille, les vibrations sonores.

Le tact réside surtout dans le bout des doigts de la main ; ceux des pieds peuvent néanmoins acquérir la faculté de remplacer, en partie, la main chez les personnes qui en ont été privées. L'anatomie fait observer, sous l'épiderme des doigts, plusieurs houppes nerveuses, rangées avec beaucoup d'ordre sous une peau plus fine, appuyées sur la graisse, et qui se perdent dans la membrane appelée de *Malpighi*. La longueur des doigts, la mobilité des phalanges, et le mouvement rotatoire dont la main est capable dans tous les sens, nous ont donné cette adresse infinie qui a fait inventer des instrumens si divers, et qui faisoit dire à *Franklin* que l'homme est *un animal mécanicien* (*a tool-making animal*). L'article de l'exercice a rappelé les prodigieux développemens dont est susceptible cet appareil ; il ne peut être ici question que de la faculté d'apercevoir.

Le toucher reconnoît la dureté, la flexibilité, l'élasticité, la pesanteur, le fluide, le lisse, l'âpre, et par suite, une infinité de modifications des formes et de la grandeur des objets dont on approche. On conçoit que toutes les formes et les qualités peuvent être comparées et soumises à la mesure et au poids ; c'est-à-dire, que le tact peut comparer la longueur et le degré de résistance qu'offrent les objets ; le pouce est entré dans l'échelle des mesures de longueur. Avec quel degré de précision, les orfèvres et les changeurs ne parviennent-ils pas à déterminer la pesanteur d'un corps plus ou moins léger ! L'étendue de la main et la force des muscles changent dans le jeune âge. On aura besoin d'un exercice continuel pour estimer la grandeur et le poids d'un objet, d'après une échelle donnée; celui qui contracte de bonne heure l'habitude de comparer, peut cependant parvenir à distinguer les corps d'après le volume et la pesanteur spécifique. Rien n'égale, assurément, la finesse du tact assez parfait pour reconnoître jusqu'à la moindre égratignure sur une surface polie, jusqu'au moindre grain de poudre (1). Une preuve frappante de la manière dont peuvent être exercés la mobilité des doigts et le tact, se trouve dans la facilité qu'acquiert un compositeur d'imprimerie, à saisir et à discerner les lettres en un clin-d'œil, quoique la peau se durcisse avec le temps. On ne doit pas moins admirer le tact et l'adresse d'une fille qui, en tricotant le fil le plus fin, sent les mailles mieux qu'elle ne les voit; ou d'une personne qui écrit, dessine, ou joue d'un instrument, et qui, maniant avec délicatesse la plume et le pinceau, parvient à dessiner les nuances légères des plus belles images, ou à exprimer d'une manière mélodieuse les plus foibles nuances des sons. L'art du sculpteur paroît même reposer en partie sur la finesse de ce sens; les sculpteurs

---

(1) Les *Annales de l'Education* ont donné des exemples du succès avec lequel M. Salzmann a habitué des enfans à distinguer les monnoies, à juger le nombre des feuillets d'un livre, et même à lire une impression faite avec des caractères saillans.

examinent la beauté des contours d'une statue par le même tact qui leur sert à modeler.

Dès la première année, un instinct naturel porte l'enfant à toucher à tout ce qu'il aperçoit, comme s'il vouloit acquérir la connoissance des corps. Dès qu'il commence à se remuer, à courir, il s'en approche sans se faire une idée de leur distance et de leur forme. L'effet de l'ombre et de la lumière est encore une abstraction pour lui; aussi les enfans se heurtent-ils long-temps contre les objets saillans, lors même que leur vue est déjà assez exercée (1). Qu'on ne leur ôte pas trop cette envie de toucher à tout, mais qu'on éloigne, tant que cela est nécessaire, les corps qui peuvent leur être nuisibles, et qu'on les familiarise avec ces objets dès qu'on le peut. Si l'on compare les accidens qui arrivent aux enfans les plus surveillés, et à ceux qui le sont le moins, l'avantage ne paroît pas être du côté des premiers. Dans les pays où l'on occupe beaucoup les enfans avec des figures dessinées, ou à la lecture de descriptions, il est à craindre que leur imagination ne leur donne des objets une idée peu exacte; et il devient de la plus haute importance d'exercer le sens plus matériel du toucher.

L'humanité a su faire un usage infiniment utile du sens du toucher dans l'éducation des aveugles; les noms immortels d'aveugles tels qu'Homère,

(1) Je rappellerai ici l'expérience de Cheselden, sur un aveugle qu'il venoit d'opérer, et les recherches philosophiques de Berkeley.

Milton, Galilée, et Euler, n'ont dû qu'inspirer encore plus de respect pour les malheurs de ce genre. L'opération de Cheselden, en 1729, sur un aveugle-né, attira particulièrement l'attention sur ce point vers le commencement du siècle dernier. On essaya bientôt d'améliorer les méthodes d'opération, et l'on finit, pour les cas où l'opération de la cataracte étoit inadmissible, par chercher les moyens de remplacer en grande partie la vue par le tact. On sait qu'en 1786, M. Haüy apprit à lire à trente élèves, en faisant imprimer sur de gros caractères un papier un peu plus épais et plus trempé, afin que les empreintes fussent plus saillantes. M. de La Rochefoucault, qui, dans le temps, fit un rapport à l'Académie sur cette manière d'enseigner, proposa une encre épaisse, qui laissât du relief en séchant. M. Thouret proposa de mettre du sable sur l'impression. On a également su construire des machines fort simples pour faire écrire en ligne droite, et exécuter des opérations d'arithmétique. Quelques aveugles sont parvenus à jouer d'un instrument d'une manière fort distinguée, comme mademoiselle Paradis, instruite par M. de Kempeln; d'autres ont exercé des professions et des arts. Cicéron parle déjà d'un Diodatus qui apprit les mathématiques. Le noble protecteur de Winkelmann, le cardinal Albani, devenu aveugle dans un âge avancé, distinguoit les médailles antiques. L'aveugle de Puiseux étoit chimiste. Gambassi, célèbre sculpteur, privé de la vue, continua d'exercer son art, et fit entre autres le portrait le plus ressemblant d'Urbain VIII. Henri Moyse se livra à la mécanique, et inventa un métier de tisserand. Dans des écoles d'Angleterre, on apprend aux individus privés de la vue, à faire des corbeilles, à chanter sur des notes, ou à filer et à coudre. Ce sont autant d'avantages dus au toucher. On a dit que c'étoit le sens qui trompoit le moins; aussi, pour exprimer qu'on a compris une idée, se sert-on de l'expression qu'on l'a *saisie*.

Plusieurs jeux peuvent concourir à perfectionner ce sens par l'exercice. On peut faire deviner les cartes au toucher, comme dans plusieurs tours d'escamoteurs. (1) L'art de reconnoître les monnoies par le seul moyen des doigts, de lire l'impression, d'évaluer la pesanteur, etc., etc., peut être un sujet d'émulation parmi les enfants. On pourroit leur faire distinguer les métaux par le poids, par le degré de froid qu'ils produisent, et en déterminer la forme. Il viendra probablement un temps où les petites collections de minéraux seront assez communes pour être mises entre leurs mains comme joujoux; ce sera leur épargner une partie mécanique de l'étude, qui ne s'acquiert pas aussi facilement dans un âge plus avancé. Tous ces exercices ne peuvent guère être traités plus sérieusement jusqu'à l'âge de sept ans; c'est l'é-

---

(1) Je ne parlerai pas des exercices qui tendroient à faire reconnoître les couleurs; je doute qu'ils puissent mener à quelque chose d'utile et de bien sûr.

poque où l'on prévoit à peu près déjà quels pourront être un jour le génie, la profession, le genre de vie d'un enfant, et l'exercice des sens peut être alors dirigé vers le perfectionnement du métier. Lorsqu'on envisage les progrès des arts mécaniques et libéraux, on peut voir jusqu'à quel point ce sens a généralement gagné par la civilisation, et combien il y a contribué à son tour : d'abord assez grossier dans le sauvage, il distingue dans la suite, avec une sorte de volupté, la finesse par exemple de la laine qui s'emploie dans les vêtemens, le moelleux d'un tissu de velours ; et il devient ainsi un moyen de raffinement, d'une très grande utilité pour l'art du sculpteur. Celui qui réfléchit sur l'art du dessin en particulier, pourroit être tenté de croire que les divers goûts maniérés, qui sont le défaut de ne voir que d'une manière, sont venus de ce que, suivant une marche probablement contraire à celle des Grecs, on a commencé à faire dessiner avant que de faire modeler ; méthode qui met dans la nécessité d'étudier l'objet de tous côtés : on ne voit pas pourquoi l'enfant destiné à l'art du dessin ne seroit pas exercé de bonne heure à mouler pour apprendre à connoître les objets sous tous les points de vue, et à n'affecter aucune manière. L'histoire de l'art nous confirme dans cette idée. L'homme sut bâtir long-temps avant que de dessiner ; en Égypte, il s'exerça à former de grandes pyramides régulières ; en Grèce, il sculpta, et à peine savoit-il tracer les contours, sans connoître encore l'emploi de la lumière et des ombres pour produire l'effet du relief. En ceci, comme en beaucoup d'autres choses, il est bon, pour être exact, de suivre la marche de la nature dans son développement.

Le sens du toucher n'exige d'autre précaution que de ne pas trop faire durcir la peau des doigts, qui couvre les extrémités nerveuses. Les personnes qui manient des corps durs ou brûlans, comme les chaudronniers, ne l'auront certainement pas aussi fin que ceux qui s'occupent à polir. Il est probable que certains arts ont gagné depuis que les femmes surtout ménagent plus généralement leurs doigts, quoique la longueur des ongles, originairement, l'indice, d'une condition libre dans les Indes, ne puisse guère être favorable aux joueurs de clavecin. Ce sens paroît d'ailleurs n'offrir d'inconvénient pour le reste du corps, qu'autant qu'il seroit trop exercé à provoquer des sentimens voluptueux, et d'autres sympathies, qu'on doit peu favoriser.

FRIEDLANDER.
(*La suite au prochain Numéro.*)

Suite de l'ESSAI
SUR L'ÉDUCATION NATIONALE
DANS LES ÉTATS-UNIS D'AMÉRIQUE.

Ordre du Travail; Police des Classes; Récompenses des Ecoles primaires.

LE plus embarrassant pour nos écoles primaires étoit d'avoir des livres; nous venons d'y pourvoir et de montrer qu'ils seront eux-mêmes un moyen efficace de pourvoir à beaucoup d'autres choses.

Cependant les livres et les maîtres ne suffisent pas; il doit y avoir quelque règle pour l'ordre de l'instruction.

Le cours de l'école primaire doit durer trois années; et peut être prolongé, renforcé, selon la capacité du maître, par de plus grands développemens pour les élèves que leurs parens ne veulent ou ne peuvent pas envoyer à l'école secondaire, et auxquels ils désirent, *en payant*, faire donner des leçons au delà du terme des trois années qu'exige le cours général.

Mais, pour celui-ci même il doit y avoir tous les ans un tiers des écoliers qui n'ont à recevoir que les premiers élémens. Un autre tiers comprend ceux qui, plus avancés, écrivent déjà, lisent avec facilité, et emploient l'un et l'autre moyens pour acquérir un savoir réel, surtout pour s'approprier des idées morales. Un dernier tiers recevra les instructions de physique et de mathématiques, ou la portion la plus relevée du cours des écoles primaires.

Cela fait trois classes très distinctes.

Et il n'y a, il ne peut y avoir qu'un maître.

Et il faut que l'heure de l'étude soit la même, pour que les petits enfans puissent être menés à l'école par ceux dont l'âge est moins tendre.

Il en résulte une difficulté à laquelle il faut avoir pourvu d'avance. Car, s'il fallait, pendant une partie de la leçon, retenir des enfans très formés, et très avides d'apprendre, stationnaires à écouter de petits bambins qui traceroient, et assembleroient des lettres pour en former de petits mots, ce seroit tomber dans l'inconvénient qui fait que la plupart des fils aînés n'ont pas tout l'esprit dont la nature les avoit rendus susceptibles; et chaque petite classe devenant la grande à son tour, toute l'école, puis successivement toute la nation, auroit une époque rétrograde à l'âge où les progrès sont le plus nécessaires; nul n'y prendroit tout l'essor que sa constitution physique et morale sembloit lui promettre.

Si les petits étaient pareillement obligés, leur leçon prise, d'écouter celle des grands, à laquelle ils ne comprendroient rien ou que très peu de chose, ils feroient du bruit ou bien l'asservissement de l'immobilité et du silence leur feroit prendre en détestation l'école et tout ce qu'on y feroit. Ce seroit une maladresse qui gâteroit tout.

Enfin, si l'on envoyoit les uns jouer dehors pendant que les autres seroient en classe (indépendamment de ce que cela n'empêcheroit pas les trois leçons successives de consumer le triple du temps que des enfans, dont la plupart viennent de loin, et doivent retourner chez eux, peuvent avoir à donner) la vive distraction occasionnée par le jeu du dehors, pourroit faire que l'on n'apportât dans la classe qu'une attention très foible.

Evitons ce double écueil.

Pour les enfans, nous ne pouvons trop ménager des difficultés. — C'est à nous autres hommes, instituteurs, fondateurs, législateurs, administrateurs, à les envisager dans tous leurs détails; à les peser, à les vaincre, à n'en rencontrer aucune dont nous ne fassions jaillir un plus grand avantage. Celle que nous venons de reconnoître nous servira de moyen pour ne pas affoiblir ni retarder un seul de nos élèves, et pour distinguer, pour former mieux et plus vite ceux que leur ame, leur talent, leur caractère destinent aux plus grands succès.

Il faut qu'il y ait dans l'école trois pièces différentes pour tenir les trois classes séparées, quoique simultanément, afin que chacune d'elles puisse avoir, sans distraction, tout le développement de son étude, et qu'il n'y ait ni temps perdu, ni force progressive sans emploi.

Le maître, sans doute, ne peut pas être à la fois dans les trois classes ; mais il n'y est pas nécessaire à tous les momens : il suffit qu'il puisse passer et revenir de l'une à l'autre quand il le juge convenable, et que le travail ne soit point interrompu, ni le bon ordre suspendu en son absence.

Que faut-il pour cela ? — Un suppléant chef d'étude.

Où le prendre ? — Dans la classe même.

Et qui ? — Le plus sage, le plus ferme, le plus avancé des écoliers.

Dès les premiers jours, le maître peut confier à celui qu'il juge le plus raisonnable, l'autorité de maintenir le silence pendant que chacun fera son petit devoir.

Mais bientôt l'esprit, le sens, l'aptitude se feront remarquer : celui qui devancera les autres sera reconnu même de ses condisciples, et pourra dès lors influer sur leur instruction.

Il faudra bien que, pour le premier mois, ce soit le maître qui ait nommé les chefs d'étude.

S'il continuoit de le faire quand l'opinion sera formée, il exciteroit la jalousie contre ces enfans toujours choisis. Ne donnons pas si tôt cette triste récompense au mérite. — Permettons à chacun des émules, et même des inférieurs, d'avoir part à l'honneur de conférer une telle élévation. — Qu'à la fin de chaque mois un scrutin établisse le chef d'étude pour le mois suivant ; et que, dans ce scrutin, le maître ne réserve à sa voix que le poids de trois autres.

Ne conservons du résultat de notre scrutin que le nom des neuf écoliers qui, après le chef d'étude, auront eu le plus de suffrages ; et qu'ils aient au-dessous de lui les neuf premières places, selon l'ordre que leur auront donné les voix. — Que le reste demeure confondu dans une apparente et consolante égalité. Que nos classes aient des premiers, point de derniers ni d'avant-derniers. Décernons de la gloire sans distribuer de la honte. Ne décourageons pas les tardifs, qui ont quelquefois un fonds plus réel de capacité que les précoces. N'imitons point les pédans qui si l'on pouvoit leur donner à élever ensemble Galilée, Descartes, Newton, Malebranche, Locke, Bayle, Pascal, Montesquieu, Leibnitz, Linné, Franklin, Jean-Jacques et Voltaire, voudroient absolument mettre en pénitence un de ces gens-là, et lui faire porter des oreilles d'âne.

Il est bon de donner aux enfans qui montrent des dispositions heureuses, l'ambition et l'habitude d'une petite magistrature ou de quelque distinction honorable.

Il est plus utile encore de leur faire goûter à tous le plaisir d'exercer un *droit de cité*, de désigner *en leur ame et conscience* le plus digne et le meilleur. Ceux qui ne seront point parvenus aux premiers rangs ne désespéreront pas d'y arriver un jour, et s'estimeront pour avoir fait de bons choix. Le principe de soumission sera plus fort et plus noble quand on aura nommé soi-même l'officier qui commandera. — Ces enfans en serviront mieux l'Etat dans la suite, parce qu'ayant de bonne heure exercé quelque autorité, ils comprendront combien il importe qu'elle soit en tout temps respectée.

Tout être raisonnable, l'enfant l'est un peu, qui voit compter sa voix pour quelque chose, se sent une sorte de dignité, la chérit et la garde; il a envie de montrer qu'il est en effet *quelque chose*. Et puis celui qui est nommé par ses concurrens, par ses pairs, ne sauroit passer pour un *favori* du maître : il a plus de véritable autorité; il fait élever moins de murmures; le maître conserve mieux son caractère de justice égale, d'impartiale paternité.

J'aime autant former l'ame et les sentimens que l'esprit. Mais, par eux, on rend l'esprit juste, la vertu pure et sévère.

Consulter les enfans dans les choses dont ils peuvent être jugés, me paroît un si bon moyen de former leurs opinions, de les accoutumer à s'en rendre compte à eux-mêmes et à les raisonner, de leur donner du caractère, et de fortifier leur probité naturelle, que je n'hésiterois point à leur accorder suffrage, même pour la distribution des prix.

Dans les concours de la plus faible classe, je donnerois *une* voix à chacun de ses membres; *deux* à ceux de la classe moyenne; *trois* aux élèves de la classe supérieure; *six* au professeur, *neuf* à chaque inspecteur des écoles qui prendrait part au jugement. — Pour les prix de la classe moyenne, *une* voix à chacun de ses écoliers; *deux* à ceux de la classe supérieure, *cinq* au professeur : *huit* aux inspecteurs. — Et pour la plus forte classe, *une* voix toujours à chacun des concurrens, *quatre* au maître, aux inspecteurs *sept*.

Croyez que les prix seroient très bien donnés. Voyez la gravité de ces *petits bons-hommes* portant leur billet à l'urne, et leur attention lors du dépouillement du scrutin; et la ferveur de nouveaux juges qui les tiendroit tous; et la honte qui tomberoit sur les brigues, s'il étoit possible qu'on en tentât; et l'incorruptibilité, qui deviendroit une vertu exaltée dès l'enfance, partant une vertu à jamais durable; et l'honneur encourageant pour ceux qui approcheroient du vainqueur. J'aurois, à cet âge, préféré les troisièmes voix d'un tel concours au prix lui-même donné seulement par les maîtres sans la participation des élèves.

Je me souviens qu'une des plus douces jouissances de ma jeunesse a été une députation de mes camarades m'apportant, en leur nom et par leur souscription volontaire, *un cent de pommes*, comme témoignage de leur satisfaction pour la manière dont j'avois eu le bonheur de soutenir un exercice public. J'avois douze ans alors : j'ignore moi-même à quel point ce petit événement a contribué depuis à diriger ma conduite; mais je sais qu'il a influé sur le cours entier de ma vie.

Du Nombre des Ecoles primaires.

On me demandera combien il faut d'écoles primaires, et quels en seront les frais?

Il en faut autant qu'il se présentera de bons maîtres pour les tenir, qui se contenteront de la rétribution que les familles environnantes voudront bien donner tous les mois pour chacun de leurs enfans; et qui, moyennant cette rétribution, s'engageront à tenir trois classes dans la même maison, et se soumettront à enseigner avec les livres classiques autorisés par le gouvernement de l'Etat. — Les familles sont assez riches en Amérique, et sentent assez le prix de l'instruction, pour qu'il ne soit pas nécessaire d'y donner un plus fort traitement aux professeurs des petites écoles.

D. P. D. N.

LETTRES D'UN PÈRE A SA FILLE,

SUR L'ÉTUDE DE L'HISTOIRE NATURELLE.

Quatrième Lettre.

Vous avez entendu parler, me dites-vous, Amélie, d'une espèce de plante qu'on nommoit *attrape-mouche*, et qui n'étoit pas la *dionée* que je vous ai décrite. Je présume qu'il s'agit d'une espèce d'*arum*, *gonet*, ou *pied-de-veau*, que l'on nomme plus communément *gobe-mouche*. (Arum musci-vorum. Lin.) Il y a plusieurs plantes qui attrapent les mouches; je ne m'étois arrêté qu'à la *dionée*, parce que je ne considérois les plantes que sous le rapport des phénomènes du mouvement. Quelques unes arrêtent les mouches par le moyen d'un enduit visqueux dont quelques parties de leurs tiges sont couvertes, telles sont le *silene armeria*, jolie plante cultivée dans les jardins; le *silene muscipula*, ou *attrape-mouche*; le *silene otitès*, le *silene penché*; mais aucune ne leur présente un piége plus perfide que cet *arum gobe-mouche*, qui nous vient des Baléares; car il les attire pour les perdre. Une odeur de chair pourrie, que sa fleur exhale, est un grand attrait pour celles qui s'en nourrissent; elles se plongent dans cette fleur en cornet, garnie intérieurement de poils assez roides, couchés la pointe en bas, de manière qu'ils laissent arriver, sans obstacle, l'insecte jusqu'au fond; mais s'opposent absolument à son retour. Cette disposition est tout-à-fait la même que celle des pointes de fil-de-fer arrangées en entonnoir dans nos souricières, où elles laissent entrer facilement les souris, qui n'en peuvent plus sortir. Votre frère ne manquera pas de citer ici, s'il lit cette lettre, le beau passage de Virgile....

> ...... *Facilis descensus Averni;*
> *Sed remeare gradum supersique evadere ad auras,*
> *Hoc opus, hic labor est* (1).

---

(1) Il n'est que trop aisé de descendre aux Enfers;
Mais rentrer dans la vie et revoir la lumière,
Est un bonheur bien rare, un vœu bien téméraire.
Delille.

Eh! oui, les pauvres mouches, qu'une espérance trompée a fait descendre dans cet Averne, sont condamnées à y mourir de faim; et c'est ce qui leur arrive nécessairement.

Avant d'en venir aux insectes, je veux ajouter quelque chose à la petite provision d'idées saines que j'ai essayé de vous faire dans mes lettres précédentes, relativement à l'étude de la nature. Ce que j'ai à vous dire là-dessus se rattache de lui-même à l'objet principal de ma dernière lettre. J'ai fini en vous faisant remarquer que l'observation des productions de la nature nous offre assez de merveilles pour occuper notre admiration, sans y vouloir mêler les inventions de notre esprit; que la moindre des œuvres du Créateur en est remplie, et que les meilleurs naturalistes, ceux qui portent dans ce genre d'étude assez de sagesse et de retenue pour contenir leur imagination dans de justes bornes, ne lui permettent jamais de se mêler aux observations. Quand il leur arrive de la laisser paraître, et de débiter ses rêves si séduisans, ils ont l'attention de l'annoncer; on voit qu'ils veulent s'amuser quelques momens, et admettre leurs lecteurs à cette douce récréation. Ainsi le bon Réaumur, cet excellent observateur, dont la naïveté est si touchante, dont la prolixité même a tant d'intérêt pour les amis de la vérité, parce qu'ils n'y voient que son extrême désir de ne leur rien laisser perdre des plus petits détails qui ont éveillé et satisfait sa curiosité; ce Réaumur, qui veut que vous vous réjouissiez avec lui de la bonne fortune qui lui arrive, lorsqu'une des mouches cruelles qui tourmentoient ses chevaux dans les Ardennes vient heureusement se placer sur sa main gauche, au moment que la droite étoit armée d'une loupe, et lui donne ainsi toute facilité pour observer le jeu de son arme redoutable, dont il ne sent plus la douleur ; ce même Réaumur donne-t-il carrière à son imagination ? il vous met, avec la même bonne foi, dans sa confidence. Ayant remarqué qu'il pouvoit, à son gré, retarder ou avancer la naissance d'un insecte, et même d'un oiseau, en élevant ou abaissant à volonté la température du lieu où il plaçait les œufs et les chrysalides, il se met à raisonner à perte de vue sur la possibilité d'étendre ses expériences sur l'homme, de prolonger indéfiniment la vie, en ralentissant la transpiration ; il donne de la réalité à la fable d'Epiménide ; il semble examiner sérieusement les heureux effets de cette invention pour le progrès des sciences, et sa bonhommie vous entraîne avec lui, autant qu'il lui plaît. Ailleurs, après avoir fait admirer la solidité du travail d'une abeille maçonne, qui bâtit sur les murailles, au midi, ses alvéoles avec du sable, de la terre, et un gluten qui lui est particulier ; construction qui dure beaucoup plus que l'ouvrière, et qui, quelquefois, résiste à l'action répétée des vents, du soleil et de la pluie, plus que le mur auquel elle étoit appliquée, il suppose qu'on ait trouvé le secret de ce gluten merveilleux ; il s'en sert pour lier le sable, et jeter en moule de véritables pierres qui en sortiront toutes taillées, toutes sculptées ; un petit nombre de moules lui suffit pour fabriquer des colonnes, des chapiteaux, des frises, des corniches.... Il élève, comme par enchantement, des palais magnifiques, des édifices publics immenses, des monumens impérissables ; il ne lui manque que la composition de ce gluten de l'abeille maçonne, dont elle ne nous donnera pas plus tôt le secret, que l'abeille commune ne nous donnera celui de son miel et de sa cire. Cependant il se transporte, par la pensée, dans les déserts de l'Afrique ; il n'y voit point les carrières d'où sont sorties ces pyramides prodigieuses qui bravent le temps; mais il y trouve plus de sable qu'il ne lui en faut pour les construire avec son procédé; avec son gluten et ses moules, tout lui est possible. Mais voulez-vous suivre avec lui les manœuvres d'une chenille qui vient à bout de plier, de rouler une feuille, et de s'en faire ainsi un logement cylindrique ou conique, commode et sûr? voulez-vous voir comment une autre saura quitter sa peau, se suspendre, et rester contenue dans une ceinture filée d'avance, tout cela, avec une prestesse, une adresse inconcevables pour quiconque ne l'auroit pas vu? il vous fera voir ces merveilles véritables, mieux, cent fois mieux, que vous ne les auriez vues seule : assistée du génie de l'observation, rien ne vous échappera. Ne craignez pas qu'il imagine rien autre chose que la réunion des circonstances les plus favorables à bien voir; il multipliera tellement les occasions de pénétrer les mystères de ces arts admirables, qu'il faudra bien qu'ils lui soient connus; alors, il pourra vous les expliquer, ou plutôt ils s'expliqueront d'eux-mêmes, parce qu'avec lui, vous en aurez suivi tous les progrès. Je n'aime pas qu'on appelle interprètes de la nature, des naturalistes comme celui-là; ils décrivent les productions de la nature, ils racontent ce qu'ils ont appris des mœurs des animaux, en les observant; mais ils n'expliquent pas. Quand la nature n'a pas elle-même expliqué ses vues, se mêler de le faire est une entreprise folle. Un écrivain célèbre, par la magie de son style, a eu cette prétention; et un certain charme, répandu dans ses écrits, leur a donné un succès momentané : on s'est amusé quelque temps à suivre avec lui ces harmonies et ces contrastes qu'il voit partout dans la nature; puis on a fini par sentir qu'il n'y avoit là-dedans nulle vérité, et qu'on étoit dupe de l'esprit de l'auteur. Gardez pour vous le joli petit roman qui est son chef-d'œuvre, et suffit seul à sa réputation, et laissez ses romans sur l'histoire naturelle à votre médecin, qui regarde les grenouilles comme les femelles des crapauds, et qui croit, avec votre oncle le colonel, que les soles sont engendrées par une espèce de crabes, parce que les pêcheurs leur ont fait ce beau conte. En effet, on trouve quelquefois sous la carapace de certains crabes, un insecte plat, ovale, de quelques lignes de longueur, et qui ressemble assez à une petite sole; cet insecte marin est une sorte de cloporte, que les naturalistes ont appelé *bopyre*. Je ne veux nullement diminuer votre confiance pour votre médecin; je crois que l'habitude qu'il a de vous voir, et de vous traiter, vous et vos enfans, sa grande expérience, et ses connoissances en médecine, peuvent vous le rendre aussi utile que son caractère et son esprit vous le rendent agréable; mais j'aimerois pourtant mieux qu'il ne fût pas aussi ignorant en histoire naturelle.

A propos de cela, je crois qu'il se trouvoit dernièrement avec quelques autres docteurs non moins habiles et plus célèbres que lui, lorsqu'il s'agita parmi eux une plaisante question. Un brave homme attaché à un grand hôpital où on traite beaucoup de galeux, profita de l'occasion pour rechercher et observer l'insecte de la gale: c'est une espèce de ciron ou tique (*acarus Scabiei*. Lin.), extrêmement petit, à peine visible à l'œil. Ces insectes ont une sorte de museau pointu qui leur donne les moyens de se glisser sous l'épiderme, et une peau assez dure, une sorte de cuirasse qui les rend capables de résister à beaucoup d'accidens. Plusieurs espèces sont très malfaisantes, d'autant plus que le mal que ces petits animaux font éprouver, ne se fait souvent sentir que lorsqu'ils sont engagés sous la peau; et qu'ils s'y sont même multipliés. Celui qui habite les pustules de la gale est assez difficile à voir. Je crois qu'aucun de nos docteurs ne l'avoit vu ; on le leur montra sous le microscope dans plusieurs états, car cet insecte partage avec quelques autres une singularité fort remarquable, c'est qu'il n'a pas en naissant toutes les pattes qu'il doit avoir un jour. Les adultes ont huit pattes, mais les petits n'en ont communément que six. La troisième paire se montre à quelqu'une des mues ou changemens de peau qu'ils subissent probablement. Quand on eut bien examiné l'insecte, il s'éleva sérieusement cette curieuse question : — Reste à savoir maintenant si c'est la gale qui engendre l'insecte, ou si l'insecte engendre la gale ; car, enfin, ne voyons-nous pas dans la maladie pédiculaire, le malade couvert tout à coup de vermine produite par la maladie ? — Voilà où nous en sommes au commencement du dix-neuvième siècle. Nos docteurs ont quitté ces grandes perruques regardées comme l'enseigne du savoir, mais ils n'ont pas encore tout-à-fait renoncé à leur foi en Aristote et en Pline, et ils sont encore assez disposés à croire que le limon du Nil engendroit des rats et des serpens. Pourquoi ne croiroient-ils pas, comme votre jardinier, que les coqs pondent par fois de petits œufs qu'il faut bien vite écraser si on les trouve, car, si malheureusement la chaleur les fait éclore, ils donnent naissance à ce terrible basilic, petit serpent qui tue de son regard les hommes et les animaux ?

Pour vous, ma chère enfant, qu'une raison très saine conduira toujours sûrement dans les matières qui sont de son ressort, plus vous vous occuperez de l'étude de la nature, plus vous serez affermie dans cette pensée, que depuis que le monde est sorti du néant par la toute-puissance de son auteur, rien ne se fait plus de rien, et que tout être vivant, végétal ou animal, est produit par son semblable. La nature ne se dément jamais de ces lois immuables ; la génération spontanée est soutenue chez les anciens, parce qu'il n'y a point eu parmi eux de véritables naturalistes. Aristote et Pline étoient de forts beaux génies, mais ils étoient fort mauvais observateurs, ou plutôt, il vaut mieux croire qu'ils n'observoient pas ; ils recueilloient indifféremment les bonnes et les mauvaises observations, les faits certains et les contes populaires ; ils mêloient à cela des morceaux fort éloquens, d'une philosophie très élevée, remplis souvent d'un esprit très fin, très brillant et très profond à la fois. La profondeur est dans les idées, et l'éclat dans le style. Tout mauvais naturalistes qu'ils sont, leurs écrits peuvent servir au vrai naturaliste qui sait démêler la vérité ; mais il faut user avec circonspection d'un auteur qui, après vous avoir décrit très bien un certain arbre, vous indique soigneusement le lieu où vous trouverez celui-là même auquel Apollon fit attacher le satyre Marsias, pour l'écorcher tout vif.

Comment, avec un sens droit, imaginer que la corruption puisse engendrer quelque chose ? c'est l'état d'un corps qui se dissout, dont toutes les parties se désunissent, où le principe qui maintenoit l'organisation n'existe plus : et on voudroit que ce fût une cause capable de rappeler le principe de la vie, et de recommencer le miracle d'une organisation nouvelle ! De pareilles idées ne peuvent soutenir les regards de la raison.

Je vous dirai, avec l'exact Réaumur : nous voyons dans les plus petits animaux des merveilles d'organisation non moins admirables que dans les grands ; or, nous nous révolterions à l'idée que des plantes qui se pourrissent puissent donner naissance à un bœuf, comment admettre qu'elles puissent engendrer le plus petit ver?

Nous lisons pour notre plaisir la fable d'Aristée dans les beaux vers du chantre des Géorgiques, sans qu'ils nous disposent aucunement à croire qu'un essaim d'abeilles naîtra des entrailles d'un bœuf égorgé avec telles précautions, rempli de certaines plantes aromatiques, et exposé à un certain vent. Pourquoi croirons-nous plus volontiers que le fromage engendre les mites, dont il abonde quand on le laisse vieillir, et qui le réduisent en poussière?

Si le rapprochement fortuit des molécules de la matière pouvoit produire quelque chose de vivant, comment ne verrions-nous pas apparoître de temps en temps quelques nouvelles espèces? Car, enfin, les combinaisons de la matière ne doivent pas être toutes épuisées. Au lieu de cela, les découvertes que nous faisons dans les entrailles de la terre, des restes d'animaux qui ont habité sa surface, nous prouvent qu'ils étoient d'espèces différentes de celles que nous connoissons, et que par conséquent ces espèces sont perdues.

Il faut donc croire, parce que tout dans la nature nous en fait la loi, que tout ce qui vit vient d'un germe qui renfermoit le principe de cette vie qui constitue l'animal ou la plante. Je sais bien que cette doctrine nous mène à celle de la préexistence des germes, doctrine qui étonne notre foible raison, mais elle ne la révolte pas. J'aime mieux croire à l'emboîtement et aux développemens successifs des germes qu'à ce système qui fait arriver tout à coup la vie au milieu de quelques molécules inertes de la matière que le hasard a rapprochées; ce seroit, ce me semble, confondre la formation des minéraux avec la génération des animaux ou des végétaux. Je dois vous citer ici un passage d'un très grand naturaliste, excellent professeur. Dans un ouvrage élémentaire sur les animaux, ouvrage très répandu, et qui pourroit vous tomber sous la main, après avoir décrit diverses espèces d'animalcules microscopiques, arrivé à la plus petite de toutes, qu'il appelle monades, qui même, aux plus forts microscopes, ne paroissent que comme des points animés, ronds ou ovales, se mouvant avec célérité en toutes sortes de sens, et dont on voit des milliers dans les moindres gouttes de toutes les infusions et de toutes les eaux dormantes, il dit: « On seroit tenté de croire que plusieurs de ces animaux microscopiques ne se forment que de la décomposition des matières soumises à l'infusion. » Ne croyez pas qu'il faille prendre cette phrase dans un sens favorable à l'opinion que je combats. Si elle eût été celle de l'auteur, il ne l'auroit pas ainsi émise sans la moindre preuve, sans énoncer aucune des raisons qui le portoient à l'adopter. Il me paroît bien clair, au contraire, qu'il veut dire : si on étoit disposé à adopter l'opinion des générations spontanées, en voilà une apparence assez trompeuse.

Mais, dira-t-on, d'où viennent donc les vers intestinaux, et ceux qui se trouvent quelquefois dans le centre de quelques viscères, dans les sinus frontaux des moutons, etc.? qui nous expliquera comment ils sont arrivés là? Pourquoi vouloir qu'on vous l'explique? Pourquoi vouloir pénétrer dans les secrets de la nature plus qu'elle ne le veut? Vous pouvez, au reste, demeurer assurée par tout ce qu'il vous est permis de connoître dans la marche de la nature, que partout où il existe un animal ou une plante, son germe y étoit. Que vous importe de savoir comment il y est venu? Nous savons que beaucoup de germes de plantes et d'animaux réunissent à une extrême petitesse une grande inaltérabilité : qui empêche donc de penser que l'air et l'eau peuvent les porter, par la circulation, là où on ne pourroit jamais imaginer qu'ils pénétrassent? Alors leur développement dépend des circonstances favorables. Ainsi, on voit naître des champignons sans avoir été semés. Ainsi, certaines fièvres donnent lieu à des émanations qui favorisent prodigieusement la multiplication des poux, et le vulgaire, dans lequel il faut comprendre un trop grand nombre de médecins, dira et croira que la maladie a engendré les poux, et l'appellera maladie pédiculaire. Ainsi, l'humeur de la gale convient à une espèce de cirons; ils s'y multiplient, propagent la maladie en s'établissant dans les plis de la peau, dans les jointures, etc., et on dira que c'est la maladie qui produit ces insectes. Il faut laisser dire, et vous en tenir au principe qui ne peut vous égarer, que tout dans la nature vient de son semblable. Les autorités les plus imposantes ne doivent pas être capables de vous ébranler. Un examen suffisant fait toujours reconnoître, ou que ces autorités sont mal comprises, ou qu'il s'agit de savans qui veulent, à tout prix, faire triompher un système auquel ils se sont attachés sans prévoir assez où il les entraîneroit.

A.

LES VOYAGES D'ADOLPHE.

(Continuation.)

COMME Adolphe et son père continuoient à suivre la rue de la Verrerie, « il a logé dans cette

» rue, dit M. de Vauréal, un homme qui auroit
» été, je crois, bien étonné, si on lui avoit dit que
» son nom seroit connu plusieurs siècles après lui. »

Adolphe. Qui donc, papa ?

M. de Vauréal. Un peintre ou barbouilleur du temps de Charles VI, nommé Jacquemin, à qui on a, je ne sais trop pourquoi, attribué l'invention des cartes à jouer.

Adolphe. Mais n'ont-elles pas été inventées sous Charles VI ?

M. de Vauréal. Beaucoup de gens le croient ; mais il paroît qu'elles étoient connues en France plus de cent ans auparavant. Dans un vieux roman, appelé *le Renard le Contrefait*, écrit au commencement du quatorzième siècle, on parle des *cartes*, qui servent aux *fols* et aux *folles* pour jouer aux jeux de hasard dans les lieux publics,

Et à Dieu ne sont délectables.

Adolphe. Qu'est-ce que cela veut dire, papa ?

M. de Vauréal. C'est-à-dire qu'elles ne plaisent pas à Dieu. Il falloit, pour en faire ainsi un sujet de reproche général, qu'elles fussent déjà assez communes, d'autant que l'auteur n'en parle pas comme d'une invention nouvelle.

Adolphe. Qui a donc fait croire qu'elles avoient été inventées sous Charles VI ?

M. de Vauréal. Je n'en sais rien. Peut-être y a-t-on ajouté quelque chose pour qu'elles amusassent davantage le roi. Il paroît qu'elles n'étoient pas faites comme à présent, toutes sur un même modèle; il n'y avoit que celles qu'on faisoit pour le peuple qui fussent gravées et enluminées comme on les fait à présent. Celles dont se servoient les grands seigneurs étoient peintes, et il faut bien que celles que fit ce Jacquemin pour le roi, eussent quelque chose de particulier, car il les lui vendit fort cher.

Adolphe. Combien donc, mon papa?

M. de Vauréal. On trouve sur les comptes des dépenses de ce prince, *cinquante-six sous payés à Jacquemin pour trois jeux de cartes à or et à diverses couleurs de plusieurs devises, pour porter devers ledit seigneur roi pour son ébattement.*

Adolphe. Mais, papa, c'est à peu près le même prix qu'à présent.

M. de Vauréal. Oui; mais sais-tu que dans ce temps-là les prix étoient si différens de ceux d'aujourd'hui, qu'un mouton entier coûtoit tout au plus quatorze sous; c'est-à-dire, ce que se vend aujourd'hui chez les bouchers la livre de mouton, et un peu moins que ne se vendoit alors un jeu de cartes, puisqu'on n'en avoit que trois pour cinquante-six sous?

Adolphe. Les moutons étoient donc alors bien bon marché?

M. de Vauréal. Oui, et les cartes fort chères.

Adolphe. Mais, comment peut-on juger qu'elles étoient chères alors, puisqu'elles ne coûtoient pas plus qu'à présent?

M. de Vauréal. En les comparant au prix de l'argent. Le marc, ou demi-livre pesant d'argent, valoit, sous Charles VI, environ sept francs, c'est-à-dire, qu'il entroit une demi-livre d'argent dans ce qu'il falloit de pièces de monnoies pour composer sept francs. Plusieurs causes qu'il seroit maintenant trop long de t'expliquer, ont tellement fait changer la valeur des monnoies, qu'il faut à présent cinquante-quatre ou cinquante-six francs d'argent monnoyé pour valoir autant qu'une demi-livre d'argent; ce qu'on exprime en disant que le marc d'argent vaut cinquante-six francs. Payer une chose sept francs sous Charles VI, c'étoit donc donner la même valeur que si on en donnoit actuellement cinquante-six francs. Ainsi, calcule ; cinquante-six sous c'étoit plus du tiers du prix d'un marc d'argent; cela équivaloit à peu près à vingt-un ou vingt-deux francs d'aujourd'hui ; cela étoit, tu en conviendras, fort cher pour trois jeux de cartes. Suppose le mouton à quatorze sous, c'étoit le dixième du marc, un peu plus de cent sous d'aujourd'hui : cela est bien bon marché pour un mouton.

Adolphe. D'où venoit donc cette énorme différence ?

M. de Vauréal. De ce qu'il y avoit beaucoup de moutons et fort peu de cartes ; de ce que l'argent étoit rare, ce qui fait qu'on payoit fort bon marché les choses nécessaires à la vie ; de ce qu'il y avoit peu d'industrie, en sorte qu'on ne s'occupoit guères d'inventer ou de perfectionner les choses qui n'étoient pas absolument nécessaires; de ce qu'il se fabriquoit très peu d'objets de luxe, enfin de ce qu'ils se fabriquoient difficilement, et par conséquent se vendoient fort cher. A peu près dans le temps dont je te parle, les paroissiens de la paroisse Saint-Jacques de la Boucherie, que nous allons voir bientôt ayant invité à dîner l'évêque de Paris, qui avoit fait la consécration du maître-autel de leur église, le dîner coûta en tout soixante-dix sous. Eh bien cent vingt ans environ auparavant, dans un temps où tout étoit incomparablement moins cher, une loi de Philippe-le-Bel, pour réprimer le luxe, régloit à dix, vingt et trente sous le prix qu'il étoit permis de mettre aux étoffes pour les robes de femmes. Ainsi, supposons qu'en cent vingt ans elles eussent augmenté, ce qui est vraisemblable, ou qu'on eût passé le prix fixé par la loi, ce qui l'est encore davantage, une robe de femme devoit coûter deux ou trois fois autant qu'un dîner de cérémonie donné à un évêque : il n'y a pas de proportion.

Adolphe se mit à rire, et son père continua « Dans ce même temps, à peu près, où l'aune d'étoffe, pour les personnes d'une fortune médiocre étoit réglée à dix sous, le premier président du parlement de Paris recevoit du roi, pour ses honoraires, dix sous chaque fois qu'il présidoit, le prix d'une aune d'étoffe. »

Adolphe. Eh ! c'est précisément le vers que dit le juge à son fils dans *les Plaideurs*,

<blockquote>Chacun de tes rubans me coûte une sentence.</blockquote>

Un premier président auroit pu le dire à sa femme. —

Comme ils continuoient à raisonner sur ce sujet

Adolphe observa que ce temps là avoit un grand avantage, puisque, si les riches payoient leurs fantaisies plus cher, les pauvres avoient ce qu'il leur falloit pour vivre à bien meilleur marché.

« Oui, dit M. de Vauréal; mais les pauvres avoient beaucoup moins de moyens d'existence. Ils vivent des fantaisies des riches; et quand elles étoient si chères, les riches se les passoient très peu. Le seul avantage véritable de cet état de choses, c'est que le luxe étant très peu répandu, les gens même les plus considérables avoient des habitudes de simplicité, et pouvoient ainsi quelquefois donner des exemples d'un désintéressement qui devient plus rare à mesure que l'habitude des besoins augmente. Environ un siècle après le temps dont je te parle, sous François Ier, le garde des sceaux, François de Montholon, habitoit, avec toute sa famille, au coin de la rue Saint-André-des-Arcs, une petite maison où il n'y avoit qu'une salle et une cuisine au rez-de-chaussée, deux chambres au premier, deux au second, et un grenier au-dessus. Le roi lui ayant fait présent d'une amende de deux cent mille francs qu'il avoit imposée aux habitans de la Rochelle, pour les punir de s'être révoltés, il remit l'amende à la ville, à condition qu'elle feroit bâtir un hôpital pour les malades. »

Adolphe. Ah, papa, cela est bien!

M. de Vauréal. Il y a à parier que ce qui lui rendit cette bonne action plus facile, c'est qu'il n'avoit jamais imaginé qu'il fût nécessaire à un garde des sceaux d'avoir une maison plus grand[e]. La simplicité étoit telle encore sous Henri III parmi la magistrature, que la femme de Geoffro[y] Camus de Pontcarré, d'une des bonnes famill[es] du parlement, refusa de porter, comme une chos[e] trop magnifique, une paire de bas de soie do[nt] lui avoit fait présent une de ses parentes, marié[e] à la cour. Ce même Geoffroy de Pontcarré ayan[t] reçu du roi un présent de vingt-cinq mille écus qui provenoient de la succession d'un juif mo[rt] sans héritiers, les donna à trois négocians associé[s] qui venoient d'être ruinés par un incendie.

Adolphe. Etoient-ils donc ses parens ou se[s] amis ?

M. de Vauréal. On ne le dit pas ; et cel[a] n'est pas vraisemblable. Il suffisoit probablemen[t] que cette somme leur fût nécessaire, et qu'i[l] n'en eût pas besoin. Quand l'économie ne coût[e] point, la libéralité est sans effort et sans sacrifice. Mais si, dans ces temps de simplicité, la vertu peut paroître quelquefois plus haute, plus franche, parce que les hommes d'un grand caractère ne sont pas gênés par une multitude de petites considérations qui embarrassent aujourd'hui nos démarches, aussi est-elle plus rare, parce que les hommes ordinaires, plus grossiers, moins instruits, ont moins d'idées qui les encouragent à la vertu, et que les hommes vicieux n'ont rien qui les retienne, parce qu'ils se soucient beaucoup moins de l'estime. Ce temps de Henri III, où l'on voit un si bel exemple de modération, fut un épouvantable temps de brigandage, et en même temps de luxe relativement aux fortunes et à l'industrie d'alors; et celui de Charles VI, dont nous parlions tout à l'heure, ne lui cède en rien sous ces deux rapports. Tu peux te souvenir d'avoir lu dans Mézerai, que, dès le temps du roi Jean, *les gentilshommes qui, jusqu'à Philippe de Valois, avoient toujours été fort modestes en habits, commencèrent à se parer de pierreries, de perles, de découpures, de papillotes, etc., et à rançonner leurs sujets, à ravir insolemment tout le bien du paysan, que, par dérision, ils nommoient* Jacques Bonhomme.

Adolphe s'en souvenoit. Son père lui rappela aussi les troubles de la régence de Charles VI, les horribles voleries des oncles du roi et de la noblesse qui les imitoit, les cruautés exercées sur le peuple, et la profonde immoralité de la cour.

« Le lieu où nous sommes nous en rappelle un exemple, » dit M. de Vauréal. Ils étoient au bout de la rue de la Verrerie, sur l'emplacement du marché Saint-Jean, autrefois cimetière Saint-Jean. C'étoit là que se trouvoit la maison de Pierre de Craon. »

Adolphe. Celui qui assassina le connétable de Clisson ?

M. de Vauréal. Lui-même. Tu te souviens peut-être qu'il avoit commencé par causer la mort du duc d'Anjou, auquel il étoit attaché. Ce prince étoit allé conquérir le royaume de Naples, auquel il prétendoit avoir droit par l'adoption de Jeanne de Naples. Ses affaires tournèrent si mal, que se trouvant dans une grande détresse, il envoya Pierre de Craon lui chercher en France, tout ce qu'il pourroit y recueillir d'argent. Craon alla bien chercher l'argent en France; mais en revenant, il s'arrêta à Venise, où il le dépensa pour son propre compte. Pendant ce temps-là, le duc d'Anjou, réduit à n'avoir pour tout vêtement *qu'une cotte d'armes de toile peinte, et pour toute vaisselle qu'une tasse d'argent*, conçut de sa situation un tel chagrin, qu'il en mourut. Au reste, ce duc d'Anjou, pour faire son expédition, avoit commencé par voler les trésors amassés par son frère Charles V, et que celui-ci avoit cachés dans les murs du château de Melun. Le duc d'Anjou, qui le savoit, profita du moment où, après la mort de Charles V, on menoit à Reims son fils, Charles VI, pour le sacrer. Il resta quelques jours derrière, força celui qui avoit la garde du trésor à lui déclarer où il étoit, et s'en empara.

Adolphe. Mais papa, cela fut su?

M. de Vauréal. Il y a lieu de croire qu'il ne s'en cacha même pas. Un homme assez fort pour n'avoir pas peur qu'on le forçât à rendre, ne s'embarrassoit guère du reste, ni les autres non plus. Pierre de Craon fut poursuivi en justice par la veuve du duc d'Anjou, et condamné à une amende de 100,000 fr.; mais il n'en fut ni moins bien reçu, ni moins bien traité à la cour. Il devint le favori du duc d'Orléans, frère du roi ; mais ce prince l'ayant disgracié, Craon se persuada que c'étoit Clisson qui l'avoit desservi ; peu scrupuleux, comme tu l'as vu, sur les moyens de satisfaire ses passions, il l'attendit un soir, au coin de la rue Culture-Sainte-Catherine ; et, accompagné de vingt bandits, tomba sur lui, et le perça de coups ; le connétable n'en mourut pas, mais il en fut bien malade. Comme Clisson étoit le favori du roi, Craon fut obligé de se sauver : il fut condamné à mort par contumace ; ses biens, qui étoient très considérables, furent confisqués, sa maison rasée ; et l'emplacement, où nous sommes actuellement, donné à l'église Saint-Jean, pour en faire le cimetière de la paroisse.

Adolphe. C'étoit un grand scélérat que ce Pierre de Craon.

M. de Vauréal. Comme mille autres de ce temps-là ; et comme mille autres aussi, il étoit dévot.

Adolphe. Est-il possible ?

M. de Vauréal. Il paroîtroit, du moins, qu'une des choses qui l'avoient frappé, dans la peine de mort qu'il avoit encourue, c'étoit le danger de mourir sans confession ; car, lorsque, plusieurs années après, il eut obtenu sa grâce, et recouvré apparemment quelque crédit, on prétend que ce fut lui qui obtint qu'on donneroit des confesseurs aux criminels condamnés à mort. Auparavant, on les leur refusoit.

Adolphe. Mais il me semble qu'on lui eut une

bien grande obligation; car c'étoit une cruauté affreuse, et qui devoit faire mourir ces pauvres malheureux dans le désespoir.

M. de Vauréal. Sans doute; mais elle tenoit à la même idée absurde et barbare qui a fait si long-temps brûler et massacrer les hérétiques. Ceux qui tenoient la force en main croyoient avoir le droit de disposer de l'ame et de la conscience des autres hommes, comme ils avoient le pouvoir de disposer de leur corps.

Tout en causant, Adolphe et M. de Vauréal avoient un peu dépassé l'enceinte dont ils avoient eu le projet de suivre les contours; ils y rentrèrent par la rue des *Mauvais-Garçons*, et la rue de la *Tixeranderie*, où M. de Vauréal apprit à son fils qu'avoit logé le poëte Scarron avec sa femme.

Adolphe. Celle qui, depuis, épousa Louis XIV?

M. de Vauréal. Elle-même. Elle avoit alors, pour tout logement, avec son mari, deux chambres au second, une cuisine, et une petite chambre de domestique; et encore avoit-elle été bien heureuse de trouver une pareille fortune.

Adolphe. Quand elle fut la femme du roi, elle dut se trouver bien riche et bien logée?

M. de Vauréal. Elle se promenoit un jour au bord d'un des beaux bassins de Versailles; elle y vit des carpes qui avoient l'air languissant; elle se tourna vers une de ses amies : *Elles sont comme moi*, dit-elle, *elles regrettent leur bourbe.* Elle regrettoit souvent ce temps où elle vivoit obscure et pauvre; mais elle étoit libre, n'ayant à répondre du bonheur de personne, et sans avoir à se mêler sans cesse de mille tracasseries, de mille intrigues, comme on en voit continuellement à la cour. C'est un grand bien que la tranquillité d'esprit ; une personne raisonnable ne peut le sacrifier avec plaisir qu'à l'espérance de faire beaucoup de bien ; et une femme n'en a guères les moyens. — Tournons à gauche, continua M. de Vauréal ; nous allons bientôt trouver Saint-Gervais, l'église où fut enterré Scarron. »

Ils s'y rendirent par la rue du *Pet-au-Diable*. Ce nom fit rire Adolphe, qui en demanda l'origine à son père.

Il est difficile, dit M. de Vauréal, de connoître l'origine des noms des rues, qui, sans cesse dans la bouche du peuple, ont été corrompus et défigurés de cent manières. On prétend que, dans cette rue-ci, logeoit un homme nommé *Petau*, que sa méchanceté fit nommer *Petau Diable* ; et que, de ce nom, bizarrement coupé, on a fait le nom actuel de la rue. Ce qu'il y a de certain, c'est qu'il y a un vieux roman, nommé le roman de *Pet au Diable*, cité par Villon, poëte du quinzième siècle. Le nom en est-il aussi défiguré dans les éditions que nous avons de Villon ? Je n'en sais rien. —

En sortant de la rue du Pet-au-Diable, ils trouvèrent, à gauche, la rue du Martrois. C'est dans cette rue, dit M. de Vauréal à son fils, que passoit le prince Philippe, fils aîné de Louis-le-Gros, lorsqu'un cochon se jeta dans les jambes de son cheval, et le fit tomber. Le jeune prince mourut le lendemain de sa chute. Depuis ce temps, on défendit de laisser courir les cochons dans les rues. Ceux de l'abbaye de Saint-Antoine furent seuls, dit-on, exceptés ensuite de cette défense.

Adolphe. Et pourquoi donc?

M. de Vauréal. Parce que les religieuses de cette abbaye représentèrent que ce seroit manquer de respect à saint Antoine, que de contrarier ses cochons. Voilà ce qu'on assure; mais je ne t'en réponds pas. Ce ne seroit pourtant nullement impossible à croire, dans des temps où, pour se débarrasser des chenilles, on les excommunioit, après leur avoir fait leur procès. Encore, en 1516, on rendit contre elles un arrêt conçu en ces termes: *Parties ouïes* (car on leur donnoit un avocat), *faisant droit à la requête des habitans de Villeneuve, admonestons les chenilles de se retirer dans six jours; et, à faute de ce faire, les déclarons maudites et excommuniées.* Il est vrai que cet arrêt est de l'official de Troyes en Champagne. Ce sont, probablement, quelques faits de ce genre qui auront mérité aux Champenois leur réputation et le proverbe.

Ils avoient laissé derrière eux la rue du Martrois, et avoient pris, à droite, la rue du Monceau, qui les conduisit à l'église Saint-Gervais. « Cette église, dit M. de Vauréal, étoit obligée, autrefois, de payer certains droits à l'église Nôtre-Dame; ainsi, par exemple, il étoit stipulé que le jour de Saint-Gervais, le curé donneroit aux enfans de

Notre-Dame l'offrande qui auroit été faite ce jour-là dans la paroisse; et qu'en outre, il leur fourniroit des cerises.

« Des cerises! s'écria Adolphe, en riant; il valoit bien la peine de faire une convention pour cela. »

M. de Vauréal. Assurément, cela en valoit la peine : dans ces temps, où l'argent étoit rare, où la plus grande partie du commerce et des paiemens se faisoient en denrées, où nos rois même ne payoient pas leurs officiers, mais les entretenoient des choses qui leur étoient nécessaires, il falloit bien que les différentes choses qui entroient dans ces sortes de paiemens fussent stipulées d'une manière fixe et détaillée; sans quoi, les contestations auroient été perpétuelles. Il étoit d'ailleurs très important, pour des gens à qui on ne donnoit pas d'argent, ou très peu, d'être fournis des choses dont ils avoient besoin, et qu'ils n'auroient pas eu les moyens de se procurer; ainsi, il étoit aussi naturel de stipuler qu'on donneroit des cerises aux enfans de chœur de Notre-Dame, qu'il l'est aujourd'hui de convenir de certains frais à payer pour un baptême, un mariage ou un enterrement. —

En achevant ces mots, ils se trouvèrent à la porte de l'église de Saint-Gervais. F. G.

Ce Journal, composé de quatre feuilles *in-8°*, paroît le 15 de chaque mois.

Le prix de l'Abonnement est de 18 fr. pour l'année, et de 10 fr. pour six mois.

On s'abonne chez LE NORMANT, Imprimeur-Libraire, rue de Seine, n°. 8, près le pont des Arts.

Les lettres et les envois doivent être adressés francs de port.

NOUVELLES

CONCERNANT L'ÉDUCATION.

Sur les Etablissemens d'Education de M. Fellenberg, à Hofwyl, dans le canton de Berne.

(Suite.)

« Un gagne-pain assuré dans une carrière où ils pourront mener une vie heureuse, est le legs que M. Fellenberg prépare à ces enfans qu'il a adoptés. Il les destine à diriger des exploitations agricoles, ou seulement à faire de bons valets de campagne, selon leur degré de talent et d'activité. Leur principale occupation est donc de travailler à la terre. Tant que la saison et la température le permettent, ils sont occupés dans les champs à des ouvrages en rapport avec leur âge et leurs forces. S'il fait mauvais temps, et pendant la saison rigoureuse, ils font des ouvrages en paille, ils tricotent, ils épluchent de la laine, ils trient et séparent les légumes, les racines destinées aux bestiaux ; ils s'exercent enfin aux diverses manières de se rendre utiles dans une grande exploitation. »

« On les accoutume, entre autres choses, à ne rien laisser perdre de ce qui peut servir à la consommation ou à la reproduction, à ne pouvoir souffrir le moindre dérangement, le moindre défaut d'ordre, auxquels ils puissent remédier : ranger et maintenir chaque chose à sa place, devient pour eux une sorte de besoin ; ils acquièrent ce goût d'exactitude, de propreté, de perfection, trop rare, mais pourtant bien nécessaire parmi les ouvriers de campagne. »

Ici, M. Ch. Pictet rapporte en note un exemple singulier du degré auquel ces enfans ainsi élevés portent l'habitude et le besoin de l'ordre. « M. Fellenberg, l'été dernier, passoit auprès d'un champ de colza, en tenant par la main un des petits pauvres qui lui racontoit quelque chose avec beaucoup de vivacité. Tout à coup l'enfant s'interrompt et lui échappe, pour aller arracher une plante de moutarde qu'il avoit découverte à une certaine distance parmi le colza. Il vint ensuite re-

» prendre le fil de sa narration, sans dire un seul mot de
» la chose qui l'avoit distrait. »

« Quoique l'instruction positive soit subordonnée à la
» nécessité où sont les enfans d'apprendre à gagner leur
» vie par le travail de leurs mains, les progrès ont été
» plus grands qu'on ne le croiroit possible en si peu de
» temps. Presque tous savent maintenant bien lire et
» écrire, un peu dessiner, estimer les angles, calculer
» de tête, chanter la note des airs simples et tenir la
» mesure. Ils savent le nom, les caractères et les qualités
» de toutes les plantes cultivées à Hofwyl, de toutes les
» mauvaises herbes qui croissent dans les champs; ils
» connoissent également la nature des diverses pierres
» qu'on y trouve. Ils ont appris par cœur plus de cin-
» quante hymnes, cantiques ou chansons nationales;
» plusieurs traits de l'Histoire Sainte et de l'Histoire de la
» Suisse; quelques uns d'entr'eux sont exercés à rendre
» compte de ce qu'ils ont lu et entendu, et en entre-
» tiennent les autres. »

« M. Fellenberg estime qu'au bout des quatre pre-
» mières années, le travail des enfans aura payé toutes
» les avances de son école; qu'elle pourra alors se main-
» tenir par elle-même, et faire des épargnes qui prépa-
» reront à chaque sujet des ressources pour l'avenir. On
» doit bien juger que la plus stricte économie a lieu
» dans la manière de nourrir, vêtir et loger les enfans.
» Ils sont tête nue toute l'année, et vont nu-pieds dans la
» belle saison. Le dimanche, cependant, ils sont chaussés
» et proprement vêtus en drap de laine du pays, fabriqué
» dans l'endroit. »

« C'est un spectacle bien intéressant que celui de cette
» petite famille régénérée, sauvée des chances les plus
» tristes et les plus malheureuses de la société, pour être
» acheminée au bonheur par la route la plus sûre. On
» s'étonne de la simplicité des moyens quand on les
» rapproche de l'effet. On se demande si tout cela ne
» pourroit pas se reproduire ailleurs; et si, pour repro-
» duire le même résultat, partout où la chose seroit entre-
» prise par des personnes bienfaisantes, il ne suffiroit
» pas d'avoir des Vehrli, c'est-à-dire des hommes capables
» et dévoués comme lui à cette œuvre de charité? »

ANGLETERRE.
M. Bell et M. Lancaster.

Nous avons déjà dit un mot de la querelle qui s'est élevée en Angleterre entre M. Bell et M. Lancaster, ou leurs partisans respectifs, relativement à l'invention d'une nouvelle méthode d'enseignement applicable aux écoles des pauvres. Quelques détails qui nous sont parvenus à ce sujet, nous paroissent propres à intéresser nos lecteurs : ils y puiseront une idée un peu plus étendue, quoique bien incomplète encore, de cette méthode, de son histoire et des discussions auxquelles elle a déjà donné lieu (1).

En 1789, une école fut ouverte à Egmore, près de Madras, pour les orphelins et les enfans mâles abandonnés des militaires européens dans les Grandes-Indes. Le docteur Bell, chapelain de cet établissement, en eut la surveillance. Il se trouva chargé d'enfans jusque-là entièrement dépourvus d'éducation, presque hébétés et livrés à toutes sortes d'habitudes vicieuses; leur nombre étoit considérable : les fonds dont il disposoit, ne l'étoient pas ; il eut l'idée de *conduire l'école au moyen des écoliers eux-mêmes*. Cette méthode, beaucoup plus économique, lui fournissoit en même tems mille ressources pour réveiller l'émulation des enfans, et hâter leurs progrès en les excitant à une activité plus soutenue, et cependant moins pénible. L'élève le plus distingué, soit par sa conduite, soit par ses dispositions, étoit chargé de l'inspection des autres : quand un enfant, particulièrement mal élevé ou retardé, arrivoit dans l'école, M. Bell en confioit le soin à celui des anciens qu'il jugeoit le plus propre à remplir cet emploi. Les fautes et les mérites étoient inscrits sur un registre, et les élèves jugeoient eux-mêmes des récompenses ou des châtimens qui avoient été mérités. Leur conscience, ainsi intéressée à connoître et à pratiquer la justice, acquéroit un pouvoir proportionné à l'influence qu'on accordoit à ses décisions. Les bons effets de cette méthode furent bientôt sensibles, et quant à l'économie, M. Bell diminua les frais de l'école qui contenoit deux cents enfants, d'environ 960 liv. sterl. (23,000 fr.) par an.

Les enfans apprenoient en même tems à lire et à

---

(1) *The Quarterly Review*, octobre 1811, a pris chaudement le parti de M. Bell contre l'*Edinburgh Review*.

écrire par un procédé connu aux Indes, long-temps avant le dix-septième siècle. Pyrard de Laval, voyageur qui y arriva en 1601, dit, en parlant des habitans des Maldives : « Pour apprendre à escrire à leurs enfans, ils » ont des planches de bois faites exprès, bien polies et » bien unies, et estendent dessus du sable fort mince et » fort délié; puis avec un poinçon ils font les lettres, et » les font imiter, effaçant à mesure qu'ils ont escrit, » n'usant point en cela de papier. » Pietro Della Valle parle de ce procédé avec encore plus de détails : le docteur Bell l'adopta, et y trouva de grands avantages tant pour la promptitude que pour l'économie de l'instruction.

De retour en Angleterre, en 1797, il publia un exposé de ses idées, sous le titre de *Essai d'éducation fait dans l'Asyle des enfans mâles de Madras, au moyen duquel une école, ou une famille peut s'instruire elle-même sous la surveillance du père ou du maître*. C'est-là le principe fondamental de sa méthode : on ne tarda pas à en tenter l'application.

En 1803, M. Joseph Lancaster, de la secte des Quakers, publia une relation des tentatives qu'il faisoit depuis cinq ans (1798) pour l'amélioration des écoles des pauvres; il y rendoit compte de ses premiers tâtonnemens, de ses premières vues, et reconnoissoit qu'il devoit beaucoup aux idées du docteur Bell, avec lequel il entra en correspondance l'année suivante.

L'activité de M. Lancaster lui valut de puissans protecteurs; en 1805 il avoit déjà dans son école du *Borough-road*, huit cents enfans, et des souscriptions considérables : il avoit ajouté à la première idée du docteur Bell de nouveaux développemens; il l'avoit appliquée avec plus d'étendue; on lui reproche d'avoir voulu alors s'en attribuer la première invention : ce qu'il y a de certain, c'est que ces deux hommes, que le genre et le but de leurs travaux auroient dû lier, se sont divisés : sans doute que la véhémence de leurs partisans a envenimé la querelle.

On reproche à M. Bell des vues étroites et bornées : un passage de son ouvrage semble indiquer qu'il craint de répandre l'instruction parmi les pauvres, et qu'il voudroit la restreindre, pour eux, à la *lecture*. Ce passage est en contradiction avec sa méthode même, puisqu'elle tend nécessairement à propager, à faciliter l'instruction; et puisque, nécessairement encore, les enfans y apprennent à lire et à écrire à la fois. Cependant, ce passage a bien été écrit par l'auteur : il est vrai que ses défenseurs mêm[es] l'abandonnent.

On accuse M. Lancaster d'avoir fait de l'émulation, o[u] plutôt de l'intérêt personnel, l'unique ressort de so[n] école : les récompenses qu'il y distribue sont très nombreuses, très variées, et s'adressent toutes à la vanit[é] ou à l'intérêt. Mais c'est, surtout, sur la distribution de[s] châtimens, que paroît devoir tomber le blâme. Les élèves non seulement les décernent, mais les infligent. M. Lancaster provoque, contre le coupable, la moquerie e[t] l'insulte de ses camarades : il accoutume à la honte, e[n] cherchant sans cesse à la réveiller; et il y a une sorte d[e] barbarie dans la variété des petits supplices moraux qu'i[l] fait subir aux malheureux enfans tombés en faute. Nou[s] pensons, comme ses adversaires, que ce moyen est, no[n] seulement mauvais, mais dangereux, et que son emplo[i] n'est justifié ni par la réflexion, ni par l'expérience. D'autre part, il est évident que M. Lancaster a étend[u] l'application de la méthode du docteur Bell à des étude[s] fort importantes pour l'enfance, comme celle de l'arithmétique ; qu'il a trouvé des procédés encore plus prompts, plus économiques, comme de faire épeler, lire et compter tous les enfans d'après un grand tableau noir plaqué sur le mur, sous les yeux de tous, ce qui épargne du moins en partie, l'achat des livres et du papier. Enfin il a exécuté, plus en grand, avec un zèle extrême, des essais qui n'avoient d'abord embrassé qu'un moindre nombre d'élèves.

Le docteur Bell est spécialement soutenu par le clergé anglican; on ne sauroit, à ce qu'il nous semble, lui contester avec justice le mérite de l'invention : et peut-être a-t-il mis, dans ses travaux, moins de pompe et de charlatanerie que son adversaire. Il lie aussi plus intimement, avec l'instruction élémentaire, l'enseignement spécial de la religion nationale. M. Lancaster paroît dirigé par des vues plus philosophiques, et peut-être plus indépendantes des circonstances et des temps.

Quoi qu'il en soit, les travaux de ces deux hommes, et le principe qui en est la base, pourront contribuer beaucoup à l'amélioration des écoles des pauvres, en y diminuant et les frais et le nombre des instituteurs. Le public anglais s'en montre convaincu : c'est là ce qui importe réellement à l'humanité; en déplorant leurs querelles, elle profitera de leurs découvertes : « Il n'y a que le bien d'éternel. »

ANNALES DE L'ÉDUCATION.

MM. les Souscripteurs qui n'ont souscrit que pour six mois, sont prévenus que leur abonnement est expiré.

CONSULTATION DU BONHOMME RICHARD,

OU MOYEN SÛR D'AVOIR DE BONS FILS.

Il n'est personne en France qui ne connoisse *la Science du bonhomme Richard;* beaucoup de gens en ont-ils profité? je l'ignore: c'est à ceux qui lèvent les impôts à nous dire si leurs contribuables ont su mettre en usage ce *moyen sûr* de les payer. Pour moi, qui ai eu le bonheur de connoître le bonhomme Richard lui-même et de lui voir faire ses Almanachs, j'ai recueilli ses conseils et ses paroles comme autant de bons grains à semer dans ma terre: je n'oserois dire qu'ils y aient tous fructifié; cependant tous n'ont pas été perdus. Je commence à devenir vieux; il y a long-temps que je sème et que je moissonne, et je trouve, en revoyant mes comptes de chaque année, qu'au fait la plupart de mes récoltes n'ont pas été mauvaises. Je voudrois faire partager à mes lecteurs un avantage dont je jouis encore. Quoique mon vieil ami eût soin de mettre dans ses Almanachs tout ce qu'il y pouvoit faire entrer, il n'avoit jamais assez de place et n'a pas eu assez de temps pour dire tout ce qu'il pensoit; et tout ce qu'il pensoit étoit bon à dire. Je me souviens entr'autres d'une conversation qu'il eut un jour avec quelques-uns de ses voisins: je l'ai répétée plusieurs fois à mes enfans lorsqu'ils ont été dans le cas d'avoir des enfans eux-mêmes; et puisque je suis devenu assez bavard pour me mêler aujourd'hui d'écrire, il faut que je la redise à ceux de mes lecteurs qui désirent d'avoir de bons fils; ce que j'ai vu souhaiter à tous ceux qui en avoient, quoique presque tous se plaignissent qu'ici comme ailleurs, leurs souhaits n'avoient jamais été entièrement remplis.

Le bonhomme Richard (car c'est ainsi que nous l'appelions tous) habitoit une ferme aux environs de Philadelphie; il étoit vieux, et ne travailloit plus guères, quoiqu'il se portât bien et ne fût jamais triste, grâce à ce qu'il avoit toujours travaillé : il avoit même cessé ses almanachs : « Quand on est
» jeune, me disoit-il, on veut se rendre utile
» au monde entier; on ne craint pas de jeter au
» loin des semences qu'on ne moissonnera que
» long-temps après : quand on est vieux, on aime
» à jouir tout de suite du peu de bien qu'on peut
» faire; nos parens, nos amis, nos voisins devien-
» nent tout notre monde à quatre-vingts ans. Dieu
» a eu raison; quand on ne peut plus se servir
» soi-même, c'est à ceux qui nous servent qu'il
» faut chercher à être utile : l'avenir appartient
» aux jeunes gens, et nous devons rendre à César
» ce qui appartient à César. »

Je puis assurer qu'il avoit renoncé de bonne foi à cet avenir que tant de gens voudroient s'approprier encore quand ils n'ont plus la force de rien faire pour lui. « Autrefois, disoit-il, quand j'avois fait » ma tâche de la journée, je me reposois le soir; à » présent celle de ma vie est faite, et je me repose. » Son repos étoit rempli par les visites des fermiers ses voisins, qui venoient le consulter sur leurs affaires, le prier d'accommoder leurs différens, et qui s'en alloient instruits, arrangés et satisfaits. « Quand les bons conseils sont inutiles, répétoit- » il souvent, c'est encore plus la faute de celui » qui les donne que la faute de celui qui les » reçoit. » Aussi ne négligeoit-il rien pour rendre les siens profitables, et y réussissoit-il presque toujours; car sa maxime favorite avoit toujours été qu'avant de vouloir enseigner la vérité, il falloit apprendre à la dire.

Un jour (c'étoit un dimanche) trois fermiers des environs vinrent le voir l'après-dînée, pour causer avec lui : on s'assit devant la porte de la ferme; et le bonhomme Richard, qui parloit toujours à l'artisan, de sa profession; au laboureur, de son champ, et au père de famille, de sa famille, demanda à ses voisins des nouvelles de leurs enfans : chacun d'eux en avoit plusieurs, qui de vingt, qui de seize, qui de douze, de dix ou de six ans. — « J'ai vu Jack avant-hier, dit-il à l'un d'eux; quel grand et gros garçon ! il a l'air bien actif, bien laborieux; vous avez là, mon voisin, un excellent camarade. — Oui, répondit le père, s'il devoit, rester avec nous; mais depuis trois mois, il est devenu amoureux de la fille de M. Dickson: il veut l'épouser, et aller habiter avec elle un terrain à douze milles d'ici, que M. Dickson leur promet, et où Jack dit qu'il bâtira une ferme. — Eh bien, mon voisin, tant mieux; nous aurons une noce et Jack une femme; ce pauvre garçon a assez travaillé pour la mériter. — Oui; mais il ne travaillera plus. — Comment, il ne travaillera plus? est-ce qu'il compte se marier pour ne rien faire? — Non je veux dire qu'il ne travaillera plus dans ma ferme. — Ah! mon voisin, puisque Jack prend une femme, il faut bien qu'il ait une ferme; quand l'oiseau a des ailes, sa mère le laisse voler: votre fils aime la fille de M. Dickson, qu'il l'épouse; quand on est jeune, on est trop heureux d'aimer la fille qu'on épouse, et quand on est vieux, trop heureux de l'avoir épousée. N'est-ce pas, mon voisin? — Oui reprit le père; mais il est bien triste pour moi de me voir abandonné par mon fils au moment où j'aurois le plus besoin de lui. — Abandonné? et pourquoi donc? tant que vous pourrez faire aller votre ferme, elle ira bien sans Jack; et quand vous ne le pourrez plus, vous irez le retrouver. Croyez-vous qu'il ait moins besoin de sa future que vous n'avez besoin de lui? » —

« Cela est vrai, dit un des deux autres fermiers; à chaque couple son nid: et puisque les pères se sont mariés, il est juste que les enfans se marient. Mais jusques là ils devroient faire tout ce que leurs parens leur demandent; au moins Jack a toujours été un bon travailleur. Plût à Dieu que mon Bill en fît autant ! Ce petit drôle a déjà seize ans, et je n'en puis rien tirer de bon gré; il ne prend aucun intérêt à nos récoltes, et n'imagineroit jamais de faire un peu plus d'ouvrage que je ne lui en ai prescrit. — Vous lui prescrivez donc l'ouvrage qu'il doit faire ? reprit le bonhomme Richard. — Certainement; sans cela il ne feroit rien du tout. — Pardon, mon cher voisin, mais j'ai toujours vu qu'un encouragement valoit mieux que deux ordres, et que la bonne volonté faisoit plus de chemin en une heure que l'obéissance en un jour. Vous voulez que Bill travaille beaucoup, c'est fort bien fait; mais pour travailler beaucoup, il faut ou en avoir besoin, ou y prendre plaisir. Bill ne croit pas en avoir besoin; vous le nourrissez, vous l'habillez; c'est juste, car vous êtes son père, et sans vous il ne lui auroit fallu ni pain, ni habits. Il n'y a donc pour l'exciter au travail qu'un seul moyen, c'est qu'il s'y plaise. Quand il étoit tout petit, et que vous vouliez obtenir de lui quelque chose, vous lui promettiez un gâteau; eh bien, mon voisin, n'avez-vous plus de gâteaux à lui donner? — Plût à Dieu qu'il les aimât encore; mais que faire avec un grand garçon de son âge? on ne peut plus le traiter comme un enfant. — Pourquoi pas? vous n'avez qu'à changer de gâteaux; il y en a pour tous les âges, comme des habits pour toutes les tailles. Bill est devenu grand; il a plus de raison et de force, me direz-vous: j'en conviens; mais aussi ce qu'il a à faire est bien plus pénible: pourquoi en supprimer la récompense? Faites de lui votre associé; montrez-lui que vos intérêts sont les siens; que dans cinq ou six ans il sera obligé de se passer de vous, de travailler pour lui-même : au lieu de le traiter en ouvrier, apprenez-lui à devenir maître; consultez-le quelquefois, ne lui ordonnez pas toujours; laissez-lui le plaisir de vous prouver sa reconnoissance par son zèle : quand il croira que de votre côté vous êtes aussi reconnoissant de sa bonne volonté, il sera bien aise de vous la faire voir. Tenez, mon cher voisin, vous avez cinquante ans; supposez que les hommes vécussent deux cents ans au lieu de quatre-vingts : vous seriez de l'âge de Bill, et vous auriez encore votre père; ne voudriez-vous pas qu'il s'en remît un peu à vous, qu'il vous témoignât de la confiance, qu'il vous laissât un peu de liberté, qu'il regardât vos efforts comme volontaires, et qu'il vous en sût gré? de bonne foi vous auriez grand'peine à vous arranger pour qu'il ce fût autrement; je parie que c'est là tout ce qu'il faut à Bill; essayez : quand on ne dort pas bien sur une oreille, on se retourne sur l'autre : je ne vois pas pourquoi on seroit plus entêté pour ses enfans que pour soi. »

Le fermier ne paroissoit pas convaincu; cependant il dit qu'il essaieroit. — Pour moi, reprit le troisième, j'espère n'avoir jamais besoin de changer de méthode avec mes enfans; car je suis précisément celle que le bonhomme Richard vient de nous indiquer. Ils sont encore tout jeunes; l'aîné n'a pas huit ans; je leur laisse faire tout ce qu'ils veulent; on ne leur a pas encore appris à lire. Quand l'envie leur en viendra, à la bonne heure ; mais je ne veux les obliger à aucun travail tant qu'ils ne pourront pas voir à quoi il leur est bon. — Etes-vous bien sûr qu'ils le voient un jour, reprit le bonhomme Richard, et que l'envie leur en vienne ? — Je l'espère ; il faudra bien qu'ils sachent lire et travailler. — Sans doute, il le faudra ; mais prenez garde qu'ils ne s'en avisent un peu tard. Entendons-nous, mon cher voisin ; quand vos enfans seront grands, vous aurez surtout besoin de leur bonne volonté : ils sont petits ; faites-leur prendre de bonnes habitudes ; ce n'est pas difficile. Si vous vouliez les rendre bossus, en leur enfonçant un peu la poitrine et leur serrant la taille, vous en viendriez bientôt à bout : il est encore plus aisé de leur apprendre à se tenir droits. Ils ne font rien du tout ? En ce cas, certainement ils s'ennuyent ; à six ans comme à trente, la journée est trop longue pour le fainéant ; que ne profitez-vous du besoin qu'ils ont d'être occupés pour les accoutumer à faire quelque chose de bon, qui puisse leur servir un jour. Ils ne savent pas encore assez ce qu'ils veulent pour qu'il soit bien difficile de leur faire vouloir ce qu'on veut : c'est précisément leur volonté que vous devez former, et vous êtes bien le maître de la tourner du bon côté sans les tourmenter de la vôtre. Encore une fois, mon cher voisin, servez-vous avec eux de l'habitude ; ce qu'on a fait aujourd'hui coûtera moins demain, encore moins après demain, et bientôt ne coûtera plus rien du tout. Quand on a commencé par faire le bien, on finit par l'aimer, et quand une fois on l'a aimé, on y revient toujours. Ce n'est pas tout que de nourrir et d'habiller nos enfans : Dieu nous les a donnés pour en faire des hommes, et il nous a donnés à eux pour les aider à le devenir : ils ne s'en tireroient pas tout seuls ; nous devons leur apprendre à être laborieux et raisonnables, en les accoutumant à se servir de leur raison et de leurs forces, comme nous leur apprenons à marcher en les obligeant à se servir de leurs jambes. Nous n'avons pas trop de temps pour les élever ; il faut nous y prendre de bonne heure, de peur qu'ils ne nous échappent avant d'avoir rien appris de ce qu'ils auront besoin de savoir quand ils commenceront à vivre pour leur compte. Ayez soin seulement de leur répéter et de leur montrer que c'est pour leur intérêt et non pour le vôtre que vous vous donnez tant de peines : dans ce que vous exigez d'eux, ne prenez jamais parti contre eux : le désintéressement persuade mieux que l'éloquence. Quand vos enfans auront bien vu que vous ne pensez jamais à vous, ils croiront aisément que vous avez raison dans ce que vous pensez pour eux : que leur confiance vienne à l'appui de votre autorité ; c'est le seul moyen de la leur rendre utile ; mais c'est un moyen qu'il faut prendre, car votre autorité leur est nécessaire. Quand un jardinier a planté un arbre, il ne le laisse pas là sans secours ; il l'arrose, le soutient : sans cela l'arbre pourroit bien mourir ou devenir tortu. »

Le fermier, qui étoit un bonhomme, parut

charmé de ces conseils, et fort disposé à les suivre ; il aimoit vivement ses enfans, vouloit sincèrement leur bien, et ne demandoit pas mieux que d'apprendre à les élever. Mais ils se réunirent tous pour se récrier sur les difficultés de l'éducation, sur les peines qu'elle donne, et sur le peu de profit qu'en retirent si souvent ceux qui se les sont données. Le bonhomme Richard les écoutoit attentivement, sourioit quelquefois, et sembloit attendre qu'ils eussent fini de parler, pour leur répondre en détail et à son aise. Il reprit enfin :

« Mes chers voisins, si Dieu nous avoit donné pour notre usage un animal qui fût fait comme nous, qui eût des mains, qui marchât sur deux pieds, qui sût, comme nous, dompter les chevaux et conduire les bœufs, qui fût intelligent, raisonnable, qui eût, enfin, une ame comme la nôtre pour réfléchir et pour vouloir, il seroit malaisé, j'en conviens, de l'élever de manière à en tirer autant de parti que nous le voudrions et que cela se pourroit. Dans son enfance, il seroit capable de se sentir destiné à devenir notre égal, et plus tard de vouloir l'être : il auroit des raisons et des volontés à opposer à nos volontés et à nos raisons ; et quelque jour peut-être il s'aviseroit de nous dire que, puisqu'il sait raisonner, parler et agir tout comme nous, il a bien le droit d'agir, de parler et de raisonner pour son compte. Grâces à Dieu, nous n'avons pas reçu un présent si embarrassant, et encore plus difficile à garder qu'utile à mettre en usage. D'où vient donc notre embarras ? de ce que nous voulons user de nos enfans comme d'un présent qui nous a été fait : mais prenons-y garde ; quand la Providence nous les donne ces enfans, c'est bien un peu notre faute. Nous avons cherché, dans la société d'une femme, un bonheur dont nous avions besoin : rien n'est plus juste ; mais ce bonheur, il faut le payer un peu ; Dieu ne fait pas l'usure ; cependant il ne donne rien *gratis*. En mettant Jack et Bill au monde, vous avez contracté l'obligation de les nourrir, de les vêtir, de les élever tant qu'ils ne pourroient pas se passer de vous ; et comme Dieu, avec raison, à mon avis, se méfie un peu de notre exactitude à remplir nos obligations, il nous a inspiré pour nos enfans, cette tendresse qui nous porte à faire pour eux, avec dévouement, tout ce dont ils ont besoin pour vivre et devenir, à leur tour, des hommes. Mais ce tour arrive ; nous devons le prévoir, et nous conduire en conséquence. Si nous avons eu la folie de croire que nos enfans étoient faits pour nous, nous ne tardons pas à être détrompés ; et ce mécompte nous désespère d'autant plus que nous aurions beau vouloir, nous ne saurions changer ici-bas ce qui a été arrangé là-haut. Que ne nous disons-nous, au contraire, que nous sommes faits pour eux tant qu'ils ont besoin de nous ; ce sera plus vrai, et nous éviterons les mécomptes. Vous croyez que ce n'est pas juste ; à mon avis, vous avez tort : regardez-y bien, vous avez été payés d'avance des peines que vous vous donnez pour eux ; car ils sont le fruit de votre mariage, et votre mariage a été pour vous un grand bonheur : ainsi

Dieu et vous, vous êtes quittes. Mais soyez tranquilles; la Providence est généreuse; quand nous avons tenu fidèlement nos marchés avec elle, elle nous donne toujours quelque chose en sus. Vos enfans, accoutumés à vous voir vous oublier pour eux, s'accoutumeront à ne pas se compter eux-mêmes pour tout; ce n'est pas le bienfait qui mérite et attire la reconnoissance; c'est le désintéressement du bienfaiteur; on obtient davantage en méritant beaucoup et exigeant peu qu'en exigeant tout ce qu'on croit mériter. Soyez justes avec vos enfans, vous aurez peu à craindre; soyez désintéressés, vous aurez beaucoup à espérer; il ne faut pas mettre ce qu'on donne dans le bassin d'une balance, et vouloir que l'autre se remplisse de ce qu'on reçoit. La générosité, comme toutes les vertus, s'apprend par l'exemple et l'habitude: que vos enfans vivent dans son atmosphère, ils ne pourront plus respirer un autre air. Surtout, n'en parlez pas; dire ce qu'on a donné, c'est demander qu'on nous le rende: et les hommes aiment mieux faire des présens que de payer leurs dettes.

» Soyez, d'ailleurs, de bonne foi avec vous-mêmes; que le présent ne vous fasse pas oublier le passé. Vous êtes pères, mais vous avez été enfans; souvenez-vous, qu'alors, si vous aviez des devoirs, vous vous sentiez aussi des droits, et que lorsqu'on blessoit vos droits, on diminuoit en vous le sentiment de vos devoirs. Respectez donc les droits de vos enfans si vous voulez qu'ils chérissent leurs devoirs; ce sont vos plus proches voisins; si vous empiétez sur eux, vous troublerez la bonne intelligence. Pensez à vos devoirs plus qu'à ceux d'autrui et aux droits d'autrui plus qu'aux vôtres. Vous voulez que vos enfans soient raisonnables; dès qu'ils le sont devenus, laissez-les donc être libres; car la liberté est la récompense de la raison. Ils ont d'abord tenu à vous par le besoin: quand le temps de ce besoin est passé, c'est par l'affection qu'ils doivent y tenir encore; cultivez donc cette affection, et ne prétendez pas qu'elle tire toute sa force du souvenir des besoins auxquels vous avez pourvu. N'exigez d'eux que ce que vous auriez voulu donner à leur âge. L'Evangile dit: *Ne faites pas aux autres ce que vous ne voudriez pas qui vous fût fait;* ce qui veut dire aussi: *Ne faites pas aux autres ce que vous n'auriez pas voulu qu'on vous fît;* car, pour être toujours juste, il faut ne rien oublier; et pour rendre à nos enfans cette justice qui leur est due, nous devons nous rappeler, dans notre vieillesse, ce que nous sentions dans notre jeune temps. On perd plus en formant une prétention injuste qu'en négligeant un de ses droits; et c'est à ceux avec qui nous sommes destinés à avoir affaire toute notre vie que nous devons la justice la plus rigoureuse.

» Enfin, mes chers voisins, si vous m'en croyez, tant que vos enfans seront jeunes, vous les élèverez pour eux et non pas pour vous: car le ciel, en vous chargeant d'être leurs instituteurs, ne vous a pas destinés à être leurs maîtres, puisque vous ne pourriez pas l'être toujours : quand ils seront grands, vous n'oublierez pas que vous ne les avez pas élevés pour vous ; vous ne vous étonnerez pas qu'ils veuillent vivre par eux-mêmes et pour leur propre compte; et vous placerez en eux les dernières espérances d'une vie déjà bien avancée, au lieu de prétendre asservir leur vie, qui doit encore être longue, à la vôtre déjà sur son déclin: car, comme je l'ai dit autrefois, dans un de mes Almanachs: *Le vieillard le plus heureux est celui qui ne pense qu'à ses enfans.* »

Le bonhomme Richard se leva en prononçant ces mots : nous rentrâmes dans la ferme; nos voisins nous y suivirent, et le spectacle de la nombreuse famille qui chérissoit mon vieil ami étoit bien propre à leur démontrer l'efficacité de ses préceptes : j'ignore s'ils ont jugé à propos de les suivre. Je quittai peu après l'Amérique; mais si les conseils que je viens de rappeler n'ont pas été utiles à tous ceux qui ont eu le bonheur de les entendre, j'en suis fâché pour eux; ils ne savent pas ce qu'ils y auroient gagné.

F. G.

JOURNAL

ADRESSÉ PAR UNE FEMME A SON MARI, SUR L'ÉDUCATION DE SES DEUX FILLES.

Numéro XVIII.

Vous rappelez-vous, mon ami, cette petite de Villebon, que nous vîmes, il y sept ou huit ans, à la campagne chez sa mère? Cette petite fille si vive et en même temps si sauvage, qui, si on l'obligeoit de se tenir dans le salon, demeuroit dans un coin, sans qu'il fût possible de lui faire ouvrir la bouche ou lever la tête, et qui, dans la cour ou dans le jardin, avec les enfans des domestiques ou ceux de la ferme, devenoit un vrai petit cheval échappé que rien ne pouvoit arrêter; qui grimpoit au treillage, savoit, en arrangeant ses jupons, faire la culbute à peu près aussi décemment qu'il est nécessaire à une fille, et ne s'inquiétoit nullement de renverser en courant ou d'attraper de sa balle la même personne devant laquelle il auroit été impossible de lui faire prononcer une parole.

Je l'ai revue avant-hier; elle a quinze ans; la pauvre enfant est d'une timidité si excessive, qu'on ne peut lui adresser la parole sans la faire rougir et pâlir deux ou trois fois dans le courant de la phrase; et quant à la réponse, on voit que toute la bonne volonté possible ne peut la faire sortir de sa bouche. Sa mère se désole de sa timidité, et en parle devant elle, ce qui l'augmente; si bien que, l'autre jour, sans la gronder le moins du monde, elle l'a fait pleurer en remarquant tout haut qu'elle n'osoit adresser la parole à Louise, qui depuis un quart-d'heure tournoit autour d'elle avec mille singeries pour en obtenir un mot ou un regard. Tout affligée quand elle a vu les larmes de sa fille, car elle l'aime extrêmement, Mad. de Villebon alloit peut-être les redoubler par ses soins pour la consoler, quand heureusement il est entré plusieurs personnes : ce mouvement a détourné l'attention, et la pauvre petite a eu le temps de se remettre.

Son malheur est de n'avoir rien vu, de n'avoir pensé à rien de ce qu'elle est destinée maintenant à voir tous les jours. Mad. de Villebon a passé treize ans à la campagne, solitaire, malheureuse, tourmentée d'affaires qui l'absorboient entièrement, et ne lui permettoient ni de suivre l'éducation de sa fille, ni de s'occuper de ses amusemens. En revanche, elle lui laissoit une entière liberté. Cette enfant, qui s'est trouvée d'un naturel heureux et assez raisonnable, malgré la turbulence de son enfance, s'est formée elle-même; mais elle n'a pu se former que sur les objets qui l'environnoient, recevoir d'idées que celles qu'ils pouvoient lui fournir. Ainsi elle soigne bien ses fleurs, aime et connoît les travaux de la campagne et ceux du ménage, travaille bien et beaucoup à l'aiguille, et s'est jusqu'à présent trouvée si parfaitement heureuse de ces occupations, que ses idées ne se sont jamais portées au-delà; en sorte que le monde, où ne l'a jamais transportée son imagination, ne lui inspirant ni désirs ni pensées, est totalement étranger pour elle. Elle s'y trouve comme dans une situation qui n'est pas faite pour elle, où aucun de ses mouvemens naturels et ordinaires ne peut trouver place, et où il lui semble par conséquent qu'elle ne puisse rien faire de naturel, rien qui n'ait la gaucherie d'une action apprêtée.

On n'imagine pas à quel point ce défaut de liberté, de spontanéité dans les mouvemens peut paralyser les facultés d'un enfant et même d'une personne raisonnable. On dit, on répète aux jeunes personnes, pour les corriger de la timidité, que ce n'est qu'un amour-propre déguisé; que si elles n'avoient pas tant d'envie de paroître bien, elles n'auroient pas tant de peur de paroître mal. Et tant mieux vraiment si c'étoit cela ! Laissez leur cette sorte d'amour-propre; c'est la bonne, et la timidité qu'il peut leur donner est précisément ce qu'il leur en faut, et pas plus qu'il ne leur en faut. Qu'on s'en repose sur l'amour-propre, il ne se sauvera jamais si fort ni si loin qu'il n'en puisse revenir pour faire quelques pas en avant. L'amour-propre donnera à une jeune fille qui se sait jolie le désir d'être vue ; ou bien si elle ignore ses moyens de plaire, c'est qu'elle n'y aura pas encore pensé, et alors l'amour-propre ne lui donnera pas la crainte de paroître laide. Pourquoi donc alors faudra-t-il user d'autorité pour la faire entrer dans une chambre où se trouvent réunies une vingtaine de personnes ? Pourquoi, si on la regarde, perdra-t-elle toute la grâce de ses mouvemens, et jusqu'à l'adresse de ses mains dans les actions les plus indifférentes, et qui ne peuvent lui attirer ni louange ni blâme ? C'est par la même raison qui fait qu'un enfant qui vous étourdit de sa chanson, si rien ne l'avertit que vous pensiez à lui, ne sait plus trouver un son si vous lui demandez de vous la répéter. Nos mouvemens extérieurs sont l'effet, la suite immédiate de nos mouvemens intérieurs, et doivent en être la représentation. Les gens raisonnables à qui l'habitude de l'attention sur eux-mêmes, une volonté plus ferme a donné le pouvoir de diriger à un certain point leurs mouvemens intérieurs, acquièrent aussi de l'empire sur leurs mouvemens extérieurs. Cet empire, les enfans, les jeunes personnes, surtout celles qui ont été élevées avec beaucoup de liberté, ne l'ont pas, ne peuvent l'avoir, parce qu'il est le résultat de la combinaison de beaucoup d'idées qui nous apprennent à substituer un mouvement à un autre, et à agir en raison de celui qui est le plus convenable. Les enfans agissent en raison du mouvement naturel qui les domine dans le moment; ils ne connoissent pas encore d'autre motif d'action. Cet enfant chantoit parce qu'il en avoit envie, parce que la gaieté de son cœur, l'idée qui avoit passé dans sa tête, l'animoient à former ces sons qui sortoient de son gosier d'une manière si éclatante. Vous le priez de chanter, ce n'est plus cela; vous avez détourné ses idées : à la place du motif qui venoit de lui, qui étoit en lui, vous en avez voulu substituer un autre qui vient de vous, auquel il ne sait pas obéir, qui est, pour ainsi dire, sans communication avec ses organes. Vos paroles ne peuvent guère plus agir sur lui que sur une serinette dont vous voudriez obtenir un air sans tourner la manivelle, dont le mouvement doit produire les sons. Il les entend bien, il sait parfaitement ce que vous lui demandez; de là vient son embarras. Vous voulez qu'il chante, mais il ne sent pas en lui le mouvement qui le porte d'ordinaire à chanter, et il ne sait comment faire pour s'en passer.

Ne vous est-il pas arrivé dans votre enfance, mon ami, de tenter vingt fois inutilement de vous élancer du haut d'un perron un peu élevé, ou par-dessus une corde un peu haute? Vous leviez le pied pour sauter; mais il retomboit; il sembloit que l'autre ne se pût détacher de la terre : ce que vous entrepreniez étant un peu au-dessus de ce que vous auriez pu attendre du jeu libre et naturel de vos muscles, vous demandoit un effort, et cet effort, votre volonté n'avoit pas le pouvoir de le produire. Mais l'effort une fois produit, l'obstacle étoit surmonté; vous saviez comment vous y prendre pour vous faire obéir, et vous auriez recommencé cent fois ce même saut qui vous avoit paru d'abord si difficile. C'est ce qui arrive à l'enfant à qui on veut faire faire par obéissance ou par complaisance ce qu'il n'avoit fait encore que par un mouvement naturel et spontané. Si sa volonté, excitée par la vôtre, a pris assez de force pour suppléer en lui au mouvement naturel, il ne s'arrêtera plus, et cette timidité qui l'empêchoit de céder à vos désirs, ne pourra plus l'arrêter par la crainte de vous ennuyer; mais jusque là son immobilité devant vous, ses yeux fixes et baissés, tout indique le combat qui se passe en lui-même. C'est ce pied qui se lève et retombe; c'est cette volonté qui tente et ne peut déterminer un mouvement contraire à des habitudes qu'elle n'a pas encore appris à diriger.

De ces habitudes exclusives naît l'embarras que nous éprouvons dans une situation gênée, pour diriger des actions qui ont perdu leur direction propre, et l'espèce de honte qui s'attache pour nous à ces actions que nous sentons n'être plus naturelles. Une jeune fille qu'on regarde n'agisssant plus par le motif qui la faisoit agir lorsqu'elle étoit laissée à la liberté de ses mouvemens, et qui leur donnoit naturellement la direction convenable au but qu'elle vouloit remplir, ne sait plus quelle situation prendre; car aucune ne lui est plus commandée par une intention dont elle puisse se rendre compte. Si elle baisse la tête, c'est qu'elle ne sait plus s'il est bien de la tenir droite; si elle la relève, c'est qu'elle craint qu'il ne soit pas bien de la tenir baissée. Elle regarde à gauche pour ne pas regarder à droite, à droite pour ne pas regarder à gauche. Aucune des positions qu'elle prend n'a d'autre but que d'en éviter une autre qui manque de naturel, parce qu'elle manque de motif. Elle sent ce défaut de naturel et la gaucherie qu'il lui donne; sa gaucherie en augmente avec son anxiété; et c'est cette anxiété qu'elle fuit en fuyant des regards auxquels elle n'est pas accoutumée.

Mais s'ils la gênent, c'est uniquement parce que l'occupant d'idées qui n'ont point de rapport avec celles par lesquelles elle a l'habitude de laisser diriger ses mouvemens, ils ôtent à ces mouvemens la spontanéité qui leur est nécessaire. Une femme remplie de grâce dans le monde pourra être gauche en jouant la comédie, parce que le rôle qu'elle joue n'est pas elle, que les gestes qu'il lui prescrit ne viennent pas d'elle, ne prennent pas leur source dans le sentiment naturel qui donne à ses mouvemens leur grâce accoutumée. Une étourdie prête à dire sans embarras toutes les folies qui lui passeront par la tête, ne pourra réciter sans trembler des vers de Molière ou de Racine, parce que ses paroles ne savent sortir de sa bouche librement et sans peine que lorsqu'elles sont inspirées par sa fantaisie. Plus l'habitude de la liberté est grande, moins on sait tirer parti d'une situation un peu contenue : un sauvage ne peut se mouvoir dans les vêtemens que nous sommes accoutumés à porter sans gêne. Si les hommes sont dans le monde moins timides que les femmes, c'est qu'ils y gardent davantage leur caractère, leurs mouvemens, leurs habitudes. Pour les y voir embarrassés, vous n'avez qu'à leur donner des habitudes qu'ils ne puissent y porter. Rien n'est gauche comme un libertin dans la bonne compagnie, rien n'y est timide comme un écolier. Accoutumés à l'excès de la liberté, ils demeurent, comme le sauvage, sans mouvement sous les formes de la bienséance.

Il faut donc accoutumer les enfans à se mouvoir dans toutes les situations ; mais pour cela il ne faut pas les accoutumer trop exclusivement à une situation libre : qu'ils sachent jouir de la liberté, mais qu'ils sachent la contraindre ; autrement, ils seront sans cesse exposés à la perdre. Celui qui ne peut agir qu'avec toutes ses aises, passera forcément les trois quarts de sa vie dans l'inaction. Pour demeurer suffisamment libre au milieu des convenances de la vie sociale, il faut apprendre non à les écarter, mais à les porter; non pas à donner à nos mouvemens, par l'habitude d'y céder, une force qui brave et repousse toute contrainte, mais à donner à notre volonté une fermeté, capable de proportionner nos mouvemens à la place qui nous est donnée pour agir. Cette fermeté est précisément ce qui manque à la petite Villebon. N'ayant jamais eu à l'exercer, elle ignore les moyens d'en faire usage; elle se trouve dans le cas de l'enfant qu'on prie de chanter lorsqu'il n'en a pas envie. Cette envie pourra lui venir, elle pourra s'accoutumer au monde, et alors il est à craindre qu'elle ne s'y accoutume trop. C'est par une même disposition à s'abandonner à ses mouvemens qu'on ne peut sortir de ses habitudes, et qu'on s'y livre trop. Comme une enfant turbulente est devenue une jeune fille excessivement timide, il n'est pas impossible que la jeune fille la plus timide ne devienne, quand elle se trouvera à son aise, une jeune femme très imprudente. Des goûts modérés, une imagination calme, garantiront, je crois, la petite de Villebon; mais ils ne suffisent pas toujours. On peut tromper une imagination calme au point de lui persuader qu'elle s'échauffe, des goûts bruyans peuvent étourdir au point de ne plus laisser sentir les goûts raisonnables et vrais. Je ne connois contre l'extrême étourderie et l'extrême timidité qu'un remède sûr, l'habitude de la réflexion et de la réserve. Un enfant réservé est rarement timide:

accoutumé à se conduire d'après des motifs raisonnés, il n'est jamais assez dominé par ses mouvemens naturels pour en faire entièrement dépendre ses actions. Mais en même temps ses mouvemens que la raison modère, se trouvent plus facilement d'accord avec sa situation, et y conservent une action plus libre et plus facile. L'enfant qui ne sait encore exprimer sa joie que par des cris et des sauts, la montrera beaucoup moins devant des étrangers qui lui imposent, que celui qui s'est accoutumé à lui donner une expression moins bruyante. Sophie n'est pas ce qu'on appelle timide, je ne crois pas qu'elle le soit jamais : comme elle sait agir avec réserve, elle ne souffrira pas dans le monde du retranchement de ce surcroit de liberté auquel je la laisse s'abandonner quand nous sommes seules, mais qui ne lui est pas nécessaire. Quand Louise cessera d'être étourdie, quand elle ne regardera plus tous les gens qu'elle rencontre comme également propres à faire sa partie de jeu, et tous les lieux où elle se trouve comme également susceptibles de devenir le théâtre de ses plaisirs, alors étonnée, embarrassée d'avoir quelque chose à se prescrire, à se défendre, elle pourra bien devenir timide. Je tâche de pourvoir à cet inconvénient, et j'y parviendrai, j'espère, en la rendant docile : c'est une qualité qui lui sera long-temps nécessaire, soit pour contenir ses étourderies, soit pour surmonter sa timidité. En apprenant à m'obéir, elle apprendra à se commander : c'est déjà un grand exercice de la volonté que celui qui nous soumet à la volonté d'un autre; et le soldat qui reconnoît le mieux la voix de son capitaine est celui qui tient le plus ferme en face de l'ennemi.

P. M. G.

VIe LETTRE AU RÉDACTEUR.

DE L'EXERCICE DES SENS.

(Continuation.)

Le goût se forme, à ce qu'il paroît, dès que l'enfant commence à sucer. On observe qu'il commence quelquefois d'assez bonne heure à distinguer le lait d'une nourrice de celui d'une autre, et à montrer de certaines préférences.

Le sens du goût a son siége dans la langue, qui est une masse charnue, ou composée de fibres musculaires croisées en divers sens, de manière à rendre possible toute espèce de mouvement, afin de faire insaliver la nourriture dans tous les coins de la bouche, et de la savourer en la pressant contre le palais. Les papilles du goût sont de forme différente; on y distingue des cônes renversés, des espèces de *fongus*, des filamens très déliés vers la pointe de la langue, et de petits plis aux deux côtés. Peut-être chacune de ces houppes où aboutissent les nerfs, distingue-t-elle des substances différentes; nous savons seulement que c'est à la pointe de la langue qu'il y a le plus de sensibilité.

Quelques enfans éprouvent de la difficulté à

sucer, ce qui tient parfois au peu de longueur du filet de la langue, et exige une opération; dans d'autres cas, on a vu la langue comme attachée au palais; les fibres musculaires qui ne sont pas assez exercées, paroissent et se trouvent en quelque sorte paralysées: pour détacher cette langue ainsi collée, ou plutôt appuyée contre le palais, il suffit de passer entre deux ou le doigt ou un manche de cuiller.

La langue, au reste, considérée comme siége du goût, diffère dans les individus aussi bien que toute autre partie. On a examiné le changement que subit cet organe dans les maladies; on n'en a point encore, que je sache, examiné le type originaire, et ses liaisons avec la faculté de goûter. Le gourmand et le friand se décèlent cependant déjà dès le bas âge, et c'est une disposition indépendante de la faim. Presque tous les enfans aiment les sucreries; il en est qui aiment le laitage, le pain. Aucun ne paroît aimer le sel, le poivre, les acides, et ces divers goûts ne viennent que par l'habitude et le genre de vie. Dès qu'il est question du choix des mets, et de la manière de savourer les alimens, on peut dire que ce goût ne se développe qu'à un âge avancé, et ordinairement d'une manière plus générale et plus forte, vers quarante ans; ce qui paroît n'être le plus souvent qu'un rapport direct avec les habitudes acquises, et avec une espèce d'instinct qui porte à choisir ce qui peut le mieux nourrir le corps, devenu moins actif. En résulte-t-il que ce sens ne soit pas capable d'un exercice particulier pour apprendre à distinguer certaines nuances des corps? L'art des dégustateurs employés pour reconnoître la qualité des vins et la bonté relative des comestibles et des épiceries; l'art du cuisinier, celui du chimiste surtout, à qui ce sens, avec celui de l'odorat, est peut-être le plus indispensable, nous montrent qu'il y a une infinité de choses à distinguer par le moyen de la langue. Un instinct naturel porte les enfans à se mettre dans la bouche tout ce qu'on leur donne; ce qui les dirige alors, hors la pousse des dents, ce n'est que l'appétit, le besoin continuel. On est d'ailleurs étonné qu'il n'en résulte pas plus d'inconvéniens, quand on voit les enfans des malheureux et ceux des paysans manger la fange, toutes sortes d'ordures, ou ceux des riches s'amuser avec des joujoux enduits de couleurs malsaines. S'il n'est pas prudent de les laisser goûter de tout, il ne l'est pas non plus de les laisser mettre trop de choix dans leurs alimens ordinaires, et devenir les singes des adultes, en discernant les mets avec une certaine finesse: ils ne doivent être conduits que par la faim, et les forces digestives de leur âge. Des goûts particuliers ou bizarres confirment au reste quelquefois le médecin dans des soupçons; ils lui décèlent souvent des dispositions à une maladie. Les rachitiques, par exemple, mangent de préférence les pommes de terre, qui ne s'accordent guère avec leur état; les enfans qui ont des vers, sont assez sujets à montrer de l'avidité pour le pain. Un instinct particulier fait rechercher à d'autres les acides. Le sucre est-il véritablement si nourrissant ? l'acide qu'il contient contribue-t-il véritablement si fort à gâter les dents? ces choses restent encore en partie à décider positivement; mais ce qu'il y a de plus sûr, c'est qu'il ôte par lui-même l'appétit, et gêne la digestion, lorsqu'on en prend une grande quantité; c'est qu'il assaisonne les mets de manière à en faire manger à l'enfant plus qu'il n'en faut pour appaiser sa faim, et qu'il ne peut en digérer.

Dans l'exercice de ce sens, pour nous faire mieux connoître les choses qui nous entourent, ainsi que pour tout autre, il sera toujours bon de commencer par faire connoître les choses les plus simples, et de s'y arrêter long-temps pour se familiariser avec elles par l'habitude, au point d'en faire des types, avec lesquels on puisse comparer tout ce qu'on apprendra à connoître pendant le reste de sa vie. A sept ans, et à mesure qu'on avance vers l'âge de la puberté, on peut se livrer à des exercices pour reconnoître les différentes substances qui nous environnent, et les matières qu'en a tirées la chimie. En minéralogie, par exemple, on distingue assez bien quelques corps d'après leur degré d'adhérence à la langue. Le plomb, qui est une espèce de poison, et qui a de la douceur, peut être discerné du sucre, dans la falsification du vin; le sel, de l'acide; le mucilagineux, de l'huileux; l'astringent, de l'âcre; l'arome, du spiritueux; et ainsi de tout ce qu'offrent les trois règnes, et de ce qu'ils laissent encore à découvrir. Par la suite, on apprend à distinguer les différentes substances alcalines, dans leur état de pureté, l'acide nitrique, le sulfurique, le muriatique, etc., enfin les sels neutres et les corps composés. Si l'on observe les grands chimistes, on s'aperçoit que la perfection naturelle ou acquise de leur goût, n'a pas été peu favorable à leurs découvertes. S'il est question du choix d'un métier pour lequel un enfant montre des dispositions, ou de l'exercice des moyens qui favorisent la profession que lui offrent les circonstances, on peut diriger l'éducation vers ce point. Les cuisiniers intelligens et expérimentés assurent que pour bien perfectionner le sens qui leur est si nécessaire, il faut s'y prendre de bonne heure, ne point être adonné au vin ni même à la gourmandise, conserver autant qu'il est possible aux comestibles leur goût propre, en émoussant ou en neutralisant ce qui affecte trop les nerfs de la langue, et donner aux mets une saveur moelleuse. Les dégustateurs de vin n'avalent pas ce qu'ils goûtent, et les acides ne paroissent point du tout favorables aux fibres de la langue; ce qui paroît le mieux convenir pour en assurer la finesse, c'est la substance qui se dissout facilement, et s'évapore vite, sans laisser une trop longue impression. Les connoisseurs, après avoir goûté, ont soin de pomper dans leur bouche une grande quantité de salive, afin de ramener le goût naturel. Ce sens est dépendant de l'état des dents, de celui des voies de la respiration, mais surtout de celles de la digestion, dont il est, pour ainsi dire, le baromètre, sans être cependant un guide bien sûr, lorsqu'on veut tirer du goût les indices de ce qu'on doit manger. Une santé soutenue donne aussi de la constance et de l'homogénéité aux impressions qu'on éprouve, et favorise le développement. Si l'on se rappelle, au reste, ce que j'ai dit à la fin du chapitre sur les alimens, on concevra comment ce sens a dû se perfectionner par la multiplicité des substances que le commerce nous a fait apporter des autres zônes, et par les découvertes des arts chimiques. La perfection donnée à nos vaisselles, l'art de régler le feu pour produire les degrés de dissolution, de décomposition ou de combinaison, sont les moyens par lesquels nous amenons les alimens à un état déterminé, et qui nous convienne. Malheureusement, dans les essais multipliés, on trouve souvent aussi, sans le remarquer, des choses très peu convenables, et c'est ce qui occasionne les jugemens si contradictoires qu'on est obligé de prononcer quand il est question de l'influence de la civilisation.

Il est aisé d'inventer des exercices où, les yeux bandés, on fasse distinguer la différence du goût, des corps; il n'est cependant pas donné à tout le monde de distinguer en cet état, le vin blanc d'avec le rouge, lorsqu'ils sont à-peu-près de la même qualité. On peut mêler avec l'eau un peu de substance hétérogène, et donner à deviner ce qui y est entré : cette pratique peut s'étendre à une infinité d'objets plus ou moins difficiles à discerner.

Si la langue est intimement liée aux organes de la digestion, l'odorat paroît l'être plutôt aux voies de la respiration et au cerveau. Les odeurs peuvent bien exciter l'appétit, mais souvent le nez désapprouve ce que le goût désire; de manière qu'on semble avoir établi un trop grand rapport entre ces deux sens.

L'odorat a son siége dans un grand nombre de sinuosités formées par les os les plus compliqués dans leur structure, et qui sont couverts d'une membrane. Cette membrane sécrète beaucoup de mucus, surtout chez les enfans qui sont disposés à ce que l'on appelle vulgairement les maladies de la lymphe. Cette secrétion peut rendre nécessaires certaines positions dans le lit, qui puissent favoriser l'écoulement, et l'usage des mouchoirs de poche pour empêcher que les enfans n'avalent cette humeur. Les petits os dont est composé le nez au point où il touche le front, sont très minces; les bourrelets peuvent être utiles dans les commencemens, aux enfans qui montrent peu de prévoyance, afin de prévenir les fâcheux effets des chutes ; les cartilages du nez étant mous, il est également bon de moucher délicatement pour ne pas le déformer.

Le sens de l'odorat paroît se développer plus lentement, car on se feroit de la vie une idée fausse si l'on supposoit qu'un organe reste absolument stationnaire. On n'aperçoit ordinairement ses effets dans l'enfance que vers la troisième année. Il est plus que probable qu'en ceci, comme en beaucoup d'autres choses, il se trouve une différence très grande entre les individus, peut-être même entre les races, et les nations entières. Le nez écrasé d'un Kalmouk, et le nez aquilin d'un habitant de Rome, sont trop différens à l'extérieur, pour ne pas l'être aussi quant à la force de sentir. Les sinuosités du nez paroissent être en rapport, dans les animaux, avec la perfection de leur odorat; ils l'ont souvent meilleur que l'homme. Le chien, par exemple, apprend à suivre la piste, non-seulement d'un daim, mais encore d'un daim d'un certain âge. Averrhoès raconte que des vautours partoient de Damas, attirés, par l'odeur des charognes, aux environs de Babylone. Il est aussi des peuples sauvages, surtout des chasseurs, qui sentent également les traces. On sait, au reste, jusqu'à quel point va la sensibilité de l'odorat dans certaines personnes, qui ne peuvent supporter certaines odeurs, comme celle du chat, du fromage, etc.

L'éducation doit exercer ce sens à distinguer les corps; elle doit en même temps émousser les exaltations, et détruire les antipathies qui peuvent être nuisibles dans le monde : ce double but, en quelque sorte opposé, n'est pas toujours facile à atteindre; mais disons aussi qu'on n'a pas tenté assez de moyens à cet égard. On pourroit diriger ces exercices, comme ceux du goût, vers un but déterminé. Le minéralogiste reconnoît l'odeur de l'argile à ses exhalaisons; le chimiste reconnoît celle de ses agens. Si, dans l'enfance, on s'habituoit à distinguer les odeurs primitives des substances indécomposables, on parviendroit à s'apercevoir de toutes les petites nuances, souvent si nécessaires à distinguer dans la vie, qui résultent du moindre mélange. Le cuisinier doit avoir l'odorat exquis; le pharmacien n'en a pas moins besoin pour reconnoître la bonté de ses simples. Mais l'homme, comme les animaux, peut se laisser prévenir par ce sens, de ce qu'il doit choisir ou repousser. Le calorique, en volatilisant les corps, peut les diviser à l'infini; les particules d'un morceau presque imperceptible de musc, se conserveront encore long-temps. On prétend que le vent porte parfois jusqu'à vingt lieues de distance, l'odeur du *conepate* (*viverra putorius*). Ce sens a cela d'incommode qu'il ne peut pas toujours éviter les impressions désagréables qui viennent par le seul acte de la respiration; il est même difficile, dans certains travaux, de se garantir d'effets nuisibles, car le nez est quelquefois, par ses liaisons avec les voies de la respiration, ou le conducteur des miasmes, ou la cause des mouvemens nerveux dans les maladies; mais si l'on songe à cette infinité de décompositions qui se font continuellement autour de nous, et aux dégagemens de gaz qui en résultent, on voit à quel point ce sens doit être émoussé dans le monde, et l'on reconnoît les moyens préservateurs de la nature. Il devient aussi d'ailleurs la source d'une infinité de jouissances, de découvertes, et l'un des meilleurs moyens de conservation pour les êtres vivans. L'instinct qui fait chercher aux animaux leur nouriture et les objets de leur amour réside probablement dans ce sens, qui sert encore à réveiller l'esprit de l'homme, selon toute apparence, par les sinus frontaux si voisins du cerveau, et communiquant avec le nez. C'est par l'odeur suave des fleurs, que s'annonce dans le printemps le réveil de la nature; et dans l'automne, la corruption des corps qui peuvent nous être nuisibles. L'odeur de soufre exhalée des œufs pourris, a fait soupçonner, dans leur composition, cette substance, qu'un grand chimiste de Paris y a véritablement trouvée. Par une seule analogie d'odeur, un célèbre chimiste de Berlin a découvert l'acide prussique dans les amandes amères, et fait reconnoître la cause de leurs qualités venimeuses pour certains oiseaux. C'est ainsi que l'exercice de ce sens, dans l'homme civilisé, peut devenir l'explorateur des élémens des corps qui nous entourent, et nous avertir du bien ou du mal.

L'éducation physique peut tirer de toutes ces considérations, des résultats utiles, en évitant, en éloignant les corps nuisibles. Il n'est pas bon pour les gens qui ont la poitrine et les nerfs foibles, de sentir des choses trop fortes, de s'exposer aux inspirations des vapeurs et d'un air qui favorisent le rhume. Il n'est pas bon de moucher l'enfant avec le mouchoir d'une personne qui a un catarrhe ou quelque ulcère au nez. En règle générale, on peut dire qu'il ne convient ni d'émousser, ni d'éveiller ce sens dans la première enfance, et même après sept ans, lorsque l'organisation est foible.

L'air frais et sec paroît rendre l'odorat plus fort.

Chacun de nous s'aperçoit de l'effet d'un air pur, en entrant de la campagne dans la ville. Strabon prétendoit déjà que les habitans des marais avoient moins de nez; et la foiblesse de cet organe dans l'enfance tient peut-être à la grande quantité de mucus que sécrète la membrane. Si un long séjour dans un lieu où il y a trop de vapeurs dispose moins à sentir, d'un autre côté on cesse absolument de sentir les odeurs dont on a été long-temps entouré; c'est par le contraste que nous recevons des impressions nouvelles.

L'effet des substances odoriférès est assez varié. Les acides rafraîchissent, les spiritueux et l'ammoniaque excitent, l'odeur des fleurs de lys opère comme narcotique, les éthers ont un effet calmant et agréable; d'autres odeurs produisent l'accablement. Les petits os du sens de l'odorat, dont nous avons déjà parlé, paroissent être les conducteurs immédiats vers le centre des sensations. Aussi les Romains appeloient-ils déjà un homme d'esprit, *vir emunctæ naris*. Rousseau appeloit l'odorat le sens de l'imagination; ce qu'il ne paroît être que d'une manière secondaire. Les odeurs, en accélérant la circulation du sang, augmentent l'action du cerveau. Aucun organe n'offre plus de sympathies et d'antipathies, principalement chez les femmes, et quelquefois dans un âge très tendre. On a même vu en Angleterre un homme assez bizarre pour aimer l'odeur d'une chandelle mal éteinte. On conçoit que les antipathies pourront avoir besoin d'être combattues, et de bonne heure, surtout lorsqu'elles porteront sur des objets qu'on ne peut éviter.

En comparant à l'homme le moins civilisé, celui qui l'est au point où nous en rencontrons fréquemment dans les grandes villes, nous voyons que l'un fait peu d'attention aux odeurs qui l'entourent, et que l'autre au contraire en souffre et en tire des avantages. Dans les cavernes souterraines de la Sibérie, où chacun dépose ses ordures, où il n'y a qu'une ouverture pour la fumée, et où les pauvres misérables ne sortent qu'en se bouchant le nez pour se garantir du froid, et augmenter la circulation et la chaleur, ce n'est pas là que peut se développer l'odorat. Sous l'équateur, et dans les régions chaudes où l'atmosphère est constamment parfumé par les exhalaisons des fleurs, tout s'anime sans qu'on s'en aperçoive. Les hommes n'ont rien trouvé de mieux à offrir aux dieux que des encens. A mesure que l'homme commence à se développer, il s'entoure, comme dans l'Orient, d'huile de rose et d'autres parfums. Le nord de l'Europe, n'a originairement, à ce qu'on prétend, que deux arbustes odoriférans, *ledum palustre* et le *myrice gale*. Le laurier et les myrtes (*laureus nobilis et myrtus communis*) nous viennent du sud; mais, dans les temps plus civilisés, l'Européen a cherché dans ses villes à nettoyer l'atmosphère et à se procurer, par son commerce lointain, les plantes qui lui servent d'excitant. Bientôt après, il a su acclimater dans nos pays les belles fleurs de l'Orient et des contrées équatoriales, et il étudie autour du boulingrin la botanique des cinq parties du monde. Le besoin de s'exciter devient pressant dans l'opulence, dans l'oisiveté; et le siècle dernier a répandu le tabac de l'Amérique pour que l'aisance pût s'entourer d'une fumée enivrante ou se réveiller par une poudre caustique. Ces moyens, comme nous avons déjà osé l'avancer, par rapport aux nourritures exotiques, peuvent avoir influé sur l'activité européenne. Seroit-il prudent d'user de ces sortes de moyens dans un âge où les organes n'ont encore aucune solidité? Ce n'est point par les usages de l'homme formé que doit commencer l'enfance. A sept ans, ce sera souvent encore trop tôt pour se livrer aux exercices de l'odorat : on pourra néanmoins dès lors habituer la jeunesse à reconnoître les fleurs à la seule différence des odeurs, et les yeux bandés ; mais qu'on s'abstienne d'entourer continuellement d'odeurs les enfans, surtout dans la chambre à coucher. Pour celui qui avance en âge, ces exercices marchent avec les progrès que font les sciences et les arts qu'il cultive, et auxquels l'odorat peut prêter du secours. Je crois avoir assez fait remarquer le perfectionnement dont sont capables le sens du goût et celui de l'odorat, si jamais l'attention s'y porte plus spécialement par leur application aux sciences physiques.

Nous venons d'examiner les organes qui nous fournissent les impressions les plus palpables. Le toucher a pu s'exercer sur les parties sensibles du corps, et devenir entre les mains des magnétiseurs un moyen dont on ne peut pas encore calculer tous les effets; mais il sera toujours nuisible dans l'enfance. Le tact en particulier, l'exercice des doigts, a fait créer une infinité d'arts et de métiers. Le goût et l'odorat se perfectionnent également par l'exercice, et tiennent plus immédiatement à la conservation de l'homme. Nous avons vu ce qu'ils pourroient un jour devenir pour les sciences chimiques, et comment ils ont disposé l'homme à augmenter ses idées et ses sensations. Nous examinerons bientôt le sens de la vue et celui de l'ouïe, et nous verrons comment, par l'instinct de société et par celui d'imitation, se forme l'art de la parole et de l'écriture.

FRIEDLANDER.

Suite de l'ESSAI
SUR L'ÉDUCATION NATIONALE
DANS LES ÉTATS-UNIS D'AMÉRIQUE.
SECONDE PARTIE.
DES ÉCOLES SECONDAIRES OU COLLÉGES.

Des COLLÉGES *en général. Comment seront choisis les enfans que l'État y entretiendra aux frais publics. Combien ils auront de professeurs. Quelles langues et quelles sciences on y enseignera.*

Nous avons vu jusqu'où il est indispensable de conduire, dans la carrière des sciences, les citoyens qui resteront uniquement voués aux travaux de l'agriculture, du commerce et des arts mécaniques ; et quelle éducation la société doit vouloir que reçoivent tous ses membres. C'est pour les écoles primaires seulement qu'elle a le droit et le devoir de fixer quels seront les livres classiques.

L'esprit national qu'ils auront établi, le ton fondamental qu'ils auront donné à l'instruction, suffiront pour que les professeurs des écoles plus relevées n'osent pas se permettre dans le choix de leurs livres d'enseignement, ou dans la rédaction de leurs cahiers, une dissonance avec les premiers élémens qui choqueroit les pères, les enfans, les magistrats, l'opinion publique.

Les *écoles secondaires* sont destinées à ceux qui désirent embrasser des professions lettrées, à ceux qui jouissant d'une assez grande aisance veulent se préparer dans la littérature, une occupation agréable et de tous les temps. Elles ont aussi pour objet d'essayer les esprits qui seront capables de percer dans les plus hautes sciences.

Leurs professeurs doivent être plus distingués que de simples maîtres d'école de *Hundred*, ou de canton; il est moins nécessaire de guider leur marche ; et le succès de chacun d'eux devant dépendre principalement de leur mérite personnel, il faut leur laisser la liberté de le déployer par les méthodes qu'ils jugeront le plus convenables. Il en résultera entre les différens colléges un concours qui tournera au perfectionnement général des méthodes et au profit de l'enseignement.

Les circonstances feront décider s'il faut établir un collége par comté, ou pour deux comtés, ou même pour trois. Cela doit beaucoup dépendre de la population et des richesses, un peu de la situation topographique.

Il y a des cas où pour favoriser l'instruction dans des comtés pauvres, à qui leur pauvreté même ne rendroit l'instruction que plus nécessaire, la législature peut trouver utile de faire contribuer l'Etat entier à l'entretien d'un collége local, et de ne laisser qu'une partie de sa dépense aux frais du comté, ou des comtés auxquels il seroit plus particulièrement destiné. Il y en a d'autres où elle peut croire que la dépense du collége doit être absolument locale.

Ce sont là des affaires d'Etat qui ne nous regardent point : la nôtre est d'examiner quelle doit être l'organisation des colléges, et jusqu'où s'étendra leur utilité.

Leur première utilité sera d'instruire et d'élever pendant quelques années, aux frais de la nation, un certain nombre d'enfans doués de dispositions heureuses pour les sciences ou pour les lettres, et dont les parens ne pourroient les soutenir par des études coûteuses, dans une carrière qui ne devient lucrative que fort tard.

Les sciences sont les clefs du trésor de la nature. Il faut préparer des mains qui soient propres à les mettre en usage. Telle journée d'un homme éclairé qui a du génie, est plus utile au monde que le travail de cent mille hommes pendant un an. Mais le génie est rare ; il faut donc craindre de l'ensevelir. Dès qu'on en voit briller chez un enfant quelque vive étincelle, il faut choyer cet enfant, et se bien garder de lui refuser les secours par lesquels il pourra devenir un flambeau pour l'univers.

Si sa famille peut les lui donner, il faut y exciter cette famille, en distinguant l'enfant par des encouragemens et des honneurs proportionnés à son âge et aux espérances qu'il fait concevoir.

Et si la famille particulière ne le peut pas, il faut que la famille générale, que la patrie adopte l'enfant, plutôt que de laisser périr le grand homme dont il paroît être le germe.

Le comité chargé de présenter des projets pour la révision des lois en Virginie, a proposé de choisir tous les ans vingt élèves qui seroient ainsi adoptés par l'Etat. C'est une vue infiniment sage : selon ce que paroissent indiquer les tableaux de population de ce pays, c'est à peu près un sur mille des enfans qui chaque année termineront leur cours des écoles primaires. Cette proposition ne me semble pas trop forte, par rapport au nombre d'hommes d'un esprit distingué que la nature produit. Mais je crains qu'en voyant que le cours des colléges devra durer sept années, et celui des écoles supérieures cinq, on ne soit un peu effrayé de la quantité des élèves de l'Etat augmentée de vingt par année pendant cet espace de temps. Je suppose que le fond du projet sera converti en loi ; et soit qu'on l'applique à un enfant sur mille, ou un sur deux mille, ce que je croirois suffisant, je hasarderai quelques idées relativement à la manière de l'exécuter.

Je ne voudrois point que la loi confiât aux inspecteurs des écoles, le pouvoir de choisir entre mille ou deux mille enfans de toute espèce, studieux ou paresseux, habiles ou médiocres, celui des indigens qui leur paroîtroit le plus digne d'être envoyé à l'école secondaire aux frais de l'Etat : cela deviendroit trop arbitraire. Je demanderois qu'ils fussent seulement chargés de déterminer entre ceux à qui le suffrage de leurs compagnons aura concouru à faire donner les premiers prix, l'enfant qui, sur les écoles primaires, dont la réunion embrassera mille ou deux mille élèves, se sera montré le plus éminent en talens, en vertus, en dispositions heureuses, et cela sans aucun égard à la présence ou à l'absence de la fortune.

Et quand il arriveroit que ce *chiliarque* ou ce *dischiliarque*, ce premier de mille ou de deux mille élèves, ne seroit pas dans le cas de ceux qui peuvent avoir besoin d'être entretenus par le gouvernement, ce seroit à lui que je remettrois le droit de choisir entre les autres élèves du même arrondissement qui auroient remporté des premiers prix, et qui pourroient désirer cet honorable avantage, celui qui, à sa place, devroit jouir de la pension de l'Etat, et de l'instruction gratuite à l'école secondaire.

La plus grande gloire iroit donc au plus digne. La fortune, qui ne doit pas y donner de prétention, ne doit pas non plus en exclure.

Le bienfait resteroit à un de ceux qui auroient droit de le réclamer entre les dignes.

L'espoir, ou d'obtenir par un ami ce qu'on n'auroit pas eu directement soi-même, ou de pouvoir donner à un compagnon une preuve d'estime utile et brillante, établiroit entre les enfans qui auroient remporté des prix, c'est-à-dire entre l'élite de la jeunesse, des liaisons vertueuses et profondes qui contribueroient beaucoup au bonheur de leur vie; et dont la société politique elle-même recueilleroit le fruit. Car les amis dignes de l'être se perfectionnent mutuellement. Ce sont des instructeurs dont la leçon est douce, et des rivaux qui ne s'en aiment que mieux pour courir de front. Il faut tâcher de semer entre eux l'amitié, pour que la jalousie n'y prenne pas naissance sous le nom spécieux d'émulation.

Il est vraisemblable que les parens du *chiliarque* l'enverroient avec son ami à l'école secondaire. Oreste et Pylade, Damon et Pythias ne seront point séparés. Vous les trouverez par la suite à côté l'un de l'autre, s'entr'aidant pour bien faire, ou dans les rangs de l'armée, ou sur les bancs des membres de la chambre des représentans, ou dans les fauteuils du sénat, ou autour du bureau de la société philosophique.

Et ne sentons-nous pas combien nos enfans en vaudront mieux en raison de ce que, au lieu de les renfermer dans les amusemens frivoles de leur âge, nous leur aurons offert l'occasion, nous les aurons mis dans la nécessité d'éprouver des affections, de prononcer des jugemens, de déployer des vertus d'hommes faits. Nos livres les instruiront comme ils pourront ; il faut que nos institutions les forment.

Sur le pied de vingt élèves pris à la charge de l'Etat par année, le cours de l'école secondaire étant de sept ans, il y en aura cent quarante perpétuellement entretenus ; et sept par collége, si l'on établit vingt colléges ; quatorze par collége, si c'est à dix colléges que l'on se borne pour l'Etat de Virginie.

Je préférerois ce dernier parti, parce que l'instruction générale et fondamentale étant assurée par la bonté des écoles primaires et de leurs livres classiques, il me semble que, pour l'instruction littéraire et scientifique, la *qualité* est préférable à la *quantité*, et que soixante professeurs sont plus aisés à trouver que cent vingt : d'autant plus aisés qu'étant en moindre nombre, ils pourront être et seront mieux payés ; d'où suit qu'il y aura plus d'hommes de mérite disposés à se consacrer au *professorat*.

J'espère qu'en combinant assez bien la constitution de nos classes, nous pourrons parvenir avec six professeurs à donner à nos élèves, en sept années, les principes et assez d'usage de quatre langues étrangères et de sept ordres de connoissances qui embrasseront un nombre de sciences plus considérable.

Les quatre langues seroient la *grecque*, la *latine*, la *française* et l'*allemande*.

On ne pourra en étudier les grammaires sans devenir beaucoup plus fort sur la grammaire nationale déjà enseignée dans l'école primaire, et sans comparer leur littérature avec la littérature anglaise (1).

Et pour que l'étude des langues soit moins sèche, pour que le jugement de nos élèves soit autant formé que leur mémoire, pour qu'une langue nouvelle ne leur présente pas une stérile concordance de mots diversement articulés, mais qu'elle leur apporte en même temps une nouvelle richesse d'idées, nous chargerons chacun de nos professeurs de langues, de donner dans la langue qu'il aura enseignée, et à mesure qu'il l'enseignera, quelque science réelle à ses écoliers.

C'est la faute des institutions ou des instituteurs quand, après avoir appris une langue, on n'est pas plus instruit qu'auparavant sur aucune chose. Il n'en coûte pas la moindre peine de plus, quand on commence à parler ou à écrire une langue, de s'y familiariser en l'employant à une étude.

Je crois que le même professeur peut enseigner le grec et le latin. Je désirerois qu'il le fît en deux cours,

---

(1) Cet ouvrage a été fait pour un peuple dont l'anglais est la langue natale. Si quelques-unes de ses idées pouvoient être adoptées pour les collèges de France, je proposerois d'y donner à la langue anglaise, la place destinée à la française dans les collèges des Etats-Unis. Je ne crois pas nécessaire chez l'une ni chez l'autre nation, d'enseigner, *dans les collèges*, l'italien ni l'espagnol; qui, n'étant que des *patois du latin*, sont facilement lus et entendus par tous ceux à qui la langue latine est familière.

chacun d'une année, et que le premier des deux fût celui de la langue grecque. Elle s'apprend bien plus aisément que la latine, surtout lorsque c'est par le grec que l'on commence. Elle conduit à la latine naturellement, parce qu'elle en est mère en partie; tandis que le latin au contraire fait un grand obstacle à l'étude du grec, et la recule sensiblement dans nos colléges d'Europe. Leur génie n'est point le même. Le latin est dur, sévère, nasal, assez borné, et invinciblement borné. Le grec est doux, riche, plein d'harmonie, propre, par ses heureuses compositions de mots, à exprimer toutes les pensées et à parler de toutes les sciences nées et à naître. Les jeunes gens dont le grec sera la première langue qu'ils aient apprise depuis celle de leur nourrice, sauront toujours plus profondément les principes de la grammaire générale; et soit qu'ils doivent être un jour hommes d'Etat, philosophes ou poëtes, ils auront plus d'abondance, de nombre, de rhythme et d'élégance dans le style. *Cicéron* convenoit que le grec, qu'il savoit parfaitement, lui avoit beaucoup servi à devenir le premier des orateurs de Rome. *Graiis, dedit ore rotundo musa loqui*, dit Horace.

Quand on n'a pas appris le grec, et le grec avant tout, les mots scientifiques de toutes les études physiques, médicales, mathématiques, et même métaphysiques, de rhétorique et de grammaire, sont autant d'énigmes en quatre ou cinq syllabes, qu'on ne retient qu'avec beaucoup de peine. Avec le grec, on voit que ces mots sont des définitions; on comprend ce qu'on dit et ce qu'on lit; les progrès sont bien plus rapides.

Ayant à mettre ses élèves à portée de lire avec fruit et de juger avec intelligence tous les bons auteurs de l'antiquité, le *professeur de grec et de latin* sera naturellement, et pour peu qu'il ait de goût, un *professeur de littérature*.

Je demanderai que le professeur de français soit tenu, après avoir montré à ses élèves les principes de cette langue, de leur en faire appliquer l'exercice à l'étude de la morale, et devienne ainsi *professeur de morale*. Cela ne lui sera pas difficile, puisqu'on a déjà l'habitude assez sage de donner aux Anglais *Télémaque*, comme le premier ouvrage français sur lequel on les fait travailler; et qu'il n'est aucune langue où les auteurs de morale se soient plus appliqués à orner par les charmes de la diction, les vérités essentielles qu'ils avoient à exprimer. En faisant remarquer combien Jean-Jacques et d'autres ont été alternativement aimables et sublimes lorsqu'ils ont peint les devoirs des hommes, et le bonheur qu'on goûte à les remplir, le professeur ne laissera point échapper l'occasion de ramener avec art ses disciples au livre classique qui aura fait leurs délices dans les écoles primaires, et d'exciter leur patriotique reconnoissance pour le gouvernement, qui, dès leur plus jeune âge, leur aura donné cette première règle de vertu, dont les études de toute leur vie ne pourront être que le commentaire.

Le *professeur d'allemand*, qui n'aura pas manqué de faire observer, à l'honneur de sa langue, qu'elle se rapproche du grec par la philosophie grammaticale, autant qu'elle s'en éloigne par les intonations, emploiera cet idiome riche et rude à enseigner la *logique*, l'analyse des sensations, la science de l'entendement humain; il sera *professeur d'idéologie*. Il a sur cette science plusieurs écrivains germaniques ou suisses estimables, un peu lourds; et, en les comparant avec *Locke*, il balancera les beautés et les défauts des deux langues, dont les racines sont communes, dont l'allemande est plus régulière, et l'anglaise, comme plus barbare, est aussi plus pittoresque et plus énergique. Il sera dans le cas de demander à ses élèves, ou de faire pour eux en allemand, des extraits de *Locke*, qui a besoin d'être extrait, parce que, répondant aux préjugés qui régnoient avant lui, il développe trop des idées claires (1). On apprendra la langue, et l'on se fortifiera la raison.

Le quatrième professeur, attaché à la cinquième classe, montrera, dans la langue du pays, la *géométrie*, jusques et comprises les sections coniques; l'*algèbre* comme instrument et langage de la géométrie; les *sciences physico-mathématiques*, telles que les mécaniques, l'hydraulique, l'optique, les premiers élémens de l'architecture civile et militaire, la navigation, et incidemment ce qu'il faut de dessin et de lavis pour les cartes, les plans et l'architecture. Peut-être même ne lui seroit-il pas impossible d'y joindre, au moins à titre de récréation, quelques élémens du dessin de la figure de l'homme et des animaux, d'après des ouvrages élémentaires et gravés qui existent en Europe et indiquent géométriquement les justes proportions de la belle nature.

La sixième classe, tenue par le cinquième professeur, auroit pour objet la *chimie*, la *physique* et l'*histoire naturelle*, en ne donnant néanmoins sur la zoologie et la botanique que des principes généraux. Le professeur n'en réussira que mieux en liant dans sa théorie et faisant observer dans ses développemens, les rapports intimes

---

(1) S'il s'agissoit d'un collége français, le professeur d'allemand trouveroit dans la langue de ses écoliers, une multitude d'ouvrages faits par de dignes élèves de Locke, le profond Condillac, Cabanis, Tracy, Gérando, Maine-Biran, La Romiguière. Il ne seroit embarrassé que de ses richesses.

et philosophiques des diverses sciences naturelles qui ne sont que des branches d'une même science.

Enfin, dans la septième classe, destinée aux élèves qui ont passé par les six autres, et confiée au sixième professeur, on enseigneroit:

Le *droit naturel*, dont les principes, déjà posés dans le livre classique des écoles primaires, auront été rappellés dans la classe de morale, et qui, réduit à ce qu'il est réellement, ne forme qu'une science de peu d'étendue;

Les principes de l'*économie politique*, qui ne sont qu'une dérivation du droit naturel, et ne demandent pas non plus un temps, ni un effort d'esprit considérables pour être parfaitement compris;

L'*histoire* dont la suite et les détails sont la démonstration de la sagesse des lois émanées du droit naturel, et des saines maximes de l'économie politique;

La *géographie* relative à l'histoire;

Et, pour couronner le tout, le *droit national*, par lequel j'entends ce qui concerne la constitution, et nullement la science des *lawyers* (ou des avocats) qui, dans son état actuel me paroît à réformer *en Amérique*, avec et par la législation, et non point à faire branche d'une éducation raisonnable.

D. P. D. N.

(*La suite et le développement au Numéro prochain.*)

LETTRES

SUR LA PHYSIQUE ET LA CHIMIE,

Adressées au Rédacteur.

Troisième Lettre.

Mon cher ami,

Dans ma dernière lettre, je vous ai expliqué fort au long toutes les opérations qu'il faut faire pour construire un bon thermomètre; et, si vous avez eu la patience de me lire jusqu'au bout, il ne doit vous manquer aucun des détails nécessaires pour comprendre parfaitement l'usage de cet instrument. C'est un inconvénient attaché aux sciences exactes qu'on soit obligé de tout dire quand on veut exposer les procédés dont elles font usage. Oubliez une seule circonstance, l'expérience ne réussit plus, ou ne présente que des résultats imparfaits qu'il seroit souvent plus utile d'ignorer que de connoître, parce qu'ils ne peuvent donner que des idées fausses ou incomplètes des phénomènes. Vous avez pu, comme moi, rencontrer souvent dans le monde des gens qui n'ont que de ces idées-là. Leur conversation est tolérable, quand il s'agit de choses vagues et insignifiantes, dans lesquelles l'exactitude seroit inutile ou pédantesque, comme lorsqu'on parle de la pluie et du beau temps, ou de la couleur d'un habit; mais dès que vous arrivez à des choses qui demandent un peu plus de précision et de netteté, vous n'en pouvez plus rien tirer. Ce n'est que confusion et incertitude. J'entends quelquefois des gens qui parlent ainsi des sciences très volontiers, sans en avoir autre chose que des lueurs obscures ; Dieu sait les beaux systèmes qu'ils font. Je n'ai jamais pu concevoir comment des personnes de bon sens pouvoient laisser entrer tant d'idées fausses dans un coin de leur cerveau. Il vaudroit mieux, ce me semble, ne connoître que quelques expériences de physique des plus usuelles, ou même n'en connoître absolument aucune, que d'entasser tant d'incohérences dans son esprit. Vous avez pu voir que je ne veux pas vous exposer à un pareil inconvénient : vous vous êtes peut-être un peu ennuyé ; mais du moins vous savez comme on fait un thermomètre.

Il me reste à vous parler des nombreuses applications de cet instrument ; il n'y a rien là que de facile et d'agréable. D'abord, si vous observez l'état de votre thermomètre à différens jours de l'année, vous trouvez qu'en général il indique une température d'autant plus chaude, que le soleil reste plus de temps sur notre horizon. C'est donc la marche de cet astre qui règle la température des différens mois de l'année. Vous savez que l'on a partagé l'année en quatre saisons analogues aux travaux de l'agriculture : ce sont le *printemps*, l'*été*, l'*automne* et l'*hiver*. Le printemps se compte depuis l'entrée du soleil dans l'équateur, jusqu'à son arrivée au tropique boréal ; l'équinoxe qui lui sert d'origine s'appelle l'équinoxe du printemps. Le temps qui s'écoule ensuite jusqu'au retour du soleil à l'équateur forme l'été, et se termine par un nouvel équinoxe, qui est l'équinoxe d'automne. Cette saison s'étend jusqu'à l'arrivée du soleil au tropique austral ; et son retour de ce point à l'équateur forme l'hiver, qui ferme le cercle de l'année tropique. Chacune de ces saisons ramène dans les productions de la nature un nouvel ordre de phénomènes correspondans aux divers degrés d'intensité de la chaleur solaire. A mesure que les hauteurs méridiennes du soleil augmentent, ses rayons tombent plus à plomb sur l'horizon, et la terre en retient mieux la chaleur. Mais lorsque cet astre s'abaisse, ses rayons obliques, déjà affoiblis par l'atmosphère, se réfléchissent en grande partie, et vont se perdre dans l'espace.

Les hauteurs du soleil ont donc une influence marquée sur la température; le thermomètre le prouve. Cependant elles redeviennent successivement les mêmes pendant le printemps et durant l'été, quoique la chaleur ne soit pas la même dans ces deux saisons. Cela vient de ce que l'impression produite par le soleil résulte à la fois de l'intensité de sa lumière et de la durée de sa présence. Lorsque le soleil s'avance dans l'hémisphère boréal, son action ne fait que commencer à s'exercer sur nous; et la terre commence à s'échauffer. Mais lorsque cet astre a quitté le tropique, la terre a éprouvé plusieurs mois de chaleur. Chaque jour un nouveau degré s'ajoute à ce qu'elle avoit déjà : c'est alors que les effets de l'astre qui la réchauffe deviennent surtout sensibles par leur accumulation. On observe de même que la plus grande chaleur du jour n'a pas lieu à midi, mais environ deux ou trois heures après.

Il en faut dire autant de l'automne et de l'hiver. Dans ces deux saisons la chaleur envoyée par le soleil est égale; mais la terre est différemment disposée à la recevoir. En automne, sa surface conserve quelque chose de la chaleur de l'été, qu'elle ne perd que peu à peu; mais lorsque l'hiver arrive, la terre refroidie est couverte de neige et de glace. Elle ne peut se réchauffer que lentement, par l'action prolongée des rayons du soleil.

24

Ceci doit s'entendre seulement de la surface de la terre. Les couches qui sont au-dessous de cette surface, même à une petite profondeur, se ressentent moins de ces variations, et celles qui se trouvent à une profondeur un peu plus grande, comme à quarante ou cinquante mètres (cent vingt ou cent quarante pieds) ne les ressentent point du tout. On s'est assuré de ce fait, en enterrant des thermomètres dans la terre à diverses profondeurs, avec la précaution d'entourer leurs boules d'une enveloppe de charbon ou de sable, ou de quelque autre matière qui transmette difficilement la chaleur, afin que la température à laquelle ils se fixent ne soit pas altérée par le contact de l'air, quand on vient à les déterrer. En observant l'état de ces thermomètres à diverses époques, on a reconnu que leurs variations étoient d'autant moindres qu'ils étoient enterrés plus profondément ; on a vu aussi que les époques auxquelles ils indiquoient la température la plus haute ou la plus basse ne répondoient point à celles où nous avons à la surface le plus ou le moins de chaleur, mais qu'elles étoient plus tardives, de sorte qu'à une profondeur de quelques mètres, on a l'hiver quand nous avons l'été, et l'été quand nous avons l'hiver. Mais cet hiver et cet été diffèrent très peu l'un de l'autre ; et enfin à une profondeur plus grande, ils ne diffèrent plus d'une quantité appréciable. Tous ces phénomènes sont faciles à concevoir. La couche qui est au-dessous du sol ne reçoit point la chaleur du soleil directement, mais à travers une certaine épaisseur de terrein ; il faut donc un certain temps pour cette propagation, car la chaleur ne se communique pas instantanément à travers les corps ; il en est au contraire qu'elle ne traverse que très lentement ; et les matières terreuses sont de ce nombre : de plus elle s'affoiblit dans cette propagation, à mesure qu'elle se distribue à une plus grande masse. Ainsi en considérant une couche de terre placée à une profondeur de vingt ou trente mètres, lorsque le soleil passe, l'été, au-dessus d'elle, il s'écoule un temps considérable avant qu'elle ressente sa chaleur; réciproquement cet astre peut achever sa révolution annuelle avant que son départ lui soit sensible. Il doit donc s'établir dans l'intérieur du sol un état moyen, proportionné à l'exposition de la surface extérieure et intermédiaire entre les plus grands froids de l'hiver et les plus grandes chaleurs de l'été. L'expérience confirme ce résultat. Si l'on prend un milieu entre les hauteurs du thermomètre, observées dans un même pays, pendant une longue suite d'années, ce sera, pour ce pays, la température constante des souterrains à vingt ou trente mètres de profondeur.

Mais d'où vient que dans un même lieu cette température est constante? Il est facile d'en concevoir la raison. Chaque année le soleil envoie à la terre une certaine quantité de feu : si ce feu s'accumuloit sans cesse, la température s'élèveroit à proportion, et la terre seroit depuis long-tems embrasée. Mais une grande partie se dissipe insensiblement dans l'espace; car c'est un fait certain que l'air n'arrête pas la chaleur qui *rayonne* dans tous les sens, en s'exhalant des corps échauffés. La perte qui résulte de ce rayonnement augmente avec la température et lui est proportionnelle. Ces deux causes contraires agissant peut-être depuis des milliers de siècles, ont dû porter depuis long-temps la terre au degré de température qu'elle pouvoit atteindre. Alors il s'est établi un certain équilibre entre la chaleur qui vient annuellement du soleil et celle qui se dissipe annuellement. De là l'état constant et durable de la température.

Tous les points de la surface terrestre ne sont pas placés dans des situations également favorables pour recevoir l'action du soleil. Par exemple, les pays qui se trouvent entre les tropiques sont plus fortement échauffés que les pôles. La quantité de chaleur rayonnante qu'ils émettent dans l'espace est donc également variable, car elle est proportionnelle à leur température, comme on le prouve par des expériences incontestables ; il doit donc s'établir à la longue des différences dans la température de la surface de la terre pour ces différens points : c'est ce que l'observation confirme. Il est connu que dans certains lieux de la Laponie, la terre ne dégèle jamais ; et en Egypte, au contraire, à plus de soixante mètres de profondeur (deux cents pieds), la température a été trouvée de vingt-deux degrés cinq dixièmes du thermomètre centigrade, tandis qu'à Paris qui se trouve intermédiaire entre ces deux extrêmes, la température des caves de l'Observatoire se maintient constamment à douze degrés centésimaux.

Toutes les observations ainsi rapprochées prouvent que *la température du globe terrestre, observée près de sa surface, décroît de l'équateur aux pôles*. Mais la loi de ce décroissement n'est pas encore bien connue : c'est une question que les voyages décideront.

Au reste, on doit s'attendre à y découvrir de grandes irrégularités ; car les circonstances locales ont une grande influence sur la température de chaque lieu, et les accidens naturels, ou les travaux des hommes, en changeant ces circonstances, ont pu souvent la modifier.

Une des causes principales de ces différences est l'élévation des lieux au-dessus du niveau de la mer.

On sait par expérience que la température de l'atmosphère n'est pas la même à toutes les hauteurs. Lorsqu'on porte un thermomètre sur les montagnes ou dans un aérostat, on voit le mercure se contracter à mesure qu'on s'élève. La température diminue donc à mesure que l'on s'éloigne de la surface terrestre. Les physiciens ont fait beaucoup d'expériences pour déterminer la loi de ce décroissement; mais ils y ont trouvé de grandes irrégularités. On conçoit, en effet, qu'elle doit dépendre de la forme du terrain, de son exposition, de la faculté rayonnante qu'il possède : ainsi, le décroissement de la température ne sera pas le même au-dessus d'une vaste plaine aride et sur le penchant d'un pic isolé. Cependant, au milieu de ces irrégularités, on est parvenu à fixer quelques limites extrêmes. Le décroissement de la température paroît dépendre de la température inférieure de la surface : il est plus rapide quand cette température est plus haute; plus lent quand elle est plus basse. Par exemple, en Europe, suivant les observations de Saussure, il faut pendant l'été s'élever au plus de cent soixante mètres, pour que le thermomètre baisse d'un degré centésimal; en hiver, suivant le même observateur, il faut s'élever de deux cent trente mètres, pour avoir le même abaissement.

Par une suite de ce décroissement, il arrive que dans tous les pays, même sous la zone torride, le sommet des hautes montagnes est couvert de neiges qui ne se fondent jamais. Cette ligne de neiges perpétuelles est placée à des élévations différentes suivant les diverses latitudes. Sous l'équateur, elle commence à quatre mille huit cents mètres (deux mille quatre cents toises). On la rencontre à deux mille neuf cents mètres (quatorze ou quinze cents toises), vers le milieu des zones tempérées; et elle s'abaisse ainsi graduellement jusqu'à la surface de la terre qu'elle atteint dans le voisinage des pôles. Là, le sol est constamment dans un état de congélation.

Ce grand froid que l'on éprouve sur les hautes montagnes, paroît dû à deux causes : d'abord, au peu de densité de l'air, qui n'intercepte qu'une très petite partie de la chaleur solaire; secondement, à la conformation même des montagnes : par exemple, à l'isolement des pics élevés, à leur éloignement du reste de la masse terrestre, à leur escarpement vertical qui ne permet jamais au soleil de les éclairer que d'un seul côté à la fois, et qui leur fait toujours projeter leur ombre les uns sur les autres. Toutes ces circonstances diminuent considérablement la réverbération de la chaleur; or, c'est cette réverbération qui élève si fortement la température des plaines, et particulièrement celles de la zone torride où le soleil donne presque toujours à plomb.

On conçoit que cet abaissement de la température à mesure qu'on s'élève, doit avoir une grande influence sur la végétation, à diverses hauteurs. Il doit produire le même effet qu'un changement de latitude; aussi voyons-nous que les végétaux de nos plaines ne se rencontrent plus sur le sommet des Alpes; et les montagnes des Alpes nourrissent des arbres et des plantes qui ne vivroient point dans un climat plus doux. Néanmoins cette influence n'est pas également marquée sur toutes les espèces de plantes; il en est qui, comme certaines races d'animaux, peuvent assez aisément s'acclimater partout : mais pour la plupart elle est très sensible, et pour quelques unes elle est si forte que l'élévation à laquelle on les rencontre dans une même contrée, ne varie presque pas. Aussi les botanistes ont-ils maintenant la précaution d'emporter avec eux un *barometre* dans leurs voyages; car, à l'aide de cet instrument, on peut aisément connoître la hauteur à laquelle on se trouve au-dessus du niveau de la mer. Mais j'oublie que je ne vous ai pas encore parlé du baromètre; ce sera pour moi une occasion de vous en entretenir bientôt, car il n'est pas moins utile que le thermomètre, et par la nature des indications qu'il donne, il ne doit point en être séparé.

Cette influence de la hauteur sur la végétation est surtout remarquable dans les contrées situées sous la zone torride, parce qu'elles réunissent cette double circonstance, d'être les plus exposées à la chaleur du soleil, et que l'on y trouve les montagnes les plus élevées de la terre. Là, les plaines, situées au niveau de la mer, sont brûlées des ardeurs d'un soleil toujours vertical. Elles nourrissent, à la fois et en abondance, des végétaux savoureux, des épices brûlans, des reptiles dangereux, des légions innombrables d'insectes, des oiseaux parés des plus vives couleurs, et malheureusement aussi la paresse, la misère et l'esclavage. En s'élevant davantage, l'air refroidi, nourrit d'autres races de plantes et d'animaux; on diroit presque d'autres hommes. La vie y devient plus active; on n'y rencontre plus d'esclaves noirs; et enfin les contrées plus élevées encore, offrent près des neiges éternelles, l'aspect des climats du Nord.

Ces nuances sont d'autant plus tranchées, que dans chacune de ces régions, la température est presque toujours constante, à cause du peu de différence qui s'y trouve entre l'élévation du soleil et l'horizon dans les différentes époques de l'année. Ainsi, la région des neiges éternelles, sous les tropiques, commence partout à une même hauteur; et les contrées un peu plus basses, dans lesquelles il peut tomber accidentellement de la neige, sont également comprises dans une différence de hauteur constante et connue : aussi, un Indien de ces climats, qui avoit été amené à Paris par un voyageur célèbre, s'étonnoit beaucoup de la stupidité des hommes d'Europe, qui n'avoient pas su placer leur plus belle ville au-dessous des régions où il peut tomber de la neige. *Tutto il mondo è fatto come nostra famiglia* est un proverbe applicable à toutes les nations.

Parmi les causes générales qui modifient la température des lieux, nous n'avons jusqu'ici considéré que la hauteur. Le voisinage des mers a aussi beaucoup d'influence, non pas peut-être pour élever ou pour abaisser la température annuelle, mais pour la rendre égale; car on a trouvé par expérience que la température de la mer, au large et loin des côtes, se maintient toujours à peu près constante et égale à la température moyenne de l'air pendant toute l'année. Cela vient sans doute de ce que la masse des eaux se mêle continuellement, par l'action des vents et des autres causes qui les agitent, et même par les variations continuelles qu'éprouve la température de leur surface; au lieu que la surface des terres s'échauffe davantage et se refroidit plus rapidement, sans pouvoir faire partager sa chaleur aux couches inférieures, ou en recevoir d'elles autrement que par une communication lente; partage qui, dans les fluides, se fait par le contact même des particules mélangées. Ainsi, les mers doivent être pour les lieux qu'elles avoisinent comme de vastes réservoirs de température toujours égale qui les réchauffent dans l'hiver et les rafraîchissent dans l'été. Aussi les bords de la mer sont-ils en général plus tempérés que l'intérieur des terres. Les effets de cette égalité se font sentir sur les végétaux qui y croissent. On voit vivre naturellement, et à l'air libre, sur les côtes de la Bretagne, des arbres que, dans les contrées beaucoup plus méridionales, mais aussi plus intérieures de la France, on est obligé d'abriter en orangerie pendant l'hiver, parce qu'ils ne pourroient point en supporter la rigueur. L'*arbutus unedo*, arbrisseau originaire des contrées méridionales, se voit dans l'Irlande en forêts.

Les courans constans qui existent à la surface de certaines mers, sont encore une cause de modification puissante pour les lieux qu'ils traversent ; car, selon que les eaux qu'ils y portent viennent d'une latitude plus chaude ou plus froide, la température propre des lieux en est élevée ou abaissée. Le plus remarquable de ces courans est celui que l'on nomme le *Gulph-Stream*, ou courant du golphe. Il est formé par les eaux de l'Océan, comprises entre les tropiques, qui, poussées continuellement d'Orient en Occident par le souffle éternel des vents alizés dont j'aurai bientôt occasion de vous indiquer la cause, vont s'engouffrer dans le golfe du Mexique ; et de là, refluant vers le nord, forment comme un fleuve d'eau chaude qui traverse l'Océan atlantique. Ces eaux de la zone torride, transportées dans des régions plus froides, exhalent d'abondantes vapeurs qui se condensent en épais brouillards ; ces phénomènes sont tellement constans, qu'ils servent aux navigateurs pour leur indiquer la longitude. Le Gulph-Stream remonte au-delà du bout de Terre-Neuve, et va jeter des fruits de la Jamaïque sur les côtes de l'Irlande et de la Norwège.

Un autre phénomène bien curieux, et qui paraît également produit par des circonstances locales, c'est celui des grands froids observés vers le pôle austral ; car ils surpassent beaucoup ceux qu'on observe dans le Nord, à pareille latitude ; puisque les montagnes de glace qui, dans l'hémisphère boréal, sont reléguées près du pôle, s'avancent sans se fondre, dans l'hémisphère austral, jusque par les latitudes de Boulogne et d'Abbeville ; effet d'autant plus singulier, qu'il n'a lieu que pour les latitudes élevées. La température est la même jusqu'à 44 degrés de latitude des deux côtés de l'équateur.

Toutes les considérations que je viens d'exposer, ont eu pour objet la température de la terre près de sa surface. Il est beaucoup plus difficile de savoir quelle peut être celle de son intérieur à de très grandes profondeurs; décroît-elle comme celle de l'atmosphère, mais avec plus de lenteur, à mesure que l'on s'éloigne de la surface, ou reste-t-elle toujours constante? Ce sont des choses que nous ignorons. Pour éclaircir cette question, quelques physiciens ont fait des expériences sur la température de la mer à de grandes profondeurs, en y descendant des thermomètres revêtus de plusieurs enveloppes peu conductrices du calorique, et qui, les rendant très lents à prendre la température de ces abîmes, les rendoient aussi très lents à la perdre, dans le temps qu'on employoit pour les retirer du fond de la mer. On a trouvé ainsi que la température des eaux étoit d'autant plus froide, que la profondeur où on descendoit le thermomètre étoit plus grande. Près de l'équateur, à six cents mètres de profondeur, M. Peron a trouvé la température de l'eau à sept degrés cinq dixièmes de la division centésimale, tandis qu'à la surface elle étoit à trente degrés. La loi de ce décroissement est extrêmement variable suivant les profondeurs et les localités. A quoi tiennent ces phénomènes? Sont-ils dus à un décroissement réel de la température propre du globe, à mesure que la profondeur augmente, ou doivent-ils être attribués à des courans inférieurs d'eau glacée qui viendroient des pôles vers l'équateur? Cette dernière cause est d'autant plus probable, que, la plus grande densité de l'eau ayant lieu un peu au-dessus du terme de la congélation, mais très près de ce terme, les eaux, provenues des glaces polaires qui se fondent chaque été par la chaleur du soleil, doivent descendre au fond des mers, et y maintenir un abaissement durable de température : c'est ainsi que dans tous les lacs de la Suisse qui sont alimentés par des neiges fondues, et dont la profondeur est trop grande pour pouvoir être complétement pénétrée, dans un été, par la chaleur du soleil, la température du fond des eaux est à quatre degrés seulement au dessus du terme de la congellation, ce qui est la température du *maximum* de la densité de l'eau. Les couches profondes de ces lacs sont de véritables glacières liquides qui, se renouvelant sans cesse chaque année, durent autant que les glaciers solides d'où elles descendent.

De tout ce que je viens de dire sur les effets prolongés de la chaleur solaire, il ne faut pas conclure, comme une chose certaine, que la terre ne renferme aucune cause intérieure et indépendante du soleil qui contribue aussi à l'échauffer. On peut dire seulement que s'il existe une cause semblable, elle nous est jusqu'à présent inconnue, puisque tous les faits observés peuvent s'expliquer sans y avoir recours. Peut-être acquerra-t-on plus de lumières sur cet objet lorsqu'on saura positivement si la chaleur souterraine diminue ou augmente d'une quantité sensible après de longues suites d'années; mais l'invention des thermomètres est encore trop récente pour que l'on puisse rien décider sur cette question.

Voilà les principaux résultats que le thermomètre nous permette de reconnoître et de fixer relativement à la température de la terre, de l'air et des eaux. En l'appliquant de même aux diverses parties de ce grand tout, on découvre d'autres phénomènes qui, s'ils ne sont pas d'une si grande généralité, n'en sont pas moins très dignes d'être remarqués par ceux qui aiment à observer la nature, et qui se plaisent à étudier les moyens qu'elle emploie pour entretenir l'état stable et constant de cet univers, si admirablement organisé. Par exemple, le thermomètre, introduit dans l'intérieur du corps des animaux vivans, nous apprend qu'il existe en chacun d'eux un foyer propre de chaleur qui élève leur température au-dessus de celle des milieux environnans; et cela d'une quantité invariable pour chaque espèce, mais différente d'une espèce à une autre. Ainsi, dans l'homme sain, la température du sang est d'environ trente-sept degrés du thermomètre centésimal en été comme en hiver, dans la Sibérie comme sous la zone torride. Elle est beaucoup plus élevée dans les oiseaux et beaucoup plus basse dans les animaux à sang froid, comme les reptiles et les poissons. La diminution de cette chaleur intérieure amène infailliblement la mort, mais plus promptement chez les animaux à sang chaud que chez les animaux à sang froid. Dans les premiers, la température ne peut être abaissée de quelques degrés sans qu'ils meurent, au lieu que les autres peuvent subir des variations assez fortes sans mourir. On voit donc que cette propriété de se donner une température propre, semble liée avec la quantité de la respiration; car la respiration est plus forte et plus complète dans les oiseaux que dans les quadrupèdes; dans les quadrupèdes que dans les reptiles. La chimie, en suivant cette analogie, a fait voir qu'elle est bien fondée; car on prouve, par des expériences décisives, que la respiration est une véritable combustion qui s'opère dans l'intérieur des animaux, et que le principe qui leur abandonne de la chaleur en se combinant avec leur substance, est précisément le même qui entretient la flamme de nos foyers; mais je ne dois pas entrer aujourd'hui dans le détail de cette théorie, qui nous occupera bientôt; et je veux seulement vous indiquer comment elle est liée avec l'usage du thermomètre. Il en est de même de toutes les autres parties de la chimie; car toutes employent cet instrument comme un indicateur fidèle, qu'il est à chaque instant nécessaire de consulter. D'après cela, vous concevez que je n'ai pas dû vous parler ici de toutes les applications du thermomètre, mais seulement de son usage le plus général. Dans ma première lettre, je vous parlerai du baromètre qui ne prédit pas la pluie et le beau temps aussi infailliblement qu'on a coutume de le croire, mais qui, en revanche, a beaucoup d'autres usages utiles qu'on n'a pas coutume de lui demander.

C.

DIALOGUE.

M. DE BONNEL, AUGUSTE *son fils.*

M. de Bonnel. Auguste, vous avez rendu, j'espère, à Georget, comme je vous l'avois dit, ce *diable* que vous lui aviez pris?

Auguste, avec un ton d'humeur. Il a bien fallu le rendre, puisque vous le vouliez; mais je ne l'avois pas pris, je le payois bien ce qu'il avoit coûté : si Georget s'est entêté à ne pas vouloir de l'argent, c'est sa faute.

M. de Bonnel. Il ne vouloit pas de votre argent, et vouloit garder son *diable;* vous n'aviez pas le droit de le forcer à ce marché.

Auguste. J'ai bien le droit de faire faire ma volonté à Georget.

M. de Bonnel. Et d'où vous vient ce droit?

Auguste. Son père, Antoine, est votre domestique.

M. de Bonnel. Et c'est une raison pour qu'il n'ait pas de volontés à lui?

Auguste. Non, mais c'est une raison pour qu'il me cède; et la preuve qu'il sait bien qu'il faut que cela soit ainsi, c'est qu'il me cède toujours. Aujourd'hui, quoiqu'il ne voulût pas me vendre son *diable*, il ne s'est pas avisé de m'empêcher de le prendre; et si ce n'avoit été vous, il ne me l'auroit certainement pas repris.

M. de Bonnel. Eh bien ! ce qu'il y a de singulier, c'est qu'il va penser tout autrement, et que dorénavant il sera obligé de vous résister.

Auguste. Je voudrois bien voir cela.

M. de Bonnel. Vous en aurez le plaisir. Antoine avoit défendu à son fils d'user de sa force envers vous, de peur qu'il ne vous fît mal; je viens de déclarer à Antoine que s'il ne lui ordonnoit pas, quand vous le tourmenterez, de se défendre contre vous comme contre un de ses camarades, Georget ne viendroit plus ici. Vous verrez à présent si son devoir est de vous ménager, et si c'est par respect pour vous qu'il vous a cédé jusqu'ici.

Auguste. Ce sera une belle chose, que Georget me traite comme un de ses camarades.

M. de Bonnel. Vous n'aurez qu'à ne vous pas familiariser avec lui.

Auguste. Ce n'est pas me familiariser que de vouloir qu'il fasse ce qui me plaît.

M. de Bonnel. Quand vous n'avez pas le droit de l'exiger, vous ne pouvez l'obtenir que de sa complaisance, par des prières, comme on en fait à son égal, ou par la force, qu'il repoussera à coups de poing, ce qui est la plus grande familiarité que je connoisse.

Auguste. Enfin, Georget est destiné à être mon domestique un jour; il me l'a dit cent fois: il faudra bien alors qu'il soit soumis et respectueux.

M. de Bonnel. Il ne sera soumis que dans les choses sur lesquelles il sera convenu de vous obéir;

il ne sera respectueux que tant que vous ne manquerez pas à ce que vous lui devez. Un domestique convient d'obéir dans tout ce qui regarde le service de son maître, sans lui faire tort à lui-même. Ainsi, si un maître ordonnoit à son domestique de s'aller battre pour lui, ou de lui donner l'argent de ses économies, le domestique ne seroit plus obligé à la soumission.

Auguste. On ne demande pas à son domestique de ces choses là.

M. de Bonnel. Il est tout aussi injuste et tout aussi ridicule de lui demander de travailler ou de courir pour vous jusqu'à se faire mal, ou bien de l'obliger à vous donner ce qui lui appartient à un prix qui ne lui convient pas. Si vous voulez le contraindre par la force à une chose qu'il ne veut pas, alors il perd le respect, il vous résiste comme il peut, et il en a le droit, car il n'est convenu d'obéir qu'à vos ordres. Il n'a consenti à courir d'autres risques, s'il désobéit, que celui d'être réprimandé ou renvoyé. Si vous allez plus loin, vous manquez aux conventions, et les injures n'en sont pas plus que les coups; elles dégagent également un domestique de tout devoir.

Auguste. Il y a pourtant des domestiques qui restent dans le devoir, quoique leur maître les excède d'ouvrage, ou les traite fort mal. J'ai vu mon cousin Armand dire je ne sais combien d'injures à son jockey Jack, et même le menacer de son fouet, parce qu'il sangloit mal un cheval: Jack continuoit sa besogne sans rien répondre, parce qu'il savoit qu'il étoit bien obligé de supporter.

M. de Bonnel. Que seroit-il arrivé à Jack si, comme son maître le méritoit il lui eût répondu quelque impertinence?

Auguste. Qu'Armand l'auroit mis à la porte, et ne lui auroit pas donné de certificat; de façon qu'il n'auroit pas pu trouver une autre condition.

M. de Bonnel. Ainsi les maîtres ont les moyens de maltraiter leurs domestiques tant qu'ils le veulent; et si tous les maîtres prenoient ce parti là, tous les domestiques seroient obligés de le supporter?

Auguste. Il le faudroit bien.

M. de Bonnel. Mais si tous les domestiques se mettoient dans la tête de résister à leurs maîtres, il faudroit donc aussi que les maîtres le supportassent, ou qu'ils se passassent de domestiques?

Auguste. C'est ce qui n'arrivera pas.

M. de Bonnel. C'est ce qui arriveroit si le service devenoit si intolérable, que les domestiques fussent trop malheureux de servir, et par conséquent n'eussent pas d'intérêt à ménager leurs maîtres. Mais les maîtres et les domestiques ayant besoin les uns des autres, ont senti qu'il étoit de leur avantage, aux uns d'être bons, aux autres d'être soumis et respectueux : c'est donc parce qu'il y a beaucoup de bons maîtres qu'il leur est avantageux de servir; que les domestiques servent respectueusement, même les mauvais. Ainsi, celui qui abuse de ce respect est un lâche qui profite de ce que d'autres font bien pour faire mal impunément, en se mettant à couvert de

TABLE DES MATIÈRES

CONTENUES DANS LE TOME TROISIÈME.

Des Idées de Rabelais en fait d'éducation. (II° article.) (F. G.) Pag. 3.

Journal adressé par une Femme à son Mari, sur l'Education de ses deux Filles. (P. M. G.) Numéros XIII, XIV, XV, XVI, XVII et XVIII. 15, 78, 140, 204, 268, 333.

V et VI° Lettres au Rédacteur sur l'Education physique. (Friedlander.) 27, 91, 150, 215, 276, 343.

De l'Importance attachée en Angleterre à l'étude du latin et du grec. 39.

Traits caractéristiques d'une mauvaise Education, ou Actions et Discours contraires à la politesse, et désignés comme tels par les moralistes tant anciens que modernes; par L. Gaultier. Nouvelle édition, etc. [Extrait.] (P. M. G.) 50.

Le Double Serment, conte, traduit de l'allemand de Jean Paul. (F. G.) 56.

Nouvelles concernant l'Education. 63, 316.

Des Idées de Montaigne en fait d'Education. [Ier, II°, III° et IV° et dernier article.] (F. G.) 65, 129, 193, 257.

1°. Nouvelle Grammaire latine, à l'usage de la sixième classe du collége de Genève; par un professeur de l'Académie impériale de la même ville. [Extrait.] (F. G.) 104.

2°. Flores Latinæ Locutionis ex probatissimis scriptoribus selecti et Gallicè redditi, auctore P. L. Ossude. [Extrait.] (F. G.) 106.

Lettres sur la Physique et la Chimie, au Rédacteur. [Ire, II°, III°. (C.) 108, 255, 367.

TABLE DES MATIÈRES.

L'Arbre et la Forêt, conte, (P. M. G.) 117.

Sur l'Education nationale dans les Etats-Unis d'Amérique. (D. P. de N.) 158, 222, 286, 356.

Lettres d'un Père à sa Fille sur l'Etude de l'Histoire naturelle. IIIe et IVe. (A.) 172, 292.

Ah! si j'étois Fée! conte. (P. M. G.) 183.

Les Difficultés de la langue française résolues d'après l'autorité de l'Académie, et accompagnées de discussions qu'on a eu soin d'appuyer de l'exemple de quelque grand écrivain, etc. Par A. F. Pornin, professeur de littérature à l'Ecole de Pont-le-Voy. Seconde édition. [Extrait.] (F. G.) 247.

Dialogue. — Caroline, Madame de Boissy travaillant. (P. M. G.) 251.

Les Voyages d'Adolphe. (F. G.) 302.

Consultation du Bonhomme Richard, ou Moyen sûr d'avoir de bons Fils. (F. G.) 321.

Dialogue. — M. de Bonuel, Auguste son fils. (P. M. G.) 382.

FIN DE LA TABLE DU TOME TROISIÈME.

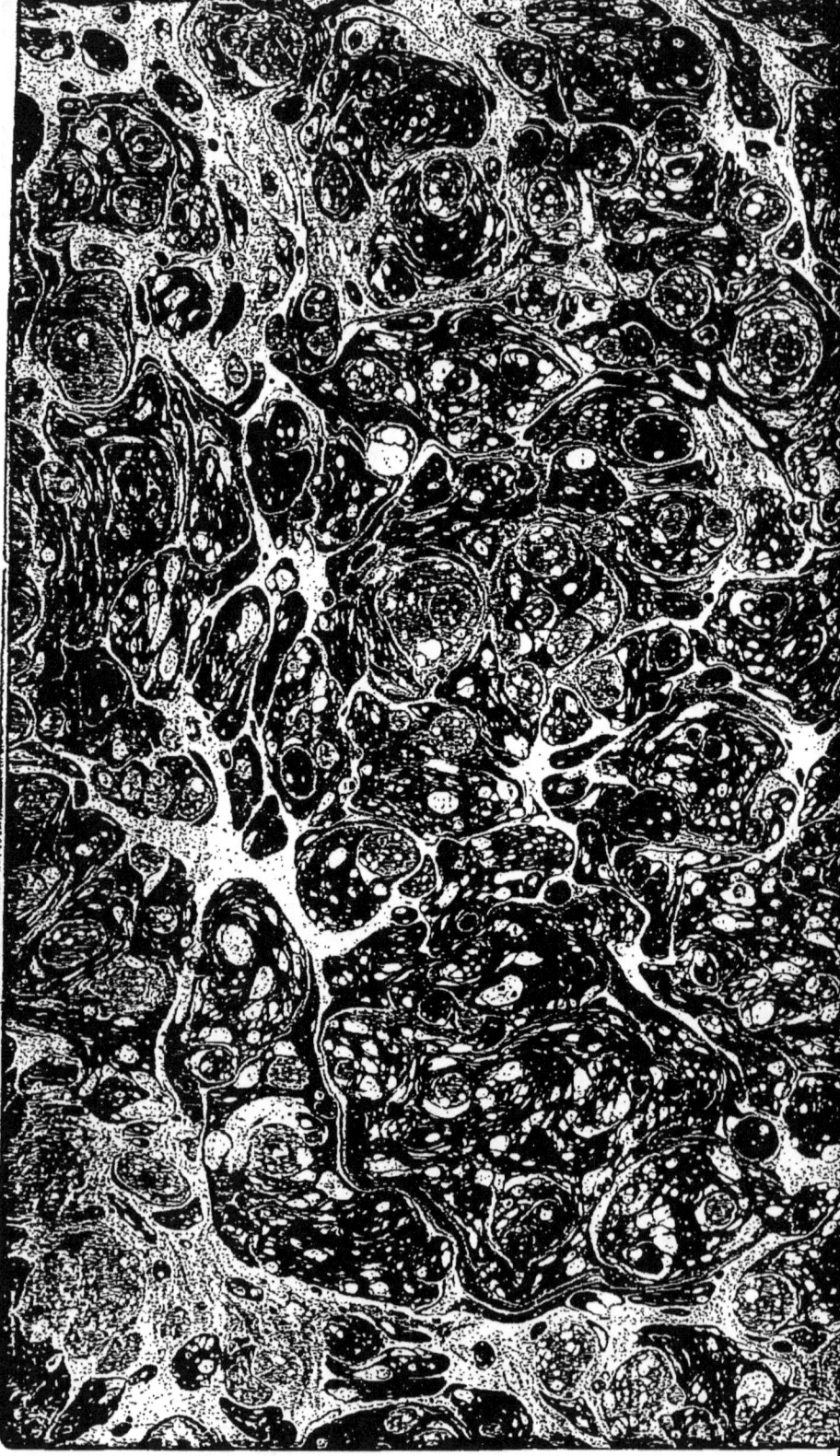

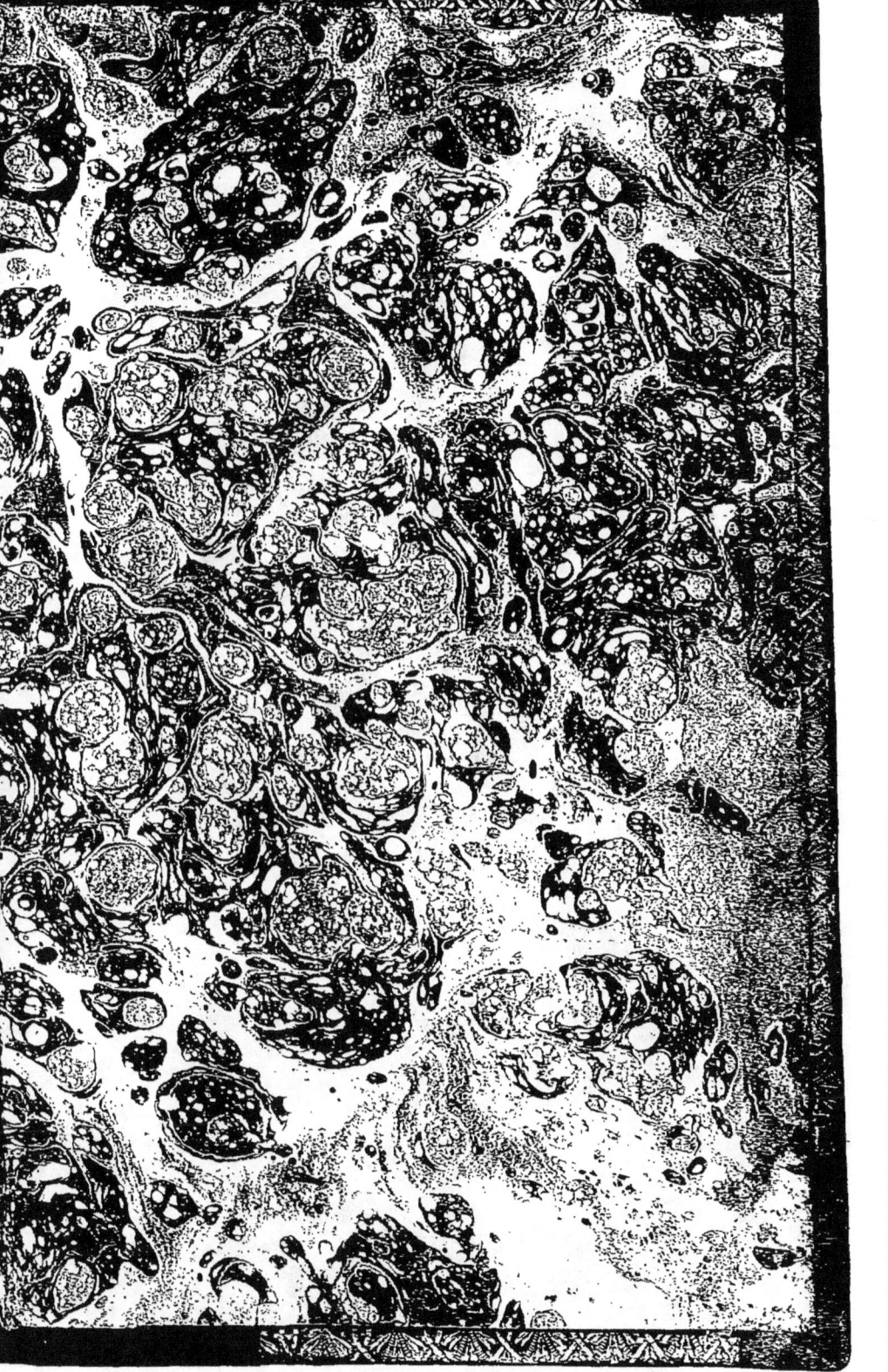

www.ingramcontent.com/pod-product-compliance
Lightning Source LLC
Chambersburg PA
CBHW050425170426
43201CB00008B/541